Ariadne Krimis
Herausgegeben von Else Laudan
www.ariadnekrimis.de

Deutsche Erstausgabe

Glashüttenstraße 28, 20357 Hamburg
Telefon 040/4018000 – Fax 040/40180020
www.argument.de
Illustrationen: Ingrid Beckmann und Martin Grundmann
Umschlaggestaltung: Martin Grundmann, unter Verwendung
eines Fotos von © blende40 – Fotolia.com
Satz: Iris Konopik
Druck: CPI Moravia Books, Pohorelice,
Printed in Czech Republic
Gedruckt auf säure- und chlorfreiem Papier
ISBN 978-3-86754-196-1
Erste Auflage 2011

Herrgotts Bscheißerle

Kulinarische Kriminalgeschichten aus Schwaben

Herausgegeben
von Silvija Hinzmann

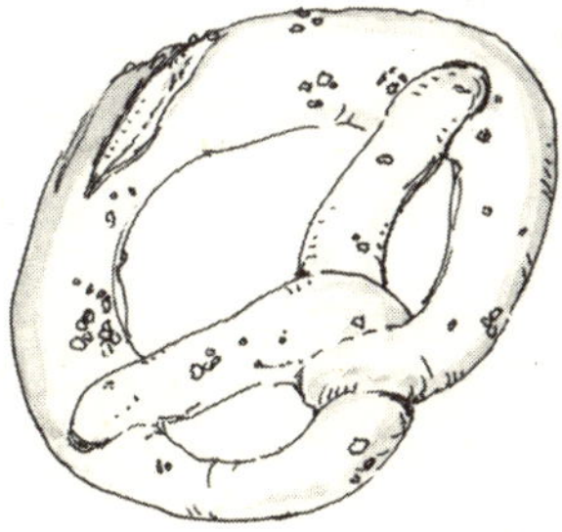

Ariadne Krimi 1196
Argument Verlag

Die Gans geht so lang zur Küch,
bis sie am Spieß stecken bleibt.

Inhalt

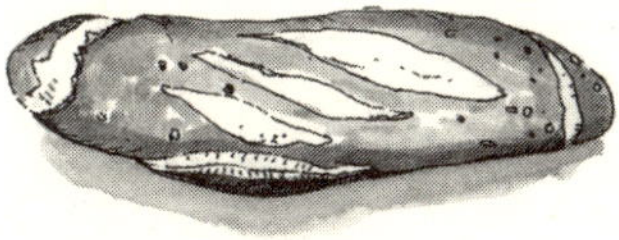

Tatjana Kruse

Pulp Kitchen

Nein, das sind keine Falten, das sind Zeilen im Drehbuch meines Lebens!

Wobei, den Film meines Lebens hatte ich mir, ehrlich gesagt, immer anders vorgestellt: Mehr so als Doris-Day-Komödie oder Audrey-Hepburn-Romanze. Aber irgendwie war es, als hätte ich mich in einem riesigen Cineplexx-Kino in den falschen Saal verirrt und statt *Bettgeflüster* oder *Frühstück bei Tiffany* lief jetzt *Das Kettensägenmassaker.* Nicht die Frei-ab-18-Version, sondern der blutige Director's Überlängen-Cut, den man sich erst ab 81 ansehen sollte, damit es nicht mehr so viele Jahre gibt, in denen man von furchtbaren Alpträumen heimgesucht wird.

Nur, dass ich nicht die Blondine war, die schreiend vor dem Kettensägenmonster davonlief.

Ich war das Kettensägenmonster.

Also natürlich nur bildlich gesprochen. Ich arbeite nie mit Kettensägen. Ich bin schließlich Schwäbin. Kettensägen machen immer eine Sauerei und dann fühle ich mich, vermutlich aufgrund eines angeborenen Kehrwochen-Gens, dazu verpflichtet, alles aufzuwischen. Ich kann einfach keinen blutverschmierten Tatort zurücklassen. Das widerstrebt mir zutiefst. Darum gibt es bei mir auch nur saubere Leichen. Dies gesagt habend muss ich einräumen, dass so etwas wie eine klinisch reine Leiche natürlich gar nicht existiert – ein bisschen Blut, Panik-Urin oder Schaum vor dem Mund ist immer.

Aber ganz generell können Sie froh sein, wenn Sie von mir ermordet werden: schnell, schmerzlos, sauber! Mit dieser Devise bin ich jetzt schon über zwanzig Jahre freiberuflich tätig, und obwohl es auch heute noch eine männerdominierte Branche ist, laufen die Geschäfte sehr gut. Ich bin eine alte Häsin und dachte, mich könne nichts mehr überraschen und ich würde bis zur Rente – in einem Reihenhaus am Bodensee oder im Schwarzwald – einfach so weitermachen.

Weit gefehlt!

»Nele? Mehr Speckwürfel?«

Seit einer guten Stunde würfelte ich Speck. Davor hatte ich über eine Stunde altbackene Brötchen gewürfelt. Die Arbeit in einer Restaurantküche hatte ich mir abwechslungsreicher vorgestellt, aber ich war ja auch nur die Aushilfe. Die Würfel-Aushilfe.

»Speckwürfel? Bitte?«

Laut, aber keine Forderung, mehr ein Fragezeichen.

Der da so lieb brüllte, war der Chef. Wolfgang Bürzele. Groß, dunkelhaarig, adlernasig. Eigentlich zu nett und harmoniesüchtig für eine Restaurantküche. Wie hatte er es auf seine liebe Art nur so weit bringen können? Und er hatte es in der Tat weit gebracht. Er war eine der weltweit fünf Maultaschenlegenden des neuen Jahrtausends.

Endlich war die schwäbische Maultasche – das Flaggschiff der schwäbischen Kulinarik – nach EU-Recht geschützt und nicht jeder dahergelaufene Irgendwer durfte seine aus Wurstbrät, Ei, Brot, Petersilie, Zwiebeln und Lauch gefüllte Teigtasche zur schwäbischen Maultasche hochloben. Prompt entbrannten unter der Kochmützenelite heiße Kämpfe um die »beste« schwäbische Maultasche.

Bürzele lag seinen Konkurrenten mittlerweile um eine Adlernasenlänge voraus und er würde mit an Sicherheit grenzender Wahrscheinlichkeit auf der anstehenden Food-Messe in Stuttgart zur »Besten Maultasche Schwabens« gekürt werden. Also nicht er, sondern sein Maultaschenrezept.

Doch irgendjemand wollte das verhindern.

»Betrachten Sie es als neue Herausforderung!«

Mein anonymer Auftraggeber redete am Telefon – natürlich eine sichere Leitung – mit Engelszungen und im breitesten Stuttgarter Honoratiorenschwäbisch auf mich ein. Er hatte sogar, als Zeichen seines guten Willens, vorab bereits ein Drittel meines Honorars auf mein Cayman-Island-Konto überwiesen, obwohl ich noch gar nicht zugesagt hatte. Das stimmte mich natürlich tendenziell gewogen.

»Ich bin Auftragskillerin, keine Industriespionin«, zierte ich mich dennoch ein wenig. Dank eines Hightech-Zerhackers war meine Stimme für ihn nicht erkennbar.

»Es ist doch überhaupt kein großer Akt. Sie schmuggeln sich in die Küchen ein, stehlen die Rezepte, bringen die Köche um. Fertig.«

Ich bezweifelte, ob Boris der Ukrainer oder Adewale Adebundo – die beiden gefürchtetsten Auftragsmörder unserer Zeit – diesen Job angenommen hätten. Sie killten Staatschefs und Topterroristen und Drogenbosse, keine Maultaschenköche.

Aber mich reizte dieser Auftrag. Zum einen, weil ich Maultaschen liebe, und die würde ich im Zuge dieser Mission ja zur Genüge verspeisen können. Zum anderen, weil ich Schwäbin bin und endlich mal wieder in meiner Heimat arbeiten konnte. Sie ahnen es ja vielleicht, aber besonders viele Auftragsmorde gibt es im Schwabenland nicht. Der Schwabe an sich ist eher behäbig und sitzt Schwierigkeiten lieber aus, anstatt aktiv finale Lösungen einzuleiten. Außerdem ist ihm alles suspekt, was Geld – noch dazu viel Geld – kostet.

Kurzum, ich ließ mich breitschlagen.

»Also gut, ich mach's!«

Kelle killt Koch titulierten die *Stuttgarter Nachrichten* hinten im Lokalteil, als Schorsch Nägele aus Waiblingen tot in seiner Küche aufgefunden wurde, punktgenau in der Schläfenmitte mit einer Suppenkelle erschlagen.

Und zwar von mir.

Ich hatte mir – besonders sexy gestylt – als Vertreterin eines

Profiherdproduzenten einen Termin nach Restaurantschluss bei Nägele besorgt und ihm bei einer Flasche Champagner, mit Schlafzimmerstimme gurrend und tief dekolletiert, fast etwas zu mühelos sein Maultaschenrezept entlockt. Der Rest war Routine.

Als Herrmann Laible aus Rottweil mit einem sauberen Herzschuss in seinem Kühlraum, zwischen zwei Schweineschwarten hängend, gefunden wurde, beklagte die *Stuttgarter Zeitung* auf Seite eins des Lokalteils den Verlust eines weithin bekannten und beliebten Maître de Cuisine, der sein hochgelobtes Maultaschenrezept mit ins Grab genommen habe. Völlig falsch. Das Rezept, angepinnt an eine Korkwand in seinem Büro, hatte ich an mich genommen.

Doch nach der dritten Küchenchef-Leiche – Egloff Pfleiderer aus Biberach – gab es kein Halten mehr. *Die Maultaschenmafia schlägt zu* titelte die Stuttgart-Ausgabe der BILD-Zeitung in fetten Lettern. Denn die SoKo Maultasche hatte mittlerweile herausgefunden, dass man den Köchen nicht nur gewaltsam das Leben genommen, sondern offenbar auch ihre preisgekrönten Maultaschenrezepte entwendet hatte.

Jetzt waren nur noch zwei Köche übrig, und mein Auftraggeber hatte mir klare Anweisung erteilt, in welcher Reihenfolge er die beiden gemordet wissen wollte: erst Bürzele, dann Brüderle.

»Hier, die Speckwürfel«, sagte ich zu Bürzele und hielt ihm die Schüssel entgegen.

»Gut, stell's bitte da hin. Und nach deiner Pause hilfst du der Bärbel bitte beim Spülen, ja?« Bürzele nahm mich gar nicht richtig wahr. Die Aushilfen wechselten hier wie überall in Hypergeschwindigkeit. Die meisten waren auch nicht sozialversichert.

»Ist gut«, sagte ich und lief im Slalom durch die hektisch wuselnden Köche und Küchenhilfen in Richtung Flur. Doch anstatt nach draußen in die Raucherecke im Garten zu gehen, wie ich es die letzten Tage immer getan hatte, um dort so zu tun, als würde ich während meiner Pausenkippe den Blick auf den Stuttgarter Talkessel genießen, schlich ich mich die *Zugang verboten – Privat!*-Treppe nach oben.

Mein Auftraggeber hatte vor ein paar Tagen auf meiner Mailbox ziemlich nachdrücklich um mehr Tempo gebeten; ihm ging das alles nicht schnell genug. Die Food-Messe rückte ja auch mit Siebenmeilenstiefeln näher. Und obwohl ich normalerweise lieber gründlich als zügig war – auch so eine schwäbische Tugend –, wollte ich an diesem Abend Nägel mit Köpfen machen. Ober besser gesagt: einen Kopf rollen lassen. Erst das Rezept, dann der Mord.

Doch das Büro von Bürzele bot zwei herbe Enttäuschungen.

Zum einen war es aufgeräumt. Zum anderen gab es einen Safe.

Bei Nägele, Laible und Pfleiderer hatte das kreative Chaos getobt und die begehrten Maultaschenrezepte lagen frei zugänglich herum. Bei Bürzele jedoch lag nichts auf dem Schreibtisch und es war auch nichts an einer Korkwand festgepinnt. In seiner Schreibtischschublade fand ich eine Übersichtsliste: Quittungsordner – Regalwand links, Personalordner – Regalwand Mitte und rechts, Rezeptordner – Tresor.

Tatsächlich im Tresor. Wer, bitte schön, schließt ein Maultaschenrezept in einen Safe ein? Antwort: Bürzele.

Ich kann einen Menschen auf 212 verschiedene Arten vom Leben zum Tod bringen, aber einen Safe knacken kann ich nicht. Das hieß natürlich, dass ich Bürzele würde foltern müssen, um an sein Rezept zu kommen. Foltern ist ein unguter Teilaspekt meiner Tätigkeit. Aber in jedem Beruf gibt es ja Dinge, die man eher nicht so gern tut: Inventur machen, Geräte reinigen, foltern.

Ich seufzte.

Und hörte Schritte.

Bürzeles Büro bot keine Fluchtmöglichkeit und nur ein enorm eingeschränktes Angebot an Verstecken. Ich konnte mich hinter den altmodischen Hartholzschreibtisch ducken, aber dann durfte keiner zum Regal gehen, sonst wäre ich aufgeflogen. Oder ich konnte mich in die bodenlangen Samtvorhänge neben dem Fenster einrollen. Es wurden die nach Mottenpulver riechenden Vorhänge und keine Sekunde zu früh.

Da ging nämlich schon die Tür auf und Bürzele trat ein. In Begleitung eines Mannes, wie ich aus den derben Schritten schloss. Und gleich darauf aus der tiefen Stimme. »Wolf, du spinnst!«

»Ich leide nicht unter Paranoia! Jemand hat es auf uns Maultaschenmänner abgesehen! Der Laible, der Nägele und jetzt noch der Pfleiderer – das kann doch kein Zufall sein! Das musst du doch auch sehen!«

»Alles Quatsch. Ich weiß gar nicht, was du hast.«

Da es insgesamt fünf führende Spezialitätenköche in Schwaben gab, schloss ich messerscharf, dass die tiefe Stimme meinem nächsten und letzten Opfer gehörte: Kurt Brüderle.

Brüderles Restaurant lag auf der anderen Talseite von Stuttgart auf dem Killesberg, und wenn man in Gastroführern über Stuttgart von B&B las, dann waren immer Brüderle und Bürzele gemeint: zwei erstklassige Adressen für feine schwäbische Küche.

»Lass uns was trinken«, hörte ich Brüderle sagen. Bürzele seufzte ergeben. Quittenschnaps gluckerte in Schnapsgläser und gleich darauf in Männerkehlen.

Wo ich so müßig zum Warten verurteilt war, machte ich mir Gedanken, wer mich angeheuert haben könnte. Irgendein zweitklassiger Maultaschenküchenmeister, der sich der ersten Riege entledigen wollte, um selbst nachzurücken? Möglich, aber unwahrscheinlich. Durchschnittsgastronomen verdienten nicht genug, um sich bei mir einen Fünfer leisten zu können. Zumal ich keinen Mengenrabatt zu geben pflegte.

Das Mottenpulver der Vorhänge stieg mir in die Nase. Ich schnüffelte.

»Und? Geht's jetzt wieder oder glaubst du immer noch an eine große Maultaschenverschwörung?«, fragte Brüderle.

Ich schnüffelte erneut.

»Ich brauch noch einen!«, erklärte Bürzele.

»Hatschi!«, machte meine Nase.

Das war jetzt ungut.

Ich hasse spontane Planänderungen!

»Keine Bewegung!«, rief ich und stürmte mit meiner Beretta im Anschlag hinter dem Vorhang vor. Zumindest war das meine Zielsetzung. Aber ich verfing mich mit dem Absatz in der angegilbten Gardine, geriet böse ins Stolpern, flog hochkant auf die polierte Schreibtischplatte, glitschte mit meiner fleckigen Küchenschürze quer über die Politur und landete im Schoß von Wolfgang Bürzele, der vor Schreck die Schnapsflasche fallen ließ. Brüderle, der gerade seinen zweiten Schnaps zwitschern wollte und zu diesem Zweck auf den beiden hinteren Beinen des Besucherstuhles balancierte, verlor das Gleichgewicht und krachte wuchtig aufs Parkett.

In dieses Stillleben – ich mit dem Kopf im Schoß des einen Küchenchefs, der andere Küchenchef hinter mir auf dem Boden liegend, alle viere in die Luft gestreckt – platzte ohne Vorwarnung eine hünenhafte Gestalt, trotz sommerlicher Temperaturen in Strickmütze, ein MG4 im Anschlag.

»Keine Bewegung!«, herrschte auch der Eindringling mit starkem Akzent und richtete seine tödliche Waffe auf Bürzeles Brust.

Sagte ich schon, wie ungut ich unvorhergesehene Planänderungen finde?

Das MG4 ist ein leichtes, dennoch robustes Mehrzweckmaschinengewehr mit durchschnittlich 750 Schuss pro Minute. Das waren 250 Schuss für jeden von uns. Die Chance, das zu überleben, war unterirdisch. Ich musste rasch handeln.

Also schoss ich einfach. Mit meiner Beretta hatte ich gegen das MG4 nur eine Chance, weil der Vermummte den Bruchteil einer Sekunde zögerte. Vermutlich, weil er überlegte, was für eine Art von Dreier wir hier vollzogen.

Meine Kugel traf ihn mitten zwischen die Augenbrauen.

Zur Sicherheit schoss ich ihm noch in den Brustkorb. Und in den Hals. Seine Blutfontänen waren filmreif.

Neben mir übergab sich Brüderle aufs Parkett.

Bürzele wurde blass, blieb aber gefasst.

Ich stand auf, ging zur Leiche und trat kräftig zu. Das war keine Bosheit, sondern eine Lebensversicherung. Bevor man einem Toten den Rücken zukehrt, sollte man sich immer erst vergewissern, dass er wirklich tot ist.

Boris war tot.

Natürlich hatte ich ihn sofort erkannt. Unter anderem auch daran, weil er seinen Vornamen auf beide Unterarme hatte tätowieren lassen. Offenbar hatte mein Auftraggeber das Vertrauen in mich verloren und die Konkurrenz angeheuert.

Ich drehte mich mit der Beretta in der Hand zu den beiden Köchen um.

Es stand eine Entscheidung an.

Ich mag große, dunkle Männer mit Adlernasen. Die noch dazu Maultaschen zubereiten können. Und Bürzele *konnte* Maultaschen zubereiten. Er war ein Maultaschengott! Was ihm fehlte, war eine Frau im Haus. Vermutlich hatte sein Name mögliche Anwärterinnen abgeschreckt. Welche Frau will schon Bürzele heißen?

»Hör zu«, sagte ich und baute mich vor ihm auf. »Jemand hat mich angeheuert, die fünf besten Maultaschenköche Schwabens umzubringen. Irgendeine Idee, wer das sein könnte?«

Brüderle hatte inzwischen eine Ohnmacht dahingerafft. Man staunt, wie viele Köche kein Blut sehen können. Also, kein Menschenblut. Und es muss leider gesagt werden, dass Boris immer noch profus blutete. Das Parkett würde neu geschliffen werden müssen.

Bürzele dagegen war hellwach. Was, meiner Meinung nach, sehr für ihn sprach.

»Dann war's das jetzt für mich?«, sagte er und sah erst in die Mündung meiner Beretta, dann mir in die Augen. Er hatte gletscherblaue Augen mit goldenen Pünktchen, wie ich anmerken möchte.

Ich spürte, wie ich schmolz.

Und wie mir plötzlich klar wurde, dass meine berufliche Zukunft von nun an völlig anders aussehen würde: randvoll mit Kutteln, Nierle, Bubaspitzle – und Maultaschen. Ich würde die Frau eines Kochs werden!

Aber erst musste die Sache mit meinem Auftraggeber geklärt werden, sonst wäre unser »glücklich bis an ihr Ende«, das ich mir bereits in Eastmancolor ausmalte, nur von kurzer Dauer.

Wer war der geheimnisvolle Auftraggeber? Die Maultaschenmafia?

Und da fiel mir wieder ein, was mich an Boris dem Ukrainer bei seinem Auftritt gestört hatte.

»Ich beschütze dich«, versprach ich Bürzele.

»Wieso hat Boris sein Maschinengewehr denn ausschließlich auf Bürzele gerichtet? Nun? Wieso nicht auch auf Sie?«, verlangte ich gleich darauf von Brüderle zu wissen. »Stand Ihr Name nur zur Ablenkung auf der Todesliste? Hatten Sie von Anfang an vor, mich nach dem vierten toten Maultaschenkoch über die Klinge springen zu lassen?« Ich hatte Brüderle an beiden Ohren gepackt und schlug seinen Kopf auf das Parkett.

»Äh …«, wandte Bürzele vorsichtig ein, aber ich brachte ihn mit einem »Lass mich das regeln!« zum Schweigen.

Multitasking ist allerdings nicht so mein Ding, und während ich über meine Schulter zu Bürzele schaute, lockerte sich für den Bruchteil einer Sekunde mein Griff auf Brüderle. Brüderle, der Sack, zog mit Schmackes seine Knie an und rammte sie mir in den Rücken. Ich kippte nach vorn, was Brüderle nützte, um sich unter mir hervorzuwinden und aufzuspringen. Die Beretta glitt mir aus der Hand, und während ich nach ihr tastete, riss Brüderle die Tür auf und lief in den Flur.

Ich hinterher.

Die Beretta musste ich im Laufen wieder wegstecken, weil ich nicht genug Kugeln für alle hatte, die sich im Treppenhaus aufhielten und die ich als Zeugen notgedrungen hätte erschießen müssen.

Brüderle hechtete in die Küche. In dem chaotischen Gewoge der Leiber – die Hauptverköstigungszeit hatte begonnen – fiel es niemand auf, dass wir zwei uns eine Verfolgungsjagd lieferten. Im Laufen riss Brüderle eine Schneckenpfanne von ihrer Halterung an der Wand und schleuderte sie mir an den Kopf. Ich konnte mich aber rechtzeitig ducken und schaffte es mit einem Hechtsprung, mich zwischen Brüderle und den Ausgang zum Speisesaal zu werfen. Brüderle wich nach rechts aus, fand sich in einem schmalen Flur wieder und riss die dortige Tür auf.

Es war die Tür zur Kühlkammer.

Ich schubste ihn hinein und schloss die Tür hinter uns.

Wolfgang ist ein wunderbarer Koch, aber ihm fehlt jedwedes Durchsetzungsvermögen. Ich dagegen bin eine lausige Köchin, habe aber Durchsetzungsvermögen für zehn. Als Paar ergänzen wir uns großartig. Das hat Wolfgang dann auch ganz schnell eingesehen. Dank mir ist er nun schon geraume Zeit der ungeschlagene Maultaschenkönig.

Brüderle und Boris hingen noch eine Weile in der Kühlkammer. Was soll ich sagen? Wir entledigten uns ihrer portionsweise. In einer guten Küche kann man ja alles verwenden – ausgekocht, filetiert oder als Füllung.

Im Laufe der Zeit kamen noch der eine oder andere verächtliche Gastrokritiker beziehungsweise nörgelige Gast dazu. Fleisch für das Maultaschenwurstbrät braucht man immer.

Hinter jedem großen Koch sollte eine Frau mit einer Knarre stehen.

Hinter Maultaschenkönig Bürzele stehe ich.

Mein Rat jedoch an Sie: Falls Sie einmal in Stuttgart unser Gourmetrestaurant aufsuchen sollten und einen empfindlichen Magen besitzen, dann bestellen Sie die vegetarischen Maultaschen. Man weiß ja nie …

Echt schwäbische Maultaschen

Für den Nudelteig:
300 g Mehl
1 Eigelb (das Eiweiß bitte aufheben)
1 Teelöffel Salz

Für die Füllung:
250 g Spinat
250 g Bratwurst
2 Zwiebeln
50 g durchwachsener Speck in dünnen Scheiben
1 Ei
Butter, Semmelbrösel, Salz, Pfeffer, Muskatnuss

Weiterhin:
1 Bund Schnittlauch
4 Zwiebeln
100 g Butter

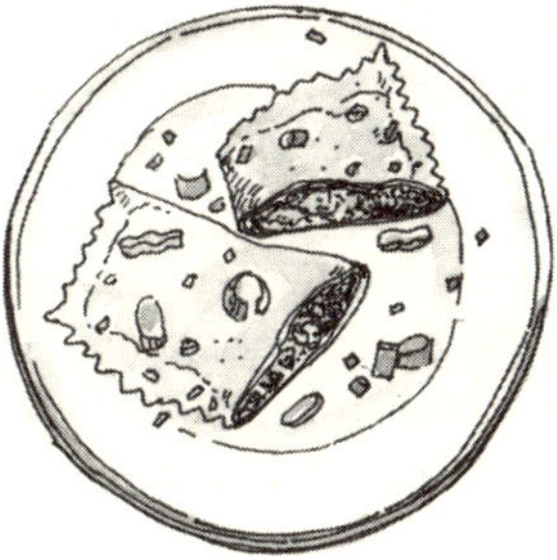

Die Eier, das Mehl und das Salz für den Nudelteig zu einem festen Teig verarbeiten, der aber noch elastisch sein muss. Nach dem Kneten mit der Küchenmaschine unbedingt noch fünf Minuten von Hand kneten, bis der Teig ganz glatt ist. Zu einer Kugel formen, in Klarsichtfolie einwickeln und bei Zimmertemperatur eine Stunde ruhen lassen.

In der Zwischenzeit den Spinat waschen und die Blätter abzupfen. Die Zwiebeln und den Speck fein würfeln, das Brät aus der Bratwursthaut herausdrücken. Dann die Zwiebeln in einem großen Topf in etwas Butter glasig andünsten, die Speckwürfel kurz mitbraten, ohne dass sie braun werden, und zum Schluss den abgetropften Spinat darin mitdünsten. Den Spinat herausnehmen und fein hacken. In einer großen Schüssel alle Zutaten für die Füllung mit einem gut gehäuften Esslöffel Semmelbrösel gründlich verkneten und mit Salz, Pfeffer und frisch geriebener Muskatnuss abschmecken.

Den Nudelteig zu Vierecken ausrollen. Für jede Maultasche braucht man zwei Vierecke von sechs bis zwölf Zentimetern Seitenlänge. Auf jedes dieser Vierecke einen gehäuften Teelöffels von der Füllung in die Mitte der unteren Hälfte setzen. Das übrige Eiweiß mit einem Pinsel verquirlen und die Ränder der Vierecke damit einpinseln, dann die Maultaschen über der Füllung zusammenklappen. Die Luft von der Mitte aus nach außen herausdrücken und die Ränder fest andrücken.

Die Maultaschen in kochendem, gesalzenem Wasser etwa fünf Minuten gar kochen.

Für die gebräunten Zwiebeln die Zwiebeln in feine Würfel schneiden. Butter in einer Pfanne erhitzen und die Zwiebelwürfel bei mittlerer Hitze fünf Minuten bräunen. Den gewaschenen Schnittlauch in kleine Röllchen schneiden.

Die Maultaschen aus dem Wasser nehmen, abtropfen lassen, auf den Tellern anrichten, die gebräunten Zwiebeln daraufgeben, mit Butter übergießen und zum Schluss die Schnittlauchröllchen darüberstreuen.

Guten Appetit – lasset's euch schmecka!

Christine Lehmann

Nackets Luisle

»Es ist einfach, einen Mann umzubringen«, kicherte Waltraud. »Gib ihm seinen Schweinsbraten, nimm reichlich gute Butter, stell ihm Bier hin und Schnaps. Nach dreißig Jahren ist er tot.«

Oberstaatsanwalt Dr. Richard Weber runzelte die Stirn.

»Das Problem ist gegessen«, bemerkte die weißhaarige Ingeborg sanft. »Jetzt müssen wir nur selber noch schauen, wie wir über den Jordan kommen.«

»Das Leben ist eine Krankheit, die zum Tod führt«, sagte ich. »Prost!«

»Neid, Saufen, Fressen und dergleichen, die solches tun, werden das Reich Gottes nicht erben«, düsterte meine Mutter.

»Ach, du immer, Edith«, rief Waltraud. »Was willst du denn erben?«

Ich fragte mich, was meine Mutter gekocht hatte, bevor mein Vater starb. Er hatte sich, als ich vierzehn war, auf die Couch gelegt und war erkaltet, bis uns auffiel, dass sein Mittagsschläfchen arg lang dauerte.

»So, und nun bitte ein Vierer.« Waltraud schüttelte den Paschbecher beschwörend neben ihrem Ohr, in dessen Läppchen ein Ring mit einem Granatstein baumelte, und leerte die drei Würfel auf den Tisch. Wir zählten. Kein Würfel zeigte die Vier, und sie ließ sich aus den Augen der drei Würfel auch nicht zusammenzählen.

»Ja, Sackzement!«

Ingeborg jubelte leise und nahm Becher und Würfel. Sie hatte schon viele Zahlen geworfen und gestrichen, die auf ihrer Liste von 1 bis 10 standen. Die Mutschel, die in der Mitte des Tischs thronte, würde bald ihr gehören. Allerdings streckte die Demente schon wieder die Knochenhand aus und zupfte mit diebischen Klauen Fetzen aus dem Hefeteiglaib.

»Finger weg, Luise!«, bäffte Waltraud.

Die Demente zog eine Schnute. »Wann darf ich sterben? Darf ich heute sterben?«

»Red nicht immer!«, sagte Waltraud. »Du überlebst uns alle.«

»Dem Färber seine Pferde haben sie überrannt. Mechthilds Kopf ist auf der Straße rumgerollt«, erwiderte die Demente.

»Das ist hundert Jahr her, Luise!«

Zum dritten oder vierten Mal ergriff die Demente hastig meine Hand. »Und du bisch also dem Heiner sein Gerd?«

»Nein, ich bin Schwabenreporterin Lisa Nerz!«

»Herz! Mein Herz! Das will einfach nicht stehen bleiben!«

Mit Schwung ließ Ingeborg die Würfel rollen, zählte leise die Augen und strich die Sechs und die Drei auf ihrer Liste durch.

»Glück im Spiel, Pech in der Liebe«, murrte meine Mutter.

»Hast du etwa Glück in der Liebe gehabt?«, gab Waltraud zurück.

»Ja, ihr Mann ist bald gestorben«, kicherte Ingeborg.

»Der Sohn isch mir bei Kalinin gefalle!«, klagte Luise.

»Na!« Das kam sogar mir um Jahrzehnte verpeilt vor.

»In der Rasputiza. Der Schlamm hat ihn verschlungen.«

Wir saßen im Aufenthaltsraum des Altersheims *Abendstern* und spielten *Nackets Luisle* um achtzackige Gebäckstücke. Gemutschelt wird am Dorschtig nach dem Öberschte, also am Donnerstag nach Dreikönig, aber eben nur in Reutlingen, weshalb Richard und ich da völlig unvorbereitet hineingeraten waren. Als ich anrief, hatte meine Mutter wieder mal behauptet: »Komm, wann du willst, mein Haus steht dir immer offen.« Das kannte ich: offen wie ein Drachenschlund. Sie hatte uns im Flur im Mantel empfangen. »Das ist jetzt gerade geschickt. Ich muss ins Altersheim nach Reutlingen zur Ingeborg und dem

Luisle. Vorher sollte ich noch die Waltraud abholen. Nur für ein Stündle.«

Sie hatte schlau auf Richards Wagen gesetzt und darauf, dass wir uns nicht in ihr leeres Wohnzimmer unters Kruzifix setzen würden, um auf den blutigen heiligen Sebastian zu starren. Den Plan hätte ich ihr durchkreuzt – man hätte nur einfach wieder nach Stuttgart zurückfahren müssen –, wäre Richard nicht gewesen und hätte nicht »Kein Problem« gesagt.

»Ja«, verkündete Waltraud, »unser Luisle hat schon gemutschelt, da waren wir alle noch nicht auf der Welt.«

»Zu Zeiten des Bäckers Zahn, genannt Mutschler«, sagte Richard ungewöhnlich galgenhumorig, »der um die 1435 das beste Gebildbrot buk, und als in der Reichstadt Reutlingen die frisch verheirateten Männer dafür noch auf Scheiben schossen.«

Die beiden Alten gackerten, die Äuglein auf den eleganten Staatsanwalt gerichtet. Ingeborg hatte das spärliche weiße Haar zu einem Vogelnest zusammengebürstet, Waltraud drohte Richard mit dem roten Fingernagel am gichtkrummen Haken: »Sie Schelm, Sie! Werden Sie erst mal so alt wie wir!«

»Dabei«, fuhr er lächelnd fort, »ist das Wort Mutschel eine Verballhornung des französischen Worts *miche* für Laib, und man hat den Bäcker Zahn wohl deshalb den Mutschler genannt.«

»Misch, Müsch, Muschi, Mutschel«, sagte ich.

Meine Mutter guckte katholisch. »Du wirst auch immer alberner, Lisa!«

»Und heut darf ich sterben!«, verkündete die Demente und langte nach dem Würfelbecher. Waltraud nahm ihn ihr wieder weg und schob ihn Richard zu.

»Wie alt ist sie denn eigentlich?«, fragte ich.

»Raten Sie!«, sagte Ingeborg.

Das Luisle hatte rosige Apfelbäckchen und hielt sich gerade. Von Rollator, die hier allenthalben an den Tischen standen, wo die Alten mutschelten, keine Spur. Nur in ihrem Hirn waren halt bloß noch Reste vorhanden.

»Zweiundneunzig.«

»Ha, daneben!«, rief Waltraud, meinte aber die Würfelaugen von Richard und schnappte sich den Becher.

»Weit über hundert«, sagte meine Mutter. »Und ich bin jetzt dran, Waltraud.« Sie ließ die Würfel rappeln und schickte, dessen war ich mir sicher, ein Stoßgebet zum Himmel. »Erinnerst du dich nicht, Lisa? Sie hatte doch den Milchladen!«

»Die?« Ich war damals ein Kind im Vorschulalter gewesen, dem alle über vierzig uralt vorkamen. Dennoch hatte ich die Milchfrau als hutzliges Weiblein in Erinnerung, so unheimlich wie die Hebel, mit denen sie hinterm Tresen Milch in die Blechkanne zapfte. Ich hatte nie verstanden, wo die Milch herkam. Als ich es hätte verstehen können, war der Laden samt Milchfrau verschwunden gewesen.

»Sie hat geerbt und den Laden aufgeben, 1974 war das.« Meine Mutter warf die Würfel und unterdrückte ihren Triumph. Gleich drei Zahlen konnte sie von ihrer Liste von 1 bis 10 streichen, die es hinauf und dann retour zu würfeln galt. Wer zuerst das Luisle an- und wieder ausgezogen hatte, bekam das Hefebrot, zu dem man übrigens Wein trinkt, nur hier im Altenheim nicht. Hier gab es Tee.

»Du hast geschuckt!«, schrie Waltraud. »Der hat eine Eins gezeigt.«

»Gar nicht wahr!«

»Ich hab's genau gesehen!«

»Kinder!«, mahnte Richard. Auch wenn er eine Affinität zu kindlichen Gemütern im prä- und postadulten Zustand besaß, kratzten die krakeelenden Weiber zwischen Inkontinenz und Demenz doch an seiner Langmut. Oder entnervte ihn die Ansammlung der halbseitig Gelähmten, von Parkinson Geschüttelten, bipolar Manischen und Moribunden, weil sie ihn daran erinnerte, wie er – und ich – enden würde: in einer Residenz *Euphemismus*, umschlichen von Pflegerinnen auf weißen Pantoffeln und mit einem Löffel zwischen den Plastikzähnen, den nicht er geführt hatte.

Dagegen hatte Cipión mit dackeliger Unbekümmertheit

schnell seinen Vorteil erkannt. Unter den Gebiss-, Hörgerät- und Herzschrittmacherträgern hatte er kindliches Entzücken ausgelöst, und nun wedelte er mürbes Weißbrot kauend von Tisch zu Tisch.

»Wenn ich heut gewinn, dann darf ich sterben!«

»Meinetwegen. Und jetzt würfel!«, antwortete Waltraud. »Schütteln! Ja! Und jetzt werfen. Wirf!«

Luise goss den Becher aus.

»Hier ist seit zehn Jahren keiner mehr gestorben«, bemerkte Ingeborg.

»Ach was!«, entfuhr es mir.

»Ja.« Ingeborg nickte ernst.

»Ist doch wunderbar!«

»Ach, irgendwann isch's auch genug. Der Wolfgang da drübe«, sie deutete auf einen Rollstuhl mit einem Sack voller Knochen, aus dem heraus ein Paar Augen das Geschehen auf dem Mutscheltisch verfolgte, »der wünscht sich nichts sehnlicher als das, aber ... Nun ja, zu Neujahr hätt's beinahe Aufstand gegeben. Woanders sterben sie um Heiligabend herum, aber hier ... hier hat's auch diesmal wieder nicht geklappt.«

»Ingeborg! Versündige dich nicht!«, rief meine Mutter.

»Also, ich habe eine Patientenverfügung«, erklärte Waltraud. »Keine lebensverlängernden Maßnahmen.«

»Was nützt dir das?«, entgegnete Ingeborg sanft. »Du musst ja erst mal so weit kommen.«

»Sterben muss jeder mal«, stellte meine Mutter fest wie jemand, der den eigenen Tod in sicherer Entfernung weiß.

»Hier nicht«, antwortete Ingeborg. »Das Luisle schreit nachts, zerreißt sich die Windel, wirft sie umher, sie will nach Hause, dabei hat sie seit dreißig Jahren kein Zuhause mehr. Im Nachthemd geht sie nachts raus und sucht den Tod. Man muss sie festbinden.«

Grausen beschlich mich. Richard drehte unterdessen Luises Würfel so zurecht, dass er drei Treffer melden und auf ihrem Zettel drei Zahlen durchstreichen konnte. »Fehlen nur noch die Fünf und die Vier.«

He! Seit wann unterstützte Richard Pläne, die auf den Tod zielten? Er war Staatsanwalt für Wirtschaftsstrafsachen geworden, weil er mit dem Gevatter nichts zu tun haben wollte.

»Bald darf ich sterben!«, jubelte die Demente.

»Ich will auch!«, rief ein Parkinsongebeugter.

»Ich auch!«, kam es von den anderen Tischen. Auf einmal tobte ein richtiger Chor: »Ich will sterben! Ich will sterben!«

In den Türen erschienen auf leisen Schuhen Pfleger.

Richard und ich blickten uns an. Machte Mutscheln irre?

»Sie müssen das verstehen«, sagte Ingeborg. »Wir sind mal hergekommen, weil es nur noch ein paar Monate gehen sollte. Aber jetzt geht es schon zehn Jahre. Es hat mit der neuen Heimleitung angefangen, der Frau Demitriu. Anfangs ist man froh, dem Tod von der Schippe gesprungen zu sein. Aber auf die Dauer? Ein Tag ist wie der andere. Frühstück, Anwendungen, Mittagessen, Kaffee, Abendbrot, Fernsehen, immer dieselben Geschichten. Die holen Clowns und Zauberer zur Abwechslung. Wir basteln, singen. Wie die Kindergartenkinder. Wenn ich mal so weit bin wie das Luisle oder der Wolfgang, dann möchte ich, dass es aufhört.«

»Sterben, sterben, sterben!«, rief und trommelte der Saal.

Die Pflegerinnen und Pfleger begannen, die Leute abzuräumen, zogen sie aus den Stühlen, pflanzten sie an die Rollatoren, schoben sie auf Rollstühlen hinaus.

Schweigend lenkte Richard den dunklen Mercedes durch die verschneite Obstbaumwiesennacht am Albtrauf. Neben ihm saß stocksteif meine Mutter mit drei Mutscheln im mageren Schoß. Mir klingelten noch die Ohren vom Geschrei im Altenheim.

»Das Luisle kann nicht sterben«, verkündete meine Mutter, als wir bei ihr im Flur die Mäntel auszogen. »Wegen dem Herzschrittmacher.«

»Blödsinn«, sagte ich. »Dann dürfte ja gar keiner mehr sterben, zumindest, wenn er über sechzig ist. Wer lebt denn heutzutage noch ohne Schrittmacher?«

»Ich!«, triumphierte meine Mutter.

Harte Herzen kommen nicht aus dem Takt.

»Aber es gibt ja noch den Krebs. Da faulst du von innen weg.«

»Sehr tröstlich, Mama.«

»Wir sind alle in Gottes Hand.« Von Patientenverfügung würde sie mir niemals reden. Das brauchte sie nicht. Insgeheim war sie überzeugt, sie habe sich durch aufopferungsvolle Gottestreue das ewige Leben verdient und werde, falls überhaupt, feierlich entschlafen.

»Übrigens, deine Mutter hat recht«, bemerkte Richard, als er zu mir ins schmale Bett schlüpfte, das in meinem alten Kinderzimmer stand, aus dem mittlerweile eine Abstellkammer für Kisten mit Altkleidern, defekte Lampen, durchgesessene Stühle und alte Kaffeemaschinen geworden war. Jedes Mal richtete meine Mutter Richard das Lakenlager auf der Couch im Wohnzimmer. Das hätte sie auch getan, wenn er und ich unsere Leibeigenschaft legalisiert hätten, denn in jedem Fall hätte der kirchliche Segen gefehlt, der ihrer Kirche. Gleichzeitig übersah sie geflissentlich, dass sie meinen Gespielen noch nie morgens unten in den Laken vorgefunden hatte. Gegen Demenz wappnete sie sich erfolgreich mit jesuitischem Augenzwinkern, was Richard insgeheim bewunderte. Er war von Haus aus Pietist und ließ vor sich und Gott keine Winkelzüge gelten.

»Meine Mutter hat nie recht«, erklärte ich.

»Diesmal schon. Herzschrittmacher können wirklich das Sterben verhindern. Vor allem die Defibrillatoren.«

»Wie?« Ich fuhr hoch und schlug im Dunkeln mit dem Kopf gegen die Dachschräge. »Die halten das Herz unendlich am Schlagen?«

»Unendlich nicht. Aber wenn es zum tödlichen Herzkammerflimmern kommt, dann treten sie in Aktion. Wenn es sein muss, x Mal in der Stunde.«

»Willst du damit sagen, die Leute sterben, werden geweckt, sterben, werden geweckt und immer so fort? Das kann doch nicht sein!«

»Die Ärzte reden nicht gern darüber, Lisa. Deshalb steht in den wenigsten Patientenverfügungen etwas darüber, wann der Herzschrittmacher deaktiviert werden soll.«

Mir krampften die Kutteln.

Drei Tage später rief meine Mutter an und erzählte, sie habe herumgefragt, wer sich noch an das alte Luisle vom Milchladen erinnerte. »Die muss hundertdreißig sein, nach dem, was die Leute sagen.«

»So was gibt's, Mama. Gute Gene.«

»Ach was, die geben der was. Waltraud sagt, Ingeborg habe ihr erzählt, dass alle im Heim morgens eine Spritze kriegen. Vitamine, heißt es. Aber wer weiß!«

»Ja, klar, Mama, die experimentieren dort mit einem Lebenselixier. Willst du nicht auch ins Heim umziehen? Das ewige Leben wär doch was für dich.«

Der Telefonhörer knackte streng. »Damit du es weißt, Lisa: Ich möchte nicht jahrelang dement in meiner eigenen Scheiße liegen. Die sagen immer, die Dementen spüren nichts. Aber das Luisle leidet! Warum sonst will sie unbedingt sterben, schon seit Jahren?«

»Weil sie dement ist, Mama. In ihrem Hirn ist nur noch der starke Todeswunsch übrig, den sie empfunden hat, nachdem ihr Sohn irgendwo gefallen ist.«

»Vor Weihnachten ist sie nachts aus dem Fenster gestiegen und barfuß durch den Schnee getappt. Sich den Tod holen, hat sie gesagt. Jetzt schnallen sie sie im Bett fest und sie schreit die ganze Nacht. Kann dein Richard da nicht was machen?«

»Hör ich recht? Seit wann billigt die Kirche die Eigenmacht über den Tod?«

»Darum geht es doch gar nicht, mein Kind. Man darf den Tod auch nicht durch Hexenwerk aufhalten! Ich habe eine Verpackung von dem Mittel gesehen, als ich gestern die Ingeborg besucht habe. Novocain heißt es.«

Auch bekannt unter dem Namen Procain, wie mir Wikipedia erklärte, ein über hundert Jahre altes Lokalanästhetikum, das die Reizleitung in den Nerven verlangsamte und alte Menschen kregel machte.

Meine Hausärztin schmunzelte. »Kommt als Anti-Aging-Mittel gerade groß in Mode. Man sagt, es schütze vor Krebs, verlangsame Alzheimer, senke das Risiko für Herzinfarkt und Schlaganfall, beseitige Depressionen. Die Alten werden wieder munter und nehmen Anteil am Leben. Aber ich vermute, es hängt damit zusammen, dass die Zipperlein verschwinden. Wer sich schmerzfrei bewegen kann, hat mehr Freude am Leben.«

»Und wie ist das mit den Herzschrittmachern?«, erkundigte ich mich. »Stimmt es, dass man mit Defibrillatoren nicht sterben kann?«

Die Ärztin kniff die Augen zusammen. »Wenn alle Organe versagen, versagt irgendwann auch das Herz. Wo Zellen untergehen, nützt auch ein Defibrillator nichts mehr.«

»Mit anderen Worten, man muss erst innerlich verfaulen, um zu sterben.«

»Der Tod ist ein Prozess, den wir nicht kontrollieren können. Auch nicht beeinflussen wollen!«

»Was müsste man denn tun, um einen Herzschrittmacher anzuhalten?«

»Wieso? Geht Ihnen Ihre Mutter auf die Nerven?«

»Die hat keinen.«

Sie lachte. Als Ärztin, die den hippokratischen Eid geschworen hatte, war sie ausgesprochen maulfaul, wenn es um Tricks ging, jemanden vom Leben in den Tod zu befördern. Aber gern sprach sie über die Wunder der Technik in ihrem Notfallkoffer. Als ich schon in der Tür stand, gestand sie dann doch noch, dass sie immer auch einen starken Magneten dabeihatte.

»Kann man da denn gar nichts machen, Richard?«

»Die Staatsanwaltschaft ermittelt nicht, wenn jemand *nicht* stirbt, Lisa.«

»Aber so ein Heim kann man doch sicherlich nicht gewinnbringend führen, wenn man immer steuerehrlich ist?«

Richard machte ein ernstes Gesicht.

Zwei Wochen später saßen wir der sportlich schlanken Heimleiterin gegenüber, die lächelnd sagte: »Das ewige Leben kann ich Ihnen und Ihrer Mutter nicht versprechen, Herr Dr. Weber. Aber wir pflegen niemanden runter, wenn Sie verstehen, was ich meine.«

»Hier soll ja in den letzten zehn Jahren niemand verstorben sein«, bemerkte ich.

»Ja, darauf sind wir stolz. Allerdings ist es nur die halbe Wahrheit. In den vergangenen Jahren haben uns ... schlagen Sie mich nicht tot, ich weiß die genaue Zahl nicht ... acht oder neun Personen verlassen, weil die Kinder sie weggeholt haben, und davon sind etliche inzwischen verstorben.«

»Dann ... dann hatten Sie hier also nur Glück«, bemerkte Richard unbehaglich.

»Wie man es nimmt. Ich sage immer, die größte Gefahr für alte Menschen stellt die Verwandtschaft dar. Seien wir ehrlich, Herr Dr. Weber, den Kindern ist es ganz recht, wenn es mit den Eltern mal zu Ende geht. Sie ekeln sich vor dem Alter, sie sehen ihre Zukunft im Spiegel, die Besuche kosten Zeit und sie wollen ans Geld. Da trifft man dann schnell mal eine Entscheidung – natürlich zum Wohle des Patienten –, die nicht lebensverlängernd ist. Heutzutage wird ja auch viel von Patientenverfügungen geredet. Das suggeriert den alten Leuten geradezu, dass ihr Leben nicht zu lange dauern sollte, dass es allen lästig wird, vor allem den Kindern.«

Richard hustete. »Das sind schwere Anschuldigungen, die Sie vorbringen, Frau Demitriu.«

»Nicht meine Absicht«, lächelte die Dame. »Ich wollte nur sagen, wir geben uns hier besonders viel Mühe. Die Ernährung ist entscheidend, wie wir wissen. Orthomolekularmedizin ist das Zauberwort, gesund werden durch Essen. Schweinefleisch ist Gift, Leitungswasser ist totes Wasser. Zusätzlich führen wir Ultraschall-Inhalationen durch, ergänzt durch Mikrowellen- und Lichttherapien, Akupunktur, Homöopathie, Neuraltherapie und, natürlich ganz entscheidend, Schmerztherapien.«

»Schön, schön«, murmelte Richard, dem die rutschfeste juristische Unterlage für das fehlte, weshalb wir hier waren.

»Das hat sicher seinen Preis«, bemerkte ich.

»Wir sind ein privater Kleinbetrieb.«

»Verstehe. Umsonst ist nur der Tod. Sie brauchen die wohlhabenden Senioren lebend.«

Richard zuckte gequält zusammen. Die Heimleiterin schaute mich an wie eine Zecke in den maßgeschneiderten Kleidern des Herrn, von dem sie nur wusste, dass er ein Plätzchen für seine Mutter suchte. Die Wintersonne im Fenster hinter der Heimleiterin verlieh ihr einen Heiligenschein. »Ist das etwa ein Verbrechen?«

»Es heißt, Sie hätten hier ein Wundermittel, das ewiges Leben schenkt.«

»So, heißt es das?« Die Heimleiterin lachte unfrei. »Schön wär's, wir hätten das!«

»Wohl kaum«, sagte Richard. »Das Leben kommt in Teufels Küche, wenn es nicht mehr endet. Die Alten müssen weg, damit die Jungen Platz zum Leben haben. Man stelle sich nur vor, Mäuse würden statt zwei Jahren zehn oder zwanzig leben. Wir könnten nicht mehr treten vor lauter Mäusen bei der Reproduktionsrate, die sie haben. Und auf den Menschen übertragen, wie sähe die Welt aus, wenn wir zweihundert Jahre lebten und sich die Generationen stapelten?«

»Aber Sie selbst würden schon gern so alt wie möglich werden, wetten?«

Richard blickte die sportliche Dame mit seinem asymmetrischen Blick aus milchkaffeebraunen Augen an. »Möglich ist viel.«

Ihr Blick flackerte.

»Aber die Menschheit hat sich seit dem Affen emotional nicht entwickelt«, behauptete Richard, der es wissen musste. »Wir werden getrieben von Neid, Eifersucht, Fremdenangst. Die Vernunft steht auf verlorenem Posten. Wieso sollte das in zweihundert Jahren anders sein?«

Ehrlich gesagt, aber das sagte ich nicht, genau das hätte ich brennend gern gewusst. Redeten wir in zweihundert Jahren immer noch vom Frieden und machten Krieg?

»Ab dem hundertsten Jahr«, stellte Richard fest, »wäre, fürchte ich, jedes weitere eine Enttäuschung.«

»Falls dein Gehirn es so lange schafft«, bemerkte ich. Und als ob es mir gerade einfiele, wandte ich mich an die Heimleiterin. »Was ist denn, wenn … ja, wenn Herz, Hirn und Seele das Ende suchen? Brauche ich dann aufmerksame Verwandte, die mich hier rausholen?«

Die Heimleiterin zog die Brauen hoch.

»Denn Sie lassen hier ja niemanden sterben.«

»Was wollen Sie eigentlich?« Frau Demitriu stand auf. »Ich glaube, wir beenden das Gespräch besser. Ich muss mich vor Ihnen nicht rechtfertigen. Schönen Tag, die Herrschaften.«

Richard, der Feigling, erhob sich ebenfalls.

Er könne ein unter Vortäuschung falscher Absichten geführtes Gespräch nicht einfach in eine Vernehmung umwandeln, erläuterte er mir leise auf dem Gang. »Alles, was Frau Demitriu mir mitteilen würde, unterläge vor Gericht einem Verwertungsverbot.«

»Das wusstest du schon vorher? Warum sind wir dann hier?«

Er griff sich ins Jackett und zog die Zigarettenschachtel. Der Gang spiegelte Langeweile. Irgendwo klapperte Geschirr. »Ich warte unten auf dich«, erwiderte er.

Wieso?

O Gott! Schlagartig wurde es mir klar. Richard übertraf meine Mutter noch um einiges an jesuitischem Augenzwinkern. Niemals und unter keinen Umständen würde er akzeptieren, was vorzuhaben er mir unterstellte. Vielleicht sogar von mir erwartete. Die schmutzige Tat. Deshalb ließ er mich allein mit dem Magneten in meiner Jackentasche, von dem er nichts wusste. Das war sein Plan. Seine Vortäuschung falscher Absichten hatte von vornherein nicht der Heimleiterin gegolten, sondern mir.

Und nun stand ich im Gang des Heims *Abendstern* und mir ging der Arsch auf Grundeis. Was verlangte er da von mir?

Selbstmord war als Ausdruck des Selbstbestimmungsrechts nicht strafbar, weshalb Richard stets von Suizid sprach. Er war nicht verpflichtet, jemanden vom Freitod abzuhalten. Diese Pflicht hatten nur Angehörige und Ärzte, die wegen unterlassener Hilfeleistung bestraft werden konnten, wenn sie nicht eingriffen, sobald die Person die Tatherrschaft verloren hatte, also bewusstlos war. Aber ich war mit dem Luisle nicht verwandt. Also los, Lisa.

Ich angelte mir die nächstbeste Pflegerin. »Ich möchte meine Uroma besuchen. Wo liegt sie denn?«

Die Pflegerin stoppte zerstreut. »Wie heißt denn Ihre Uroma?«

»Luise.«

»Erster Stock, Flügel B, Zimmer 5.«

Sie lag verschrumpelt in einem Bett und war an den Handgelenken gefesselt. Vermutlich neigte sie dazu, sich die Nadel der Infusionsflasche herauszuziehen. Ihre Augen waren geschlossen. Sie öffneten sich auch nicht, als ich sie antippte, dann ruckelte, dann anschrie: »Luise, hallo!«

Vermutlich war sie sediert. Ein magerer Atem hob und senkte die leichte Decke. Ich zupfte sie von der Schulter. Der Herzschrittmacher zeichnete sich als Wulst deutlich unter der linken Schulter ab. Ich schloss die Hand um den Magneten in meiner Tasche. Und zögerte. Den ganzen Mutschelabend hatte ich sie, während wir *Nackets Luisle* spielten, nach dem Tod schreien gehört. Aber reichte das? Oder war es Mord, wenn ich jetzt den Magneten auf den Herzschrittmacher legte? Sie würde nicht augenblicklich sterben, nicht unter meiner Hand, sondern irgendwann, wenn ihr Herz wieder einmal flimmerte. Das Leben pochte mir in den Schläfen. Wer war ich, zu entscheiden, dass Luise demnächst aufhören sollte zu atmen? Genau an diesen Punkt hatte Richard, der heilige Feigling, mich führen wollen.

Ich ließ den Magneten fahren und schlug die Bettdecke zurück. Der ganze magere Körper hing in den weißen Gurten eines *Segufix komplett*, das ein Herauswinden nach oben und unten verhinderte. War das eigentlich abgesprochen mit dem

Betreuer, war es richterlich genehmigt? Wenigstens das sollte Richard mit staatsanwaltschaftlicher Strenge klären!

Ich deckte das Luisle wieder zu, strich ihr übers pergamentene Gesichtchen und verließ das viel zu warme Zimmer. Wo war jetzt der Ausgang? Da war zumindest der Aufenthaltsraum, in dem wir gemutschelt hatten.

»Wo haben Sie denn das Hundle gelassen?«

Es war Ingeborg, die mit weißem Haar in einem Stuhl saß und nichts tat. Ein Rollstuhl mit Mensch stand am Fenster. Draußen sonniger Winter.

»Ich habe das Luisle besucht. Und ... und war auf der Suche nach Ihnen. Schöne Grüße von meiner Mutter und ... äh ... Richard Weber.«

»Ein reizender junger Mann.« Ingeborg griff gierig meine Hand. »Halt dir den warm, mein Kind. So was findet man nicht alle Tage. Glaub mir. Meiner war ein rechter Hennevögler.« Wir kicherten. »Um den war's nicht schad! Aber die Einsamkeit ... die Einsamkeit.« Sie seufzte.

»Schauen Sie doch, die Vögel!« Vor dem Fenster flatterten Maisen und Rotschwänze um eine Futterstelle.

»Haben sie aufgestellt, damit wir was zum Gucken haben. Als Kind habe ich stundenlang den Vögeln zugeschaut. Jetzt tu ich's wieder. Man kehrt zurück im Alter. Aber man kann nicht mehr anknüpfen. Die Zukunft fehlt. Wozu muss ich noch Vögel kennen?«

Wir redeten. Das heißt, sie redete leise und ich hörte zu.

»Die Wahrheit ist«, sagte sie, »sie mussten uns verlassen, weil ihnen das Geld ausgegangen ist und die Kinder auch nicht zahlen wollten oder konnten. Die Demitriu hat ihnen nahegelegt, die Eltern in ein staatliches Heim zu verlegen. Da sind sie dann gleich gestorben. Solange wir Geld haben, kommen wir nicht weg. Und ich kann's nicht mal verprassen. Der Betreuer wacht darüber.« Sie schaute mich an. »Mit dem Handy geht es nicht. Das habe ich schon probiert.« Sie legte ihre von Altersflecken übersäte Faust auf die Stelle unter der Schulter.

Ich nahm ihre Hand und legte meinen taschenwarmen Magneten hinein. »Damit geht es.«

Sie schloss die Finger darum und zwinkerte mit den Augen.

Richard stand fröstelnd in der vereisten Gartenanlage vor der Tür und rauchte. Ein paar Schneeflocken glitzerten auf seinem noch immer dichten braunen Haar. Die athletischen Schultern hatte er unterm Mantel hochgezogen, sein Blick kam aus schmalen Schlitzen und mied mich. Er würde nicht fragen.

»Hier«, sagte ich, »leben nur noch Menschen mit Vermögen. Alle andern hat man woandershin verlegt. Darf das sein, Richard? Wer Geld hat, lebt länger.«

»Und wo lebst du, Lisa?«, fragte er. »Das ist überall auf der Welt so.« Er zog sich das Gift tief in die Lunge. »Vielleicht muss es so sein. Wo Elend herrscht, ist der frühe Tod eine Erlösung.«

»Was? Wie? Spinnst du, Richard? So einen Stuss habe ich schon lange nicht mehr von dir gehört!«

»Lisa, bitte! Was soll ich denn deiner Meinung nach tun? Wo ist der Ansatz? Was für ein Verbrechen haben sie begangen?«

Er musterte mich mit hellen Augen. Ich schüttelte knapp den Kopf. Entspann dich, Richard, ich hab's nicht getan. Ich konnte nicht. Ein nur für mich sichtbares Lächeln unendlicher Erleichterung huschte über sein Gesicht.

»Freiheitsberaubung«, schlug ich vor und zündete mir selber eine an. »Das Luisle ist von oben bis unten gefesselt. Verdammt, so möchte ich nicht enden! Und du auch nicht!«

»Fixierungsmaßnahmen werden in der Regel mit dem Betreuer besprochen und nach sorgfältiger Prüfung vom Richter gebilligt.«

»Und was ist mit den nicht gemeldeten Küchenhilfen, von denen du mir erzählt hast, und mit den offensichtlichen Scheinrechnungen an hausinterne Therapeuten und Ärzte? Wie nennt sich das? Sozialversicherungsbetrug, Umsatzsteuerbetrug?«

»Darum wird sich die hiesige Staatsanwaltschaft kümmern.«

Ich paffte mürrisch.

»Was willst du denn, Lisa? Das Heim dichtmachen? Ist das

die Lösung? Vierzig alte Leute in andere Heime verfrachten, wo sie zügig versterben?«

Ich starrte ihn an. Er hielt es aus.

»Also gut.« Ich zog die Glut bis zum Filter. »Wenn den Leuten der sichere Tod droht, sobald sie die wunderbare Pflege des Heims *Abendstern* entbehren müssen, dann lass uns wenigstens das Luisle rausholen. Das muss doch möglich sein.«

Richard trat die Kippe in den grauen Schneerest. »Erstens, mit welchem Recht? Zweitens würden weder Betreuer noch Richter dem zustimmen. Sie sind verpflichtet, zum Wohle der zu betreuenden Person zu entscheiden, auch gegen ihren erklärten Willen, falls sie sich selbst schaden würde.«

»Dann werde ich darüber schreiben«, sagte ich. »Wozu bin ich die gefürchtete Schwabenreporterin Lisa Nerz! Wenn die hier was haben, was die Leute uralt werden lässt, dann sollen das alle wissen, damit sie es für sich selbst einfordern können.«

»Tu das, wenn es dich beruhigt. Aber du wirst das Lebenselixier nicht finden, Lisa. Die Heimaufsicht hat keinerlei Hinweise, dass hier von irgendwelchen Medikamenten oder Heilmitteln irgendetwas in auffällig hoher Stückzahl eingekauft wird. Die Pflegebücher und die Bilanzen des Heims unterscheiden sich nicht von denen anderer Heime, nur dass hier deutlich mehr fürs Essen ausgegeben wird und man Wasserkonverter verwendet.«

»Was?«

»Apparate, die an der Leitung ein hochfrequentes Magnetfeld erzeugen, von dem man glaubt, dass es den Wassermolekülen ihre ursprüngliche kristalline Form zurückgibt. Man nennt es lebendiges Wasser. Es hat was vom heiligen Wasser von Lourdes. Und das hat in den letzten dreiundzwanzig Jahren keine Wunderheilung mehr bewirkt, obgleich jährlich fünfeinhalb Millionen hochmotivierte Menschen dorthin pilgern.«

»Und wenn sie doch ein Mittel haben? Es muss ja nicht in den Büchern stehen.«

»Ich fürchte, Luises Schicksal ist einfach ein extremer Einzelfall, der unsere Begriffe sprengt und uns darum unerträglich scheint. Da trifft exzellente Pflege auf äußerst vitale Gene.«

»Nur dass sie es gestrichen überhat.«

Er nickte. Er verstand es. Vermutlich besser als ich. Mich trieb doch nur der Reflex, mich zum Haudegen für die Ohnmächtigen zu machen.

»Und jetzt komm, Lisa. Mir ist kalt.« Er schob seine Hand in meine Ellbogenbeuge. Ich spürte, als wir zum Parkplatz gingen, die warme und kämpferische Kraft seines Körpers. Noch bemaßen wir unsere Zukunft in Jahrzehnten.

Als die Forsythien gelb in den Gartenzäunen blühten, rief meine Mutter an, um eine Heimsuchung in Stuttgart anzukündigen. Hilfe! Ich überlegte fieberhaft. Auswandern?

»Ich muss ein paar Sachen erledigen ... ein Testament aufsetzen und so. Sag mal, der Richard, der ist doch Jurist ...«

»Aber Staatsanwalt, Mama, nicht Notar. Und die Kosten kannst du dir doch sparen. Oder hast du irgendwo noch ein Heckenkind, das du bedenken willst?«

Der Hörer schnappte nach Luft. »Man weiß ja nie. Erst kürzlich ist die Tochter der Nachbarin verstorben. Man muss sich kümmern. Ich will mein Geld jedenfalls nicht dem Staat schenken, auch wenn's nicht so viel ist wie bei dem Luisle.«

Mein Herz stockte. »Das Luisle?«

»Ach, das weißt du noch gar nicht? Ja, der Herr hat ein Einsehen gehabt und sie vorigen Sonntag zu sich geholt. Der Herzschrittmacher soll schon eine ganze Weile nicht mehr getan haben. Ein fehlerhaftes Gerät, heißt es. Ist das nicht ein Skandal! Man verlässt sich doch auf die Dinger.«

Ich dachte an das jesuitische Augenzwinkern von Ingeborg.

»Und, Lisa, stell dir vor, anderthalb Millionen hat das Luisle hinterlassen und keine Verwandten, kein Testament. Das ist doch echt schad ums Geld!«

»Doch, ja, Mama.«

Mutschel

Der Mutschelteig ist ein Hefeteig, aber nicht süß. Er besteht aus rund 350 g Mehl, einem Würfel Hefe, 100 ml Milch und 75 g Butter, gewürzt mit einem Teelöffel Salz und einem Teelöffel Zucker. Ist der Hefeteig genügend aufgegangen, beginnt das Basteln.

Aus der angegebenen Menge lassen sich eine große Mutschel oder mehrere kleine formen. Man drückt den Klumpen flach und schneidet rundum acht Mal ein, so dass Zacken entstehen, die man mit der Hand noch etwas zieht und zuspitzt. Sie symbolisieren die acht Gilden. In die Mitte des Sterns wird ein Teighügel gesetzt, der die Achalm darstellt. Um die Alm herum legt man ein Teigröllchen. Nun lässt man das Gebilde noch einmal eine Dreiviertelstunde lang an warmer Stelle gehen. Dann wird es mit Eigelb (gemischt mit etwas Wasser oder Milch) bestrichen und bei 180 Grad etwa 25 Minuten gebacken.

Stefanie Wider-Groth

Wurstsalat mit Blei

Im Zug vom Frankfurter Flughafen fuhr Gesine in den Stuttgarter Hauptbahnhof ein, wie sie dies seit frühester Kindheit gewohnt war. Das Wetter draußen wirkte von drinnen schön, aber sie wusste, dass die Luft kalt sein würde. Zu kalt für jemanden, der lange nicht mehr hier, sondern am Indischen Ozean gewohnt hatte.

Fünf Jahre waren vergangen seit ihrem letzten Besuch, und da war das Wetter nicht von Bedeutung gewesen. Gesine erinnerte sich, an der Beerdigung ihres Vaters auf dem Waldfriedhof in einem geliehenen Pullover und einem ebensolchen Mantel teilgenommen zu haben, das Gefühl für die Kälte hatte sie vergessen. Umso mehr spürte sie sie nun beim Verlassen des Zuges mit dem schweren Koffer, der fast alles enthielt, was ihr vom Leben an der kenianischen Küste bleiben würde. Alles bis auf ihre Erinnerungen und das Geld, das sie auf ihrem deutschen Konto gespart hatte. In Erwartung der zugigen Nüchternheit der Bahnhofshalle knöpfte Gesine ihre dünne Jacke zu, verdrängte Wehmut und Enttäuschung aus ihren Gedanken und machte sich den Bahnsteig entlang auf den Weg in ihre Vergangenheit, von der sie nur hoffen konnte, dass sie ihr jetzt eine Zukunft bot. Im Bahnhof schien eine Veranstaltung im Gange zu sein, Trommeln dröhnten durch die Halle und Trillerpfeifen. Gesine nahm an, dass es sich um Werbung oder Ähnliches handelte, und verzog angewidert die Lippen. Niemand belästigte einen im afrikanischen Busch mit derartigem Unfug, es würde ihr schwerfallen, sich wieder an die Begleiterscheinungen einer auf den Konsum fixierten Gesellschaft zu gewöhnen. Trotzig betrat sie die Halle und blieb verblüfft stehen. Menschen jeglichen Alters und aller Schichten mit grünen Luftballons und bunten Schildern standen, wippten oder tanzten sogar um die Trommler herum. Ihre Stimmung entsprach nicht der etwas behäbigen Geschäftigkeit, die Gesine von Samstagnachmittagen in ihrer Heimatstadt kannte. »Oben bleiben« stand auf den Luftballons, »Kein Stuttgart 21« auf der Mehrzahl der Schilder, eine Frau drückte ihr einen Zettel in die Hand, auf dem das Programm einer »Aktionswoche« nachzulesen war. Gesine steckte den Zettel kommentarlos ein und drängte sich durch die Gruppe hindurch zur Rolltreppe, die in die untere Schalterhalle führte. Auch dort gewahrte sie Menschen, so viele, wie sie noch nie auf einem Haufen in Stuttgart gesehen hatte, und noch mehr davon auf der vierspurigen Straße vor dem Bahnhof, die offenbar für den Verkehr gesperrt worden war. Es müssen Tausende sein, dachte Gesine, ohne zu verstehen, worum es eigentlich ging. Die kenianische Presse pflegte sich nicht mit Städten wie Stuttgart zu befassen, eine deutsche Zeitung hatte sie lange nicht mehr gelesen und auf Satellitenfernsehen bewusst verzichtet. Was ihr dagegen schnell klar wurde, war, dass sie hier vergeblich auf ein Taxi warten würde. Müde von der Reise zog sie den Koffer am Bahnhof entlang zum Nordausgang, wo sie einigermaßen entsetzt feststellen musste, dass ein großer Teil des historischen Gebäudes abgerissen worden war und einer Baustelle Platz gemacht hatte. Mein Gott, was ist hier los?, fragte sie sich verstört und kurz davor, noch mehr Boden unter den Füßen zu verlieren, als ihr in den letzten Monaten ohnehin schon entzogen worden war.

»Wolle Taxi?«, sprach ein Mann sie von der Seite an.

»Ja.«

Der Mann hievte den Koffer in einen silbernen Daimler. Gesine warf noch einen letzten Blick auf den zerstörten Bahnhof, nahm auf dem Rücksitz Platz und nannte eine Adresse.

»Scheiße Demonstration«, erklärte der Fahrer und startete den Motor. »Schlecht für die Geschäft.«

Schon vor dem Katharinenhospital, viel größer, als sie es in Erinnerung hatte, war der Trubel vergessen, still waren die Straßen, die in den Stuttgarter Westen führten, wild zugeparkt wie eh und je im Stadtteil selbst, hier hatte sich nichts verändert. Der Wagen hielt vor *Didi's Stüble*. Gesine ignorierte den Deppenapostroph, wartete, bis ihr Koffer auf dem Trottoir stand, bezahlte und wandte sich der Kneipe zu. Ein wenig graute es ihr davor, hineinzugehen, doch war dies ihr Zuhause, das einzige, das ihr blieb, oder vielleicht auch das einzige, das sie jemals gehabt hatte. In *Didi's Stüble* war sie aufgewachsen, hatte am Stammtisch ihre Schularbeiten gemacht, in der Küche und hinter der Theke geholfen, mit den Gästen gelacht, geweint und gewürfelt. Eine große Familie in einem kleinen Kosmos, der ihr vor vierzehn Jahren zu eng geworden war und den sie nach einem finalen Streit mit dem Vater verlassen hatte. Endgültig, wie sie damals glaubte. Sechsundzwanzig war sie da gewesen und wenig motiviert, ihr Leben in einer miefigen kleinen Gaststätte zu verbringen, auch wenn die einen mehr als ausreichenden Gewinn abwarf. Geld verdient hatte sie schließlich auch mit ihrem Restaurant in Kenia, das sie sich in harter Arbeit und im ständigen Kampf gegen die örtliche Bürokratie aufgebaut hatte. Trotz zahlloser Rückschläge lebte sie dort wenigstens im Warmen, an der frischen Luft und, abgesehen von den Regenzeiten, unter einer Sonne, die für vieles entschädigte. Cottages waren hinzugekommen, europäische Rentner hatten sich ganze Wintermonate darin einquartiert und sich in Gesines *Baboon Garden* ebenso wohl gefühlt wie sie sich selbst. Diese Gäste würden nun staunen, wenn sie im November oder Dezember eintrafen. Wie sollten die neuen Besitzer, unerfahren, wie sie waren, in der Lage sein, den gewohnten Standard zu halten? Dies allerdings durfte nicht mehr Gesines Problem sein, es nutzte nichts, sich den Kopf darüber zu zerbrechen, vorbei war vorbei. Sie holte tief Luft, packte entschlossen den Griff ihres Koffers und öffnete die Tür zu *Didi's Stüble*.

Die altvertraute Melange aus Bierdunst und Zigarettenrauch schlug ihr entgegen. Fast sämtliche Hocker an der Theke sowie die beiden vor den dudelnden Daddelautomaten waren besetzt, wie sie es erwartet hatte, überwiegend von Männern. Die Tische dagegen, sechs an der Zahl und von unterschiedlicher Größe, waren leer, sauber gedeckt zwar, aber ohne die frischen Blumen, die es früher immer gegeben hatte. Gesine, die mit ihrem Koffer lediglich für eine kurze Unterbrechung der Thekengespräche sorgte, ging durch bis zum letzten Tisch, setzte sich auf eine hölzerne Bank und zündete sich eine Zigarette an. Hinter der Theke kam eine mollige Frau mit einer Karte in der Hand hervor.

»Ein Spezi«, bestellte Gesine, ohne die Karte zu beachten, und sah der Frau in die Augen. Die ließ die Karte fallen.

»Kind«, stieß sie fassungslos hervor. »Bist du es wirklich?«

»Mama.« Gesine stand wieder auf. Die mollige Frau fiel ihr um den Hals und begann zu weinen, während die Thekengespräche ein zweites Mal verstummten.

»'s isch die Jong«, erläuterte schließlich einer der Älteren unter den Gästen verständnisvoll. »Die war lang fort. I kenn se noo. Von frieher.«

»Ha, no«, sagte sein Nebensitzer. »Hoißt des, jetzt dauert's a halbe Schtond, bis mer von d'r Elvira wieder ebbes zom Saufa kriagt?«

»Heißt es nicht.« Gesines Mutter hatte sich wieder in der Gewalt. »Ich spendiere eine Runde zur Feier des Tages.« Geschäftig versorgte die Wirtin ihre Gäste mit Getränken, bevor sie sich mitsamt dem Spezi wieder zu ihrer Tochter setzte. »Dreißig Minuten wird es wohl reichen«, meinte sie leise. »Vielleicht auch eine Dreiviertelstunde. Jetzt erzähle. Warum bist du hier? Warum hast du mir nicht gesagt, dass du kommst? Warum ...?«

»Ach, Mama. Es ging alles zu schnell«, seufzte Gesine und erzählte. Von Juma, ihrem Mann und Geschäftspartner, mit dem sie mehr als zehn Jahre glücklich gewesen war, bis er vor einem halben Jahr mit einer jungen einheimischen Frau aufgekreuzt war. Die ab sofort bei ihnen wohnen sollte. Um die Kinder zu bekommen, die sie, Gesine, nicht bekam und deren Juma, nach Auffassung seiner Familie aber zwingend bedurfte. Und die alsbald von ihm schwanger geworden war und wahrhaft königliche Allüren an den Tag gelegt hatte, von denen Juma verlangte, dass sie klaglos ertragen wurden. Zur Zweitfrau degradiert, schien es zudem Gesines Aufgabe zu sein, mit den Erträgen des *Baboon Garden* für sämtliche Kosten aufzukommen, die Mutter und Kind sowie weitere zu erwartende Sprösslinge verursachen würden. Alle Argumente, die Gesine ihrem Mann gegenüber vorbrachte, erwiesen sich angesichts des familiären Drucks, unter dem Juma stand, als nutzlos. Selbst mit der Situation restlos überfordert, wurde ihr einstiger Geliebter streitsüchtig, gelegentlich auch gewalttätig, trank weit mehr, als gut für ihn war, und suchte sein Heil schließlich in Drohungen. Er werde sie wegen Beleidigung des Präsidenten anzeigen. Sie könne jederzeit vergewaltigt oder ermordet werden. Kenia sei ein gefährliches Pflaster. Ein Vierteljahr hatte Gesine noch gehofft, ihn zur Vernunft bringen zu können, doch dann war ein Paar aus der Schweiz aufgetaucht und hatte Geld geboten. Für das Restaurant und die Cottages. Die junge Frau, die nicht viel vom Leben an der Küste hielt und nach Nairobi wollte, hatte Juma gedrängt zuzugreifen. Er könne zunächst seinen Anteil nehmen und sich nach der Geburt wieder um Gesine kümmern. Ein Hinweis, den sie genauso verstanden hatte, wie er gemeint war. Juma betrachtete den Verkaufserlös ihres Lebenswerks, einschließlich ihrer selbst, als sein Eigentum. Ein letzter, handfester Streit war entstanden und …

»Was und?«, fragte Elvira entsetzt.

»Ich hab ihn erschlagen«, murmelte Gesine tonlos. »Nicht mit Absicht. Er wollte mich verprügeln. Da habe ich ihm die große Holzgiraffe über den Schädel gezogen. Die, die dir immer so gut gefallen hat. Die Giraffe ging auch kaputt.«

»Wen interessiert die Giraffe? Was hast du gemacht?«

»Ich bin abgehauen. Mit dem Jeep, einem Koffer, der Leiche

und dem Geld. Die Schweizer haben bar bezahlt. Zuerst über die Grenze nach Tansania. Dort habe ich Juma ausgezogen und bei Nacht irgendwo in den Busch geworfen. Danach habe ich einen Flieger nach Kairo bekommen. Drei Tage hat es gedauert, bis ich endlich in Frankfurt war.«

»Kind!«, war alles, was Gesines Mutter sagte, während von der Theke bereits der Ruf »Elvira, breng mer no a Halbe« erklang.

»Du siehst«, fuhr Gesine hastig fort, »ich kann nicht mehr zurück. Sie werden Juma nie finden, es gibt genug wilde Tiere im Busch, die dafür sorgen, dass nichts von ihm übrig bleibt. Aber allein die Tatsache, dass er weg ist ...«

»Ich muss bedienen«, erklärte ihre Mutter ausweichend. Während sie ihre Gäste versorgte, studierte Gesine die Speisekarte. Maultaschen waren durchgestrichen. Käsespätzle auch. Ebenso wie Tellergulasch, Jäger- und Zigeunerschnitzel, das Schnitzel Wiener Art oder Linsen mit Spätzle und Saitenwürstchen. Also so ziemlich alles, was sie in Kenia vermisst und worauf sie sich in Stuttgart gefreut hatte.

»Kochst du nicht mehr?«, fragte sie enttäuscht, als ihre Mutter an den Tisch zurückkehrte.

»Dieses Land«, seufzte Elvira und strich sich eine Strähne aus der verschwitzten Stirn, »ist nicht mehr das, das du einmal verlassen hast. Ich darf kein warmes Essen mehr servieren.«

»Bitte?« Gesine zog die Brauen hoch.

»Die Stadt übrigens auch nicht«, setzte Elvira, ohne auf den Einwurf einzugehen, hinzu. »Sie befindet sich in hellem Aufruhr. Weil der Bahnhof umgebaut werden soll. Für ein paar Milliarden Euro. Zehntausende gehen deshalb auf die Straße.«

»Tut mir leid«, bedauerte Gesine verwirrt. »Ich kann dir nicht folgen. Was hat der Bahnhof mit deinen Maultaschen zu tun?«

»Im Grunde gar nichts«, meinte Elvira nach einem prüfenden Blick zur Theke. »Und trotzdem alles. Auf der einen Seite hagelt es sinnlose Verbote, auf der anderen machen sie gerade, was sie wollen, unsere Politiker. Wir kleinen Leute kämpfen ums Überleben, die schmeißen das Geld mit vollen Händen hinaus.«

»Und warum bekomme ich keine Maultaschen mehr?«

»Weil dies eine Raucherkneipe ist. Von den Typen, die Tag für Tag an meiner Theke sitzen, lebe ich. Die rauchen alle, aber sie haben kein Anrecht mehr auf eine warme Mahlzeit. Nur Steuern zahlen, das dürfen sie. Während mir ein Drittel vom Umsatz fehlt.«

»Nicht zu fassen.« Gesine schüttelte verständnislos den Kopf und zündete sich eine an. Großdemos statt gemütlicher Maultaschen bei Muttern. Ihre Heimat schien sich wahrlich von Grund auf verändert zu haben.

»Wurstsalat kann ich dir anbieten«, sagte Elvira. »Den hast du früher auch so gerne gegessen.«

Einer der Daddelautomaten spuckte geräuschvoll Münzen aus.

»Gucket schnell«, jubilierte entzückt der davor sitzende Spieler. »I zahl a Ronde Obschtler.«

»Mir nehmed no zwoi Viertele«, fügte einer von der Thekenbesatzung hinzu.

»Mach dir keine Umstände, Mama.« Gesine stand auf und drückte ihre Zigarette aus. »Ich finde den Wurstsalat schon selbst in deiner Küche. Vielleicht kann ich mir ja heimlich noch ein paar Bratkartoffeln dazu wärmen.«

»Nein.« Elvira, hin- und hergerissen zwischen den Ansprüchen ihrer Gäste und dem Vorhaben ihrer Tochter, äußerte schwachen Protest.

»Wo bleibsch denn?«, blökte der Rechtsaußen an der Theke. »Isch des dei Jonge? Die, wo bei de Neger wohnt?«

Gesine ging wortlos an ihm vorbei, betrat die Küche und unterdrückte mit Mühe einen Schrei. Am Resopaltisch in der Ecke, auf der Bank, dem einstigen Stammplatz ihres Vaters und des Namensgebers von *Didi's Stüble*, lehnte zusammengesackt eine Frau. Unübersehbar eine tote Frau. Ihre Frisur wirkte noch perfekt gestylt, doch an der teuren Bluse unter dem nicht minder teuren Kostüm haftete getrocknetes Blut und in der Mitte des rostbraunen Fleckens klaffte ein hässliches Loch. Gesine kniff die Augen fest zu und öffnete sie langsam wieder. Die Frau war immer noch da.

»Elvira, drenksch oin mit?«, dröhnte es von draußen.

»Ich muss Wurstsalat machen.« Die Küchentür hinter Gesine wurde geöffnet und sofort wieder geschlossen.

»Mama! Hier ist …«

»Ich weiß«, nuschelte Elvira unglücklich. »Ich habe sie erschossen. Auch nicht mit Absicht. Ich wollte nur, dass sie wieder geht.«

»Aber … wie konntest du nur …? Du kannst doch nicht einfach jemanden …«

»Von dir will ich gar nichts hören.« Gesines Mutter schnaufte empört. »Nach dem, was du mir gerade erzählt hast.«

»Wer ist sie?«

»Frau Krüger. Oder Kübler. Ich habe den Namen vergessen. Irgendwo muss ihre Visitenkarte sein.«

»Was hat sie in deiner Küche verloren?«

»Gar nichts. Sie kam einfach so herein. Gestern Nachmittag, als ich gerade aufgesperrt habe. Glücklicherweise war außer mir keiner da, aber jetzt weiß ich trotzdem nicht mehr weiter. Ich brate schon alle zwei Stunden Zwiebeln an. Damit es nicht so riecht.«

»Mama …«

»Ist doch wahr. Wo soll ich denn hin mit ihr? Wir haben hier keinen Busch mit wilden Tieren.«

»Warum hast du sie erschossen? Und womit?«

»Mit dem alten Armeerevolver von deinem Großvater. Du weißt, den habe ich immer unter der Theke liegen, falls mal etwas sein sollte. Bis gestern hab ich ihn nie gebraucht …«

»Erkläre mir das.«

»Das Haus.« Elvira machte eine allumfassende, tragisch anmutende Armbewegung. »Unser Haus. Zehn Wohnungen und mein Stüble. Vor ein paar Monaten ist der alte Mann gestorben, dem es gehört hat. Die Erben wollen verkaufen. Diese Frau … sie sagte, sie vertritt irgendwelche Investoren. Das Haus soll luxuriös saniert werden, wir müssen alle raus. Das Stüble zuerst, gewerbliche Mieter haben keinen Kündigungsschutz. Wo sollen wir denn hin? Die Männer da draußen und ich? Mich stellt doch keiner mehr ein. Ich brauche noch mindestens acht Jahre bis zur Rente. Und ich liebe mein Stüble. Die da draußen und ich … das ist doch unser Zuhause …« Elvira weinte schon wieder.

»Mama …« Gesine nahm ihre Mutter in die Arme und drückte sie fest. »Nicht. Hör auf. Wir finden eine Lösung.«

* * *

Stunden später standen sie in der Finsternis des Schwarzwildparks und deckten in einer Dickung das, was von Frau Krüger oder Kübler übrig war, mit Reisig ab.

»Wer sagt denn, dass wir keine wilden Tiere haben?«, spöttelte Gesine. »Schweine sind Allesfresser. Vielleicht kommen noch ein paar Füchse dazu …«

Ihre Mutter fröstelte. »Man wird sie finden«, sagte sie mutlos. »In dieser Gegend gehen jeden Tag Leute spazieren. Mit Hunden. Auch Jäger sind unterwegs …«

»Und wenn schon? Zuerst muss sie jemand vermissen. Sie kam nicht aus der Gegend, hast du gesagt. Wie gut, dass ich Jumas Kleidung mitgebracht habe. Es wird eine Menge afrikanisches Zeug daran haften, das die Polizei vor Rätsel stellen wird. Den Armeerevolver werfen wir in den Bärensee, deine Küche machen wir sauber, und du hast die Frau nie gesehen. Es müsste schon mit dem Teufel zugehen, wenn einer ausgerechnet auf dich kommen sollte.«

»Dann verkaufen sie eben an jemand anderen. Im Gefängnis wäre ich wenigstens versorgt. Ich kann nicht jeden erschießen, der kommt. Ohne Revolver.«

»Das wird auch nicht nötig sein.« Gesine häufte feuchtes Laub über Reisig und Leichnam, wischte sich die Hände mit einem Papiertaschentuch ab und haschte nach Elviras Hand. »Ich werde das Haus kaufen. Mit dem Geld von den Schweizern. Dein Stüble wird renoviert, deine Männer können weiter darin sitzen und wir werden die beste Vesperstube der Stadt. Es wird kalten Braten geben, Kartoffelsalat mit oder ohne Speck, Schinkenröllchen mit Spargel …«

»… russische Eier, gefüllte Tomaten und angemachten Kräuterkäse«, fiel ihre Mutter schwärmerisch ein. »Wie früher, als du klein warst.«

»Und dazu deinen fabelhaften Wurstsalat.« Gesine lächelte in der Dunkelheit. »In mindestens drei Variationen. Mit frischem Bauernbrot. Nur eine Bedingung stelle ich.«

»Was immer du willst, Kind. Ich bin so froh, dass du wieder zu Hause bist.«

»Der Apostroph kommt weg. In Zukunft heißen wir einfach ELVIRA.«

Wurstsalat

Wurstsalat kann als Hauptgericht, mit frischem Brot oder Bratkartoffeln serviert werden, eignet sich aber auch hervorragend als Partysalat. Grundlage ist natürlich Wurst, wovon pro Person ca. 150–200 Gramm benötigt werden, die man entweder selbst schneiden oder beim Metzger in feinen Streifen bestellen kann. Angemacht wird der Salat mit einer Soße aus Sonnenblumenöl, Weinessig, wenig Wasser, Pfeffer, Salz, etwas Senf und Zwiebeln. Weitere Zutaten sind fakultativ.

Variante A: Schwäbischer Wurstsalat
Zwei Drittel frische Schinkenwurst, ein Drittel Schwarzwurst und in Streifen geschnittene Essiggurken nach Geschmack.

Variante B: Straßburger oder Schweizer Wurstsalat
Wie A, allerdings wird die Schwarzwurst hier durch eine adäquate Menge Käse (z. B. Emmentaler) ersetzt.

Variante C: Bunter Wurstsalat
Zwei Drittel Lyonerwurst, ein Drittel Käse, Essiggurken, Radieschen, Paprikastreifen, Tomatenwürfelchen. Mit Schnittlauch und/oder Petersilie bestreuen.

Anette Heiter

Die Frauen meines Lebens

Ich bin ein Frauentyp – das war schon immer so. Frauen stehen auf mich und ich auf Frauen. Das Treffen mit meiner neuen Mandantin im *Café Hüftengold* war äußerst erfolgreich verlaufen. Ich hatte noch den Geschmack von Schokoladenkuchen im Mund und den Duft ihres Parfüms in der Nase, als ich in meine Kanzlei in der Urbanstraße zurückging. Sie war keine gewöhnliche Mandantin, sie war eine Autorin. Eine Krimiautorin, hatte sie betont. Sie wollte mich sozusagen als juristischen Ratgeber für ihr neustes Projekt. Wen auch sonst? Schließlich bin ich einer der erfolgreichsten und besten Strafverteidiger Stuttgarts. Ich kann nicht ohne Stolz von mir sagen, dass ich das Metier aus dem Effeff beherrsche. Ich weiß, wie ich in Wirtschaftsstrafsachen das Gericht mit Beweisanträgen verwirren kann, um dann einen guten Deal für meinen Mandanten zu ziehen, ich weiß aber auch, wann ich auf die Tränendrüse drücken muss. Kurz: Ich bin gut. Kein Wunder, dass sie zu mir gekommen war, um die Methode für den perfekten Mord herauszufinden. Sie hatte mich beim Reinhart-Fall gesehen – da hatte ich meisterlich einen Vergewaltiger verteidigt: Freispruch.

Bei dem Treffen in meinem Lieblingscafé in der Olgastraße hatte sie mir erklärt, um was es in dem Buch gehen sollte. Ein Ehepaar, das sich getrennt hat – der gemeinsame Sohn erleidet einen tödlichen Unfall, den der Vater verschuldet –, die Frau erträgt den Schmerz nicht und bringt ihren Mann um.

Und weil Sandra – Sandra Kober, aber wir waren gleich zum Du übergegangen – einen feministischen Ansatz in ihren Krimi bringen wollte, war sie der Meinung, die Frau sollte mit dem Verbrechen auch wirklich davonkommen.

»Aber die Leute mögen es doch, wenn der Bösewicht am Ende bestraft wird«, wandte ich ein.

»Wird er auch«, gab sie zurück und lächelte mich provozierend an, »er stirbt ja schließlich.«

Weil sie sich meine Gebühren nicht leisten konnte, einigten wir uns auf ein Arrangement, das den Austausch von Naturalien vorsah – ein Arrangement, das ich mit sehr attraktiven Mandantinnen gelegentlich traf und das eine Win-win-Situation darstellte: Sie konnte sich meiner unübertroffenen geistigen Fähigkeiten bedienen, ich profitierte körperlich. Dass Letzteres angesichts meiner auch auf diesem Gebiet überragenden Kompetenz ebenfalls zu ihrem Vorteil war, so dass sie eigentlich doppelt absahnte, nahm ich gutmütig in Kauf. Schließlich bin ich sozial eingestellt.

Zum Abschied küsste sie mich leicht auf die Wange und lud mich für den Abend zu sich ein. Sie wollte mir etwas Leckeres kochen, und ich sollte ihr während des Essens diverse Tötungsarten erläutern.

»Falls Frau Kober, Sandra Kober, anruft: bitte sofort durchstellen.«

Frau Baumann, meine Sekretärin und Kanzleimanagerin, wusste Bescheid. »Des isch ja schnell ganga mit dem Fräulein Schurrnalischtin« Sie schüttelte ganz leicht den Kopf.

Naturgemäß tauchten ständig irgendwelche Frauen auf, die teilweise sehr massiv hinter mir hertelefonierten – logisch! Meist wies ich Frau Baumann an, sie abzuwimmeln, ich konnte mich ja nicht mit jedem Justiz-Groupie abgeben. Bei »sofort durchstellen« war ihr aber gleich klar, wie der Hase lief. Dass sie das im Grunde ihres Herzens missbilligte, wusste ich. Egal – schließlich war sie bei mir angestellt und nicht umgekehrt. Vermutlich war sie eifersüchtig, weil sie mit ihren mindestens

43 Jahren in keiner Weise meinem Beuteschema entsprach. Ich hatte sie als Wiedereinsteigerin nach ihrer Kinderpause eingestellt – ein Glücksfall für mich, weil sie enorm belastbar war, aber ein noch größerer Glücksfall für sie, denn junge Frauen sind auf dem Arbeitsmarkt sehr viel gefragter. Meine soziale Ader hatte wieder zugeschlagen, und sie war mir völlig zu Recht dankbar.

»Isch des eigentlich net die Exfrau von dem berühmta Geiger Kober?«, fragte meine in kulturellen Dingen ungemein gut orientierte Sekretärin. »Wisset Se net: der von de Philharmoniker?«

Ich wusste natürlich nicht, denn mit der Klassik hatte ich es nicht so. Ich hörte eher Rock oder Pop, zur Not auch mal Jazz, wenn es half, die Dame des Abends in die Kiste zu bekommen. Dabei war es sehr hilfreich, dass die angesagteste Jazzkneipe der Stadt die *Kiste* in der Hauptstätter Straße war. Von der einen Kiste in die andere war es selten weit. Aber trockene Klassik? Nein danke. Meine Geige hatte ich seit dem zwölften Lebensjahr nicht mehr angefasst – und auch davor nur meiner Mutter zuliebe.

»Des isch a ganz großartiger Musiker, der dirigiert sogar oft no nebaher, au wenn er die Sologeig spielt. Aber domols mit seiner Frau, da hot's irgendäbbes gäba … i komm grad et drauf. I frog amol bei meiner Roswitta.«

Roswitta war die Leiterin des Gospelchors in Sillenbuch, dem Frau Baumann angehörte und der jeder Auskunftei locker den Rang ablief. Wenn man irgendetwas aus Stuttgart wissen wollte, musste man im Gospelchor fragen – die wussten alles, und Roswitta wusste mehr.

Keine zwanzig Minuten später klopfte Frau Baumann an meine Tür und legte mir einen Zettel mit einer Telefonnummer hin. »Des isch die Nummer von dem Kober. Ond der isch Tatsache der Ex von der Sandra Kober. Der wohnt glei oms Eck in der Danneckerstraß. Bloß falls Sie …« Schnell verschwand sie wieder und ließ mich mit dem Zettel und dem Gefühl zurück, dass ich etwas tun sollte. Wenn ich nicht anrief, würde sie mich die nächsten Wochen damit nerven.

Das Telefonat war schnell erledigt. Schon hatte ich für den nächsten Tag um 15 Uhr ein Treffen mit Herrn Kober vereinbart, um meine Geige schätzen zu lassen. Es konnte ja nichts schaden, zu wissen, mit wem die Dame früher verheiratet war. Nicht, dass ich wirklich ernste Absichten hatte. Aber vielleicht konnte ich hinter ihr Geheimnis kommen.

Der Abend bei Sandra hätte perfekter nicht sein können. Sie hatte ein unglaubliches Menü für mich gekocht. Vegetarisch. Und das mir, einem bekennenden Liebhaber alles Fleischlichen. Aber die Menüfolge überzeugte mich. Als Entrée Tahina, ein Kichererbsenmus mit Sesampüree und Knoblauch auf Olivenbrot, danach ein Paprikageschnetzeltes mit Tofu an knusprigen Röstitalern, anschließend ein Nuss-Salat mit Datteln, Feigen und Ananas. Dazu reichte sie einen Trollinger, der tatsächlich wie ein Wein schmeckte und nicht wie sonst im Schwäbischen üblich nach noch nicht ganz vergorenem Traubensaft.

Zwischen den Gängen besprachen wir die besten Methoden, einen perfekten Mord zu begehen. Der vorgetäuschte Selbstmord – immer wieder gern genommen, aber angesichts moderner Aufklärungsmethoden der Polizei enorm schwer zu inszenieren. Der Mord mit Lebensmitteln – von Sandra schnell als typisch weiblich abgetan. Schließlich die beste aller Varianten: der Mord ohne Motiv, den die Heldin dann allerdings nicht selbst begehen durfte. Sie brauchte entweder einen Auftragskiller oder einen nützlichen Idioten.

Der Nachtisch war dann nicht mehr vegetarisch und entsprach meiner Vorliebe für Fleisch in hohem Maße.

Natürlich blieb ich nicht zum Frühstück. Das wäre für ein erstes Date extrem uncool gewesen, und wir wollten ja auch keine Beziehung, sondern nur einen Austausch von Naturalien. Und die tauschten wir gut, häufig und intensiv.

Punkt 15 Uhr am nächsten Tag stand ich nach einem kurzen Spaziergang vom Gerichtsviertel über die Hohenheimer Straße vor dem Haus von Kober in der Danneckerstraße.

Ein schicker Altbau – war klar. Der Eingang sei offen, hatte er gesagt, ich solle einfach hochkommen. Die Wohnungstür im zweiten Stock war nur angelehnt, und ich vernahm von drinnen leise Geigenklänge. Ich ging den Tönen nach und stand in einem Wohnzimmer mit großer Fensterfront zum Stuttgarter Talkessel hin. Gar nicht schlecht, die Aussicht.

Kober ließ seine Geige sinken. »Herr Frey, nehme ich an?«

Ich gab ihm die Hand und schaute zur Tür. »Ich hoffe, es ist okay, dass ich einfach reingekommen bin?«

»Selbstverständlich – bei mir ist die Wohnung immer offen, weil ich beim Üben oft das Klingeln nicht höre. Und meine Frau ist gerade nicht da …«

»Sie sind verheiratet?«

Er nickte und deutete auf ein Foto, das an der Wand hing und eine atemberaubend schöne Blondine zeigte. »Nadine, meine zweite Frau. Sie war früher Model, hat das aber aufgegeben, um ganz für mich da zu sein. Das macht sie gut. Sie ist zwar nicht die Hellste, aber sie hält mir das Bettchen warm.«

Ich lachte. »Und Ihre erste Frau?«

»Ach, die – wollte lieber Karriere machen. Außerdem war sie ganz und gar kleinlich, wenn ich mal mit anderen … Dann war da noch die Sache mit unserem Sohn …«

Er ließ den Satz in der Luft hängen und schaute auf eine andere Fotografie, die einen etwa siebenjährigen Jungen zeigte. Das Bild war schwarz eingerahmt, und mein untrüglicher psychologischer Instinkt riet mir, nicht nachzufragen.

»Aber lassen wir die alten Geschichten. Die Geige?«

Ich gab ihm den alten Geigenkoffer, und er nahm das Instrument behutsam heraus.

»Darf ich?«

Ich nickte und er klemmte sich die Geige unters Kinn, griff zu seinem Bogen und fing an. Wow, spielen konnte er!

Wir kamen überein, dass er die Violine einem befreundeten Geigenbauer zeigen würde, der sie schätzen konnte.

Auf dem Weg zurück ins Büro schrieb ich eine SMS an Sandra: Brauche mehr Fleisch! Heute Abend?

Die Antwort kam prompt: 20 Uhr, bei mir.

Die Sache lief gut.

Sehr gut.

Schon zwei Tage später hatte ich eine E-Mail von Kober auf meinem Computer. Die Geige sei von seinem Experten auf 3000,- Euro geschätzt worden. Er würde sie mir aber für 3500,- Euro abkaufen als Schülerinstrument. Ich solle doch am nächsten Tag gegen 14 Uhr bei ihm vorbeikommen, dann könnten wir den Handel abschließen.

Bester Stimmung mailte ich zurück, das gehe in Ordnung. Eigentlich hatte ich das alte Stück, das ich schon gebraucht von meinem Opa bekommen hatte, gar nicht verkaufen wollen. Und jetzt kam sogar noch richtig Geld dabei rüber. Könnte es besser gehen?

Ich hatte Sandra nicht auf ihren Exgatten angesprochen. Sie brauchte schließlich nicht zu wissen, dass ich hinter ihr herspioniert hatte. Oder dass mir klar war, wie eindeutig ihre angeblich so originelle Krimiidee bei der eigenen Biografie abgeschrieben war. Pseudointellektuelle! Frau Baumann hatte das für mich recherchiert – der Sohn der Kobers war bei einem Autounfall getötet worden, den der Vater verschuldet hatte.

Mich kümmerte das wenig. Sie kochte gut, und auch der sonstige Naturalienaustausch funktionierte grandios und zu beiderseitiger Zufriedenheit. Nur jetzt war sie für einige Tage nach Hamburg gereist, um für ihre Zeitung über die Elbphilharmonie zu schreiben. Sie wollte Parallelen zu Stuttgart 21 herstellen, dem umstrittenen Bahnprojekt, bei dem die Gegner befürchteten, dass die Kosten ins Unendliche steigen würden. Bei der Elbphilharmonie war ebendies geschehen, und nun verzögerte sich die Fertigstellung, was wiederum die Kosten nach oben trieb. Politisch alles hochinteressant, aber für mich eher unwichtig. Sie mochte ja ganz begabt sein mit ihrer Schreiberei. Mich interessierte ihr Geist weniger – ich hatte Appetit auf Fleisch.

Am nächsten Morgen rief zum Glück meine Mandantin Schön an. Mit ihr hatte ich auch eine Naturalienvereinbarung, allerdings konnte sie nicht kochen. Aber diesbezüglich war ich ja zurzeit bestens versorgt.

Sie hatte schon seit einiger Zeit massiven Ärger mit der Staatsanwaltschaft. Sie war Inhaberin des Verlags Schön & Gut, der diverse antifaschistische Artikel vertrieb, die als Logo ein durchgestrichenes Hakenkreuz trugen. Die Herren Staatsanwälte vertraten nun die verquere Meinung, dies stelle eine Verwendung nationalsozialistischer Kennzeichen dar und sei strafbar. Sie hatten schon jede Menge Material beschlagnahmt und waren anscheinend gerade dabei, die Wohnung meiner Mandantin zu durchsuchen. Dass sich ihr halbes Warenlager in den Händen der Staatsanwaltschaft befand, war für die Existenz meiner Mandantin bedrohlich. Zum Glück war mein Honorar davon nicht betroffen. Aber es war klar, dass sie für die Durchsuchung anwaltlichen Beistand brauchen würde, zumal ich wusste, dass sich große Warenbestände in einer angrenzenden Garage befanden und vermutlich nur ich es schaffen konnte, die Staatsanwälte davon fernzuhalten.

»Sagen Sie meine Termine für heute ab, ich muss nach Herrenberg zu Frau Schön«, rief ich Frau Baumann im Hinausgehen zu.

»Den bei Kober auch?«

»Ja klar, bis 14 Uhr werde ich es nie schaffen. Sagen Sie ihm, ich melde mich morgen. Aber kein Wort zu niemand wegen der Durchsuchung. Die Presse braucht hiervon nichts zu erfahren.«

Auf der A8 war der übliche Stau vor dem Stuttgarter Dreieck, und auf der A81 bei Böblingen ging's grad so weiter. Im Radio lief ein ausführlicher Bericht über den Verlauf des Kachelmann-Prozesses. Ich hätte meinen linken kleinen Finger dafür hergegeben, den Jungen zu verteidigen. Wahrscheinlich hätte ich dem armen Kerl auch die Untersuchungshaft ersparen können. Die Anklage war doch hirnrissig. Der Typ hatte an jedem Finger zehn Miezen. Wieso sollte er sich die Mühe machen, eine zu vergewaltigen? Die mochte es wahrscheinlich einfach gerne ein bisschen heftiger, das taten ja die meisten. Als ihr klar wurde, dass er sie nicht heiraten würde, hatte sie ihn angezeigt und von einem Messer fabuliert. Ganz schön dünn. Damit würde sie vor Gericht nie durchkommen. Obwohl – bei unseren Richtern wusste man nie!

Als ich in Herrenberg bei Sabine Schön ankam, waren die Staatsanwälte schon wieder weg. Sie hatten einige Buchhaltungsunterlagen mitgenommen, das Lager in der Garage aber zum Glück nicht gefunden.

»Kannst du mir helfen, das Zeug wegzuschaffen? Ich will nicht riskieren, dass sie wiederkommen und den Rest auch noch mitnehmen.« Sabine sah mich hilfesuchend an.

Ich dachte an unsere Vereinbarung und sagte: »Wenn ich gleich mit anpacken soll, brauch ich aber erst einen Vorschuss auf mein Honorar. Du weißt ja: ohne Schuss kein Jus.«

Sie lächelte, verdrehte die Augen und zog mich in ihr Schlafzimmer. Dass die Weiber aber auch immer so scharf auf mich sind. Und klar, dass ihr eine Runde mal wieder nicht reichte.

Wir hatten drei Fahrten in die Nähe von Nagold gemacht, wo ihre Schwester ein Bauernhaus mit einer großen Scheune besaß. Dort waren die T-Shirts, Plakate, Buttons und das andere Material vor der Staatsanwaltschaft zunächst sicher.

»Ich als dein Anwalt bin ja zum Glück zur Verschwiegenheit verpflichtet – und keiner weiß, dass ich hier war. Du kannst also ganz beruhigt sein.« Ich gab ihr zum Abschied noch einen Klaps auf ihren prallen Hintern, stieg in meinen Wagen und warf mich in den Feierabendstau auf der A81.

Die Nachricht auf SWR 3 hätte ich fast überhört. »... Kober war Soloviolinist bei den Stuttgarter Philharmonikern. Seine Leiche wurde heute Nachmittag in seiner Wohnung gefunden. Die Polizei geht von einem Gewaltverbrechen aus und verfolgt erste Spuren. Kober hinterlässt eine Ehefrau.«

Sandra!, war mein erster Gedanke, und ich griff nach meinem Handy. Womöglich musste ich sie jetzt doch verteidigen.

»The person you've called is temporarily not available …«

Ich rief Frau Baumann in der Kanzlei an. Es war zwar kurz vor 18 Uhr, aber die treue Seele war noch am Platz. Sie war hörbar aufgeregt. »Der Herr Staatsanwalt Mosthuber isch da. Bitte kommet Sie schnell.«

Zwanzig Minuten später war ich da.

Herr Mosthuber konnte mich nicht besonders gut leiden – er hatte schon zu oft gegen mich verloren und nahm unsere Auseinandersetzungen zunehmend persönlich. Heute genoss er es sichtlich, mich schikanieren zu können. Glücklicherweise hatte ich mir rein gar nichts vorzuwerfen.

»Herr Frey, wie ich Frau Baumann bereits mehrfach erklärt habe, haben wir einen Durchsuchungsbeschluss für Ihre Räume und Ihren Computer. Und wie es der Zufall so will, haben wir auf Ihrem Computer auch bereits eine E-Mail des Opfers gefunden.«

Ich zuckte mit den Schultern. »Klar, wieso auch nicht. Ich stand in Kontakt mit Herrn Kober …«

»Und er wollte Sie betrügen.« Ich muss wohl ein wenig dämlich dreingeschaut haben, denn Mosthuber lächelte. »Er hat Ihnen für Ihre Guarneri-Geige grade mal 3500,- Euro geboten. Lächerlich für ein Instrument, von dem ihm sein Händler gesagt hat, dass es fünfhunderttausend wert ist.«

Ich schnappte nach Luft. »Eine Gua … eine Guarneri? Ich hatte keine Ahnung …«

Das amüsierte ihn noch mehr. »Klar, Herr Frey, erzählen Sie das Ihrer Großmutter. Wozu hätten Sie das gute Stück denn sonst zum Schätzen geben lassen? Es muss Sie sehr wütend gemacht haben, dass er versucht hat, Sie übers Ohr zu hauen. Sie, den cleveren Anwalt!«

Ich merkte, wie die Wut in mir hochstieg. Diese Ratte von Kober hatte mich doch glatt über den Tisch ziehen wollen. Aber ich ließ mir nichts anmerken und setzte mein Pokerface auf. Schließlich war ich Profi.

»Wir gehen derzeit davon aus, dass es zwischen Ihnen beiden wegen der Geige zum Streit gekommen ist und Sie ihn getötet haben. Stumpfe Gewalteinwirkung am Kopf, dann ein Sturz nach hinten – Genickbruch.«

»Aber ich war doch gar nicht dort!«

»Ihr Termin ist bei Kober im Kalender eingetragen und wurde nicht gelöscht. Ihre Sekretärin sagte, sie weiß nicht, wo Sie heute den Tag über gewesen sind. Sie waren also dort.«

Mist – von meinem Besuch bei Sabine Schön konnte ich nichts sagen. »Das ist alles ein Missverständnis, das wird sich aufklären!«

Mosthuber nickte behäbig. »Sicher, Herr Anwalt, aber bis dahin nehme ich Sie vorläufig fest. Wir brauchen Ihre Fingerabdrücke und so weiter. Sie kennen das Prozedere ja. Ich muss Sie über Ihre Rechte belehren …«

»Geschenkt«, knurrte ich und fügte mich in mein Schicksal. Ich hoffte bloß, dass die Presse keinen Wind von der Sache bekam.

Die Hoffnung war vergeblich. Als wir aus dem Haus traten, standen schon mehrere Fotografen und ein Kameramann von Sat 1 vor der Tür und hielten drauf. Superschlagzeile: Starverteidiger unter Mordverdacht – na spitze!

Mosthuber bugsierte mich extrem langsam in den Polizeiwagen und genoss jede Sekunde.

Am nächsten Morgen erwachte ich in der Haftzelle und stellte fest, dass das alles kein böser Traum, sondern bittere Realität war. Die Trottel hatten mich tatsächlich eingebuchtet.

Frau Baumann wartete bereits mit frischen Kleidern und einigen schriftlichen Unterlagen im Besucherraum auf mich. »En schöna Gruß von dr Sandra Kober soll i Ihne bestellen. Es tät ihr wahnsinnig leid, dass Sie des mit dem Mordplan tatsächlich ernscht genommen hättet. Sie hätte das wirklich nicht wollen, dass Sie ihren Exmann umbringen. Auch Nadine Kober lässt grüßen. Sie hätt sich von dem Geiger auch scheiden lassen nach all seinen Affären, aber vom Geld her sei das so natürlich günschtiger. Und die Sabine Schön lässt ausrichten, sie tät garantiert dichthalten und keiner Seele erzählen, dass Sie ihr so nett gholfen hättet beim Wegschaffen von ihre Sacha.«

»Frau Baumann … warum? Haben sich diese Frauen alle gegen mich verschworen?«

»Erinneret Sie sich an den Reinhart-Fall? Das Opfer war die Cousine von Sandra Kober. Sie habet sie vor Gericht als Lügnerin hingstellt. Seither ist sie in der Klapse, weil sie des gar net vertraga hat. Sabine Schön und Sandra sind mitnander in die Schul gangen und sind noch immer befreundet. Sabine hat Sandra den Tipp gegeben, dass man Sie mit wenig Aufwand in a Falle locken könnt, und hat au die Idee ghabt mit der angeblichen Durchsuchung geschtern. Nadine Kober hatte den Violinischten schon lange satt. Sie hat aber gewusst, dass sie wegen dem Ehevertrag bei einer Scheidung koi Geld griaga dät. Zusamma mit der Sandra hat sie deshalb diesen Plan ausgeheckt, und sie haben nur auf einen nützlichen Idioten gewartet, der ihnen die Drecksarbeit abnimmt. Und wenn die Polizei heut Ihren Geigenkasten, der wo als Waffe benutzt worden ischt, in Ihrem Kofferraum findet, wird schnell klar sein, wer der nützliche Idiot war.«

»Aber ich war das doch gar nicht!«

»Herr Frey, das wisset aber nur Sie und ich!«

»Und die anderen Frauen!«

Sie wandte sich zum Gehen, drehte sich noch einmal um und machte eine Schließbewegung mit der Hand am Mund. »Ond mir werdet schweigen wie ein Grab!«

Pilz-Stroganoff mit Trollinger

250 g braune Champignons
150 g Shiitake-Pilze
200 g Austernpilze
2 kleine rote Paprikaschoten
2 Essiggurken
50 ml Erdnussöl
1 kleine Zwiebel, fein gehackt
Meersalz
4 TL Paprika, edelsüß
2–6 Msp. Chilipulver
150 ml Trollinger
200 ml Sahne
nach Belieben Sauerrahm
(Arsen ganz sparsam)

Pilze putzen und vierteln. Bei den Shiitake-Pilzen die zähen Stiele entfernen. Paprika und Essiggurken in Streifen schneiden.

Erdnussöl erhitzen, Pilze darin kräftig anbraten. Paprika, Essiggurken und Zwiebel beifügen und mitdünsten, würzen und mit dem Trollinger ablöschen. Die Flüssigkeit etwas einkochen lassen. Sahne dazugeben und zur gewünschten Konsistenz einkochen. (Je nachdem, wer zu Besuch kommt, Arsen darüberstreuen – dann aber selbst zurückhaltend essen und Reste sofort unauffindbar entsorgen.)

Dazu passen am besten scharf angebratene Bratkartoffeln.

Getrunken wird der übrige Trollinger – der muss auch weg.

Uta-Maria Heim

Leichenzech

It's better to burn out than fade away.
Kurt Cobain im April 1994,
letzte Worte in seinem Abschiedsbrief

Peng!, ich roch Pulver, und mit einem Mal wurde es sehr hell. Mein Inneres war prall orangerot, wie wenn man mit geschlossenen Augen in die Sonne schaut. Allmählich zeichneten sich Konturen ab. Ich sah das weiße Tischtuch mit den abgegessenen Tellern darauf, ich sah Onkel Ernst, der die Pistole fallen ließ. Und ich sah mich. Von oben bot ich keinen guten Anblick. Die Hälfte meines Hirns war gegen die Tür gespritzt, der Rest klebte am Stuhl oder lief vom Schädel auf den Boden. Vom Kopf war nichts übrig als eine suppende Wunde. Blut rann aus dem noch vorhandenen Ohr. Das linke Auge stierte mich an mit einem zyklopischen Abschiedsblick. Bye-bye, Sophie, byebye. Es war wirklich Zeit, mich vom Acker zu machen. Ich stand auf. Onkel Ernst trat einen Schritt zurück, um mich durchzulassen. Er wirkte verspannt. Offenbar wollte er sich nicht mit meiner Energie verbinden, die er mit seinem dämlichen Schuss freigesetzt hatte. Ein Tänzchen, Onkel? Gern hätte ich ihn im Wiegeschritt herumgewirbelt, meine Hüften an seinen Lenden gerieben, bis der alte Sack mit seinem blutunterlaufenen Speckschädel explodiert wäre. Das erlaubte nur mein momentaner Aggregatzustand nicht, den man am besten mit einem Furz beschreibt, mit einem zugegebenermaßen etwas nassen Furz.

Ich konnte meinen Trollinger nicht austrinken. Das war das Erste, was mich wurmte, aber ich würde darüber hinwegkommen. Viel schlimmer war, dass ich mehr und mehr über eine Orientierung verfügte, aber über keinerlei Steuerung. Zwar sah ich genau, wo die Tür war und das gekippte Fenster, doch obgleich ich mich scheinbar frei bewegen konnte, ging die Reise immer in die falsche Richtung. Ich ruckte hin und her, schmetterte meine Vibrations gegen den röhrenden Hirsch, der in Öl an der Wand hing, und kam mir vor wie ein Gespenst mit einem Tourette-Syndrom. Ich zippelte und zappelte und rockte so herum. Dann wurde ich ruhiger. Ziemlich schnell begriff ich, dass ich noch nicht reif dafür war, diese Wirtshausstube zu verlassen. Ich war noch nicht erlöst genug, um der Verwandtschaft zu entkommen, die sich kreisförmig über meine Leiche beugte. Eine Rosette der Lüge und Niedertracht, die sich breitärschig und bunt um mich gruppierte wie ein Kirchenfenster. Dabei trugen sie alle Schwarz, denn man befand sich schließlich auf einer Leichenzech in der Wirtschaft *Zum Paradies*, in einem unaussprechlichen Nest im hintersten Einzugsgebiet von Stuttgart 21. Tante Qualberta war gestorben, und ich war angereist, weil Beerdigungen die einzigen Familienfeste waren, bei denen ich teilnehmen durfte. Man brauchte dafür keine Einladung.

In der Kirche beim Rosenkranz ging alles noch gut, auch bei der Trauerfeier und als der Sarg an den Seilen in die Grube glitt. Es war heiß, sengend heiß, auf dem Friedhof, und das bewirkte, dass sich unter den Achseln der zerschlissenen Bestatteranzüge dunkelblaue Schwitzflecken bildeten, die ich meinte riechen zu können, als die Mitarbeiter des Beerdigungsunternehmens die Hand wie zum Seemannsgruß an die Kapitänsmütze hoben. Ahoi! Sie sahen nicht gut aus: Einer war mager, der andere fett, der nächste ein Zwerg und der letzte verwachsen. Alle vier machten einen verwahrlosten und grenzdebilen Eindruck.

Als sie von der Grube zurücktraten, demonstrierten sie in vier Himmelsrichtungen, welche Möglichkeiten es gab, sein Leben zu verfehlen. Dabei hatte Qualberta ihr Lebtag lang nur einen einzigen Fehler gemacht. Sie hatte unablässig gearbeitet, nie geheiratet und keine Kinder. Außerdem war sie nie verreist, hatte keinen Sport getrieben und bis an ihr Ende Sacktücher aus gebügelter Baumwolle benutzt. Sie hatte weder geraucht noch gesoffen, war nicht Auto gefahren, hatte den Müll getrennt und bis zum Abgang im Garten das Unkraut gejätet. Sie war Vegetarierin gewesen, Selbstversorgerin und Mitglied im Kirchenchor. Darüber war sie 93 geworden. Ein stolzes Alter, da war man sich in der Familie einig. Ihre Rente hatte den Staat ein Vermögen gekostet, das sie ansparte und zur Gänze mir überschrieb. Auch daran war an und für sich noch nichts falsch. Schließlich war ich die Einzige, die Tante Qualberta nie genervt hatte. Mit dem Rest der Sippschaft war sie bis aufs Mark zerstritten. Lieber gab sie alles einer Fremden, als sich von der Bande ausnehmen zu lassen. Dumm war nur, dass sie das auf dem Totenbett Tante Lisbeth verraten hatte, und die weihte ihren Gatten ein. Onkel Ernst, der im Zweiten Weltkrieg Wehrmachtssoldat gewesen war und auf alles schoss, was sich bewegte, besaß eine einläufige Vorderladerpistole, die noch aus dem Deutsch-Französischen Krieg stammte.

Nachdem mein Sehvermögen zunächst schemenhaft gewesen war und die Farben rotstichig, wurde der Raum nach und nach messerscharf. Ich konnte die Schuppen auf den Rücken der Rosette zählen. Deren Mittelpunkt bildete das klaffende Loch in meinem Schädel, in dem eine Masse brodelte aus Blumenkohl, Majo und Ketchup. Ich zwang mich, meine Aufmerksamkeit auf etwas anderes zu richten. Die Vorspeise (Entenbrustsalat nach Neckarart) war abgeräumt, aber der Hauptgang lief noch. Hyperrealistische Schnitzelreste wucherten auf den Tellern. Sie verbanden sich auf geheimnisvolle Weise mit meinem Zustand, und ich begriff, dass ich dem Geist der Tiere jetzt nahe war. Schweine sind dem Menschen genetisch sehr verwandt, und ich spürte, wie solch ein Seelchen mit im Raum schwebte, als eine Art graues Schollenfilet, plattgeklopft und paniert. Esst niemals Schweinefleisch! Zumindest wusste ich, dass alle sechzig Schnitzel von einem einzigen Schwein stammten, und ich fragte mich, wie das möglich war. Mehr und mehr entwickelte ich eine Empathie zu den welken Salatblättern, die schlapp an den leeren Schüsseln klebten. Die schrumpligen Pommesreste rührten mich. Ein melancholischer Zitronenschnitz kam mir so bekannt vor, dass ich mir für einen Moment sicher war, er war die Reinkarnation aus einem Tintenfischgericht.

Mein Tastsinn funktionierte, aber ich konnte weder riechen noch mich an das, was unmittelbar vor dem Mord passiert war, entsinnen. Plötzlich wusste ich nicht mehr, wer die Kugel abgefeuert hatte. Wer von den fünf Dutzend Verwandten hatte mich auf dem Gewissen? Keine Ahnung. Ich hatte es schlagartig vergessen. Vielleicht war auch die Erinnerung nur eine Frage meiner postmortalen Entwicklung. Während es erst still gewesen war, totenstill, so still, wie es in einem durchbluteten Körper drinnen niemals sein kann, kamen langsam die Geräusche und Stimmen zurück. Sie klangen zunächst, als drängen sie aus einem entfernten Radio fünf Zimmer weiter, dann waren es noch drei, dann war ich mitten unter ihnen angekommen. Willkommen zu Hause, Sophie! Denn es war ja klar, dass es nicht der Sound gewesen war, der sich zwischenzeitlich verabschiedet hatte, sondern meine Wahrnehmung. Fünf Minuten Stille. Es waren die glücklichsten fünf Minuten meiner Nach-Tod-Erfahrung.

Der Lärm schwoll an. Es wurde laut, sehr laut. Die Beerdigungsgesellschaft stand unter Schock, zumal drei Viertel der fünf Dutzend schon die Achtzig überschritten hatten. Alle riefen, johlten, klagten durcheinander! Die Erste, die ich hörte, war Tante Lisbeth, die in betäubender Lautstärke auf Onkel Ernst einbrüllte: »Zur Hölle mit dir, du gottverdammter Seichdackel mit deiner jesesmäßigen Scheiß-Schießwut! Das hat ja so weit kommen müssen, wieso nimmst du das Ding auch mit auf eine Leichenzech. Zurück in den Zweiten Weltkrieg sollte man dich schicken, du Granatendepp!«

Die Rosette öffnete sich ein wenig, wie eine Blüte, die ihre Fruchtblätter entblößt (das war freilich mein zerschmetterter Schädel), und zum Vorschein kam mit geballten Fäusten Onkel Ernst. Er ging keineswegs auf Tante Lisbeth los, sondern malträtierte die hintersten Schichten der Rosette, also sozusagen die Kron- und Kelchblätter. »Holt endlich einen Arzt!«, schrie er, mit Blick auf meine fleischliche Parkettpizza.

»Sie hätte es nicht so bunt treiben dürfen«, rief Tante Dorle, die nur sechs Jahre Volksschule hatte statt sieben. Sie war geistig in der Hippiezeit angekommen und hörte die Beatles, nachdem sie ihrem Sohn vor vierzig Jahren das Herz aus dem Leib geprügelt hatte, sobald er den Radiosender verstellte. Ob-La-Di, Ob-La-Da, es kommt, wie's kommt. Von mütterlicher Züchtigung wollte Fritz längst nichts mehr wissen. Er fesselte seine Frau, überwachte die Kinder und rationierte daheim den Internetzugang.

Vetter Fritz gab seiner Mutter wie immer recht und schrie: »Sie ist selber schuld, die dumme Bachel, das lottrige Mensch!«

»Selbst schuld!«, bekräftigte der Chor der Anpassler, der es einzig und allein auf Qualbertas Erbe abgesehen hatte.

Nur Base Beate gab zu bedenken: »Man hätte vielleicht warten können bis zur Testamentseröffnung!«

»Sie stinkt«, sagte Oma Lilo und zeigte mit ihrem gichtigen Finger auf mich. »Dieser faulige süßliche Geruch ist schon das Leichengift.«

»Sie wird uns alle umbringen.« Meine kleine Schwester Andrea, der Sonnenschein, war Ärztin. Das lumpige Mensch musste es besser wissen, denn Leichen sind so giftig wie ein saftiges Stück schwäbische Entenbrust. Glückliche Fleischfliegen surrten um die frische Hirnsuppe. Andrea hielt einen Vortrag über die Gefahren mangelnder Entsorgung. Die tote Schwester als Giftmörderin! Offenbar wollte sie der Bagage nach dem Mund reden, denn sie war immer schon heuchlerisch gewesen und voller intellektueller Notdurft.

»Den Nachtisch essen wir noch«, befahl Muhme Melitta. »Und dann nichts wie raus hier.«

Niemand gab einen Kommentar ab, und kein Schwein schrie nach der Polizei. Noch bevor die Rosette in glitzernde Scherben zerfiel, hatte sich der Familienfrieden wieder über die Gesellschaft gebreitet. Man wandte sich dem Nachtisch zu. Kirschpudding, die Schuldige war gefunden. Ich! Ich war an alledem selber schuld. Das Pack fragte sich nur, wie man den Dreck wegputzen lassen konnte, ohne dass die Wirtin es auf die Rechnung schrieb. Da packte mich eine Irrsinnswut, ein Riesenzorn, den ich mir nie gestattet hätte, solange ich in meiner Körperzelle eingeknastet gewesen war. Lumpiges Gesindel! Töten, allesamt, und zwar schnell! Dabei wusste ich, Hass bringt nichts, gar nichts. Und ich wollte auf keinen Fall mit dem ganzen Ziefer an der Decke kleben. Aber Rache ist süß, und ich ahnte, dass meine Seele erst befreit war, wenn aus mir jetzt eine postume Amokläuferin wurde.

Es ging darum, meine spirituellen Kräfte zu entfalten. Also konzentrierte ich mich und gab geistige Presswehen ab. Andrea ließ das ungerührt. Aber prompt verschluckte sich Onkel Ernst an einem Kirschkern. Mit violettem Gesicht hing er überm Teller und hustete kleine blutrote Klümpchen aus, was mich einen Lidschlag lang so irritierte, dass er sich ächzend beruhigen konnte. Die Gattin klopfte ihm weiter den Rücken, während ich meine ätzende Energie ihr zuwandte. Sie griff sich ans Herz, und ich widmete mich Muhme Melitta.

Sie wollen alles hören, die ganze Geschichte, richtig? Gut, dann muss ich jetzt ausholen mit einem Schlenker in Richtung Kosmos. Oder interessiert Sie das nicht? Doch? Also. Ein 150 Tonnen schwerer Eisenmeteorit aus dem Asteroidengürtel hatte sich bereits vor 33 Millionen Jahren von seinem Mutterkörper gelöst und befand sich nun im freien Fall Richtung Erde. Man würde ihn später Paradies nennen, weil so das württembergische Wirtshaus hieß, in das er eingeschlagen hatte. Passagiere eines Billigbombers von Mallorca nach Leinfelden-Echterdingen sahen den blässlichen Feuerball vorbeirasen und twitterten die Nachricht im Sinkflug gen Stuttgart, so dass die Kunde vom

Aufprall noch vor dem eigentlichen Unglück erfolgte. Das erfuhr ich erst hinterher, weil ich bis zuletzt an der niedrigen Wirtshausdecke dazu verdammt war, Gase zu bilden. Einstweilen verfolgte ich nur, wie Muhme Melitta zu ihrem Handy griff und die 140 Zeichen aus dem Web 2.0 fischte. »Ein Wunder des Himmels«, schrie sie, als die Luft schon blassblau wurde. Die Druckwelle der Explosion war so gewaltig, dass der gesamte Mittlere Schwarzwald bis weit über die badische Grenze zu Kleinholz geraspelt wurde. Sogar die Nordschweiz litt. Die Wirtsstube bebte. Mein Geistwesen entwich durch eine alchimistische Reaktion. Noch im Davonstieben spürte ich meine Nickelallergie. Und die Luftaufnahme, die sich mir darbot, als ich befreit in den Himmel aufstieg, offenbarte mir eine völlig unangemessene Wahl der Mittel. Im Übrigen war nicht meine eigene Wut, sondern der kometenhafte Energiestrom Tante Qualbertas für das Desaster verantwortlich. Sie hatte beim Verlassen der Erdatmosphäre ein Riesenloch im Weltall hinterlassen, durch das der Feuerball schlüpfen konnte. Noch nie hatte ein Austritt ins Nirwana derartige Schäden ausgelöst, was allerdings auch sein Gutes hatte, weil man im Schwarzwald Erdölvorkommen von ungeahntem Ausmaß entdeckte. Chinas Zukunft war damit für 500 Jahre gesichert. Qualberta hatte bei dieser Aktion 81 Eichhörnchen ausgelöscht. Sonst war rätselhafterweise niemand zu Schaden gekommen, auch wir nicht. Kein einziger Beerdigungsteilnehmer wurde an Leib und Seele verletzt.

Was gucken Sie denn so blöd? Natürlich ist das Unsinn, was ich da verzapfe. Aber immer schön der Reihe nach. Als ich von meinem eigenen Furz erwachte, stellte ich entsetzt fest, dass ich meine Körpergrenzen wieder spürte. Es stank. Das Etuikleid kniff, und der Bügel-BH machte aus zwei Brüsten vier. Sofort war mir klar, dass ich nicht geschlafen, sondern eine neue visionäre Bewusstseinserweiterung durchlebt hatte. Über dem Filterkaffee war ich nicht nur eingenickt, sondern in Trance gefallen. Das Pulver, das ich gerochen hatte, war nicht allein Kaffeepulver gewesen.

Die Wirtin brachte neuen Wein. Einen süffigen Trollinger, der nach Benzin roch, ein Cannstatter Verdruckerle mit finalem Präsidial-Abgang. Er förderte den Stuhlgang und den Dialekt. Die Leichenzech ging über zum feuchtfröhlichen Teil. Tante Qualberta war vergessen, und nun kamen die Geschichten aus dem Krieg. Onkel Ernst erzählte, wie er mit dem Kopf des Kommandanten Fußball gespielt hatte. Bravo, Onkel Ernst! Und wie war das mit den 2500 tunesischen Juden, die du für den Wüstenfuchs an die Wand gestellt hast? Heil Rommel! Du Held der sauberen Wehrmacht. Ich war schon wieder fast auf hundertachtzig. Doch da sah ich, dass mein gasförmiger Zustand eine Transzendentalkurve genommen hatte. Auf dem Parkett lag meine Schwester Andrea, und sie war tot. Qualberta hatte das Luder als Alleinerbin eingesetzt, und Onkel Ernst hatte ihr das Hirn ausgepustet. Damit war ich im Prinzip einverstanden. Was nun? Wenn uns nichts auf die Rübe fiel, und diese Chance hatte der Himmel soeben verworfen, dann wurden wir womöglich vom Erdboden verschluckt. Ein Schlund tat sich auf, und gewaltige Erdmassen rutschten mitsamt dem Paradies in die Tiefe. Dann konnte es sein, dass wir in den Tunnel fuhren und am Stuttgarter Hauptbahnhof weiter Party feierten. Am Ende ritt der Ministerpräsident auf dem Kettenbagger und verteilte Wahlzettel zum Volksentscheid. Die Polizei musste massenhaft eingreifen und der Verfassungsschutz hatte wieder eine Aufgabe. Auch konnte es passieren, dass Andrea auf die naheliegende Idee kam, uns alle in die Hölle zu schicken. Ich stürzte zum Fenster und riss es auf, in der Hoffnung, dass Andreas Geist wie ein feuerspeiender Heißluftballon in die Lüfte segeln würde. Tatsächlich fauchte Andrea wie ein Drachen. Sie fauchte und schnaubte, zumal nun der Hirsch an der Wand zu röhren anfing; er stieg herunter, verging sich an der Leiche und terrorisierte die Festgesellschaft, bis schließlich das grüne Wägele kam.

Den Rest kennen Sie. Onkel Ernst und Vetter Fritz haben mich festgehalten. Die Wirtin hat die 110 gewählt. Man nahm mich mit und sperrte mich in dieses Gemäuer. Hier sitze ich nun wie einst Friedrich Hölderlin in der Autenriethschen Anstalt zu Tübingen, wechsle von Kaltwasserbädern zu Zwangsjacken und schlucke Fingerhut, Opium und Tollkirsche. Von den Pillen bin ich dick und irr und müde geworden, aber es hat an dem, was ich erlebt habe, nichts geändert. Es hat nicht zu einer Besserung meines Gesundheits- und Geisteszustands geführt. Wie auch. Also, bei mir bringen die Tabletten gar nichts. In einem Bericht des Stuttgarter Staatsministeriums wird festgehalten, Nervenkrankheit, Stupor und Wahnsinn seien auf »unglückliche Liebe, hypersensible, tieftraurige Gemütszustände, revolutionäre Umtriebe, anstrengende Studien und geistiges Arbeiten bei Nacht« zurückzuführen. Man merke auch hier die Parallelen zu Hölderlin. Angeblich habe ich ja auf der Leichenzech randaliert. Angeblich hatte ich einen psychotischen Zusammenbruch. Angeblich habe ich gar keine Schwester namens Andrea. Sie mit Ihren beschissenen Vorurteilen! Für Sie existiert doch nur das, was Sie sich in Ihrem kleinhäusigen Bewusstsein vorstellen können! Das ist zu eng!

Jetzt sind Sie aber blass geworden. Das wollte ich nicht. Ich wollte Ihnen doch keine Angst machen. Aber vielleicht hätten Sie mich nicht allein in Ihr Behandlungszimmer bestellen sollen, Herr Professor von Autenrieth. Nicht nach Feierabend, wo nur die Nachtschwester auf der Station ist. Wie dumm. Sie haben mich für schizophren erklärt, und Schizophrene sind harmlos. Die tun nichts. Ich bin aber nicht schizophren! Ja ja, ich beruhige mich ja schon. Aber wissen Sie, wir haben nur Idioten in der Verwandtschaft. Lug und Trug, so weit das Auge reicht. Das verstehen Sie jetzt, gell? Dafür sind Sie ja da, dass Sie alles abnicken, was man nicht begreifen kann. Wie es immer so weitergeht mit den Streitereien und den Verleumdungen und dem Arsch-Zusammenkneifen, das kapiert keiner so gut wie Sie. Und jetzt wollen Sie, dass die Therapie anschlägt, damit man mich wieder laufen lassen kann. Man braucht hier drin die Frischluft und die Betten. Es zieht, Professor! Ich muss hier raus und weitermachen wie bisher.

Ohne mich. Ohne mich, verstanden? Nicht erschrecken. Ich

bin es nur, der Friedrich. Der Fritz! Untertänigst, Scardanelli. Vorzeitig verblödet, sagt das Innenministerium. Erfasst als Geisteskranker des Königreichs. Peng! Ab in den Turm!

Drunten der Neckar. Schwäne? Enten! Sinclair, du Arsch. 1087 Irre! Weh mir! Zum Teufel mit der Statistik. Mama! Autenrieth, es tut mir leid. Ich bin wiedergeboren. Als Frau diesmal, und gänzlich unbedeutend. Ja, wissen Sie denn nicht, dass aus allen Jakobinern Weiber werden? Heiland. Bestimmt haben Sie sich schon mal ausgemalt, dass Sie irgendwann in diese Situation kommen. Mit dem Rücken zur Wand. Weit weg vom nächsten Notknopf. Gibt es irgendetwas, das Sie mir noch sagen möchten? Nein? Begnadigen! Ich würde Sie gern begnadigen, aber dafür müssen Sie verdammt noch mal etwas tun. Von nichts kommt nichts. Klar?

Sie wollen wissen, woher ich diese Pistole habe. Und wie sie hier reingekommen ist. Ich fürchte, Onkel Ernst hat sie mir gebracht, damit ich mich erschießen kann. Unwertes Leben, wissen Sie, ich bin unwertes Leben. Wie meine Mutter selig und Tante Qualberta. Die beiden Weiber hockten von jeher im Irrenhaus. Onkel Ernst hätte sie den Kamin hochgejagt, wenn es nach ihm gegangen wäre. Qualberta ist steinalt geworden, aber Mama hat sich zu Tode gehungert, als ich zehn war. Magersucht! Sie war immer das Opfer. Aber ich, ich bin nicht gerne Opfer. Nie und nimmer werd ich mich sang- und klanglos zum Verschwinden bringen. Verstehen Sie? Ich wehr mich. Ich hab die Schnauze voll. Sie auch? Gut, dann machen wir jetzt kurzen Prozess. Halten Sie den Mund! Versuchen Sie nicht, mich umzustimmen, sonst knallt's. Ist das klar? Ich bin ausgebrannt, ich bin verzweifelt, keiner liebt mich. So dacht ich. Nächstens mehr. Also tschüss, machen Sie's gut, ist jetzt kein schöner Anblick.

Peng!, ich rieche Pulver, und mit einem Mal wird es sehr hell. Mein Inneres ist prall orangerot, wie wenn man mit geschlossenen Augen in die Sonne schaut.

Entenbrustsalat nach Neckarart

Für 4 Feinschmecker
1 Entenbrust
Salz, frisch gemahlener Pfeffer,
Peperoncino, Senf, Zucker
3 EL Schlagsahne
½ Zitrone
2 EL heimisches Walnussöl
3 EL Obstessig
3 EL Fett zum Braten

Je nach Jahreszeit und Laune:
Bärlauch, Knoblauch, Petersilie, Frühlingszwiebeln oder Lauch, Dill, dazu Feldsalat und Cocktailtomaten bzw. eine Schale Erdbeeren oder 2 frisch gepflückte Äpfel

Entenbrust kalt waschen, abtrocknen. Zutaten vorbereiten, Petersilie, Bärlauch oder Knoblauch waschen bzw. schälen, zerkleinern und mit Gewürzen und Öl verrühren, Entenbrust damit einreiben. Falls keine Eile, bis zu einer Stunde ziehen lassen. Fett in der Pfanne sehr heiß werden lassen, Entenbrust mit der Hautseite nach unten 8 Minuten bei mittlerer Hitze braten. Dann umdrehen, nochmals 8 Minuten braten. Frühlingszwiebeln oder Lauch dünsten, Salat etc. waschen, Cocktailtomaten oder Erdbeeren teilen bzw. Äpfel in feine Streifen schneiden. Entenbrust abkühlen lassen. (Falls genug Zeit ist, in Alufolie legen.) Aus Salz, Pfeffer, Zucker, Senf, Essig, Walnussöl, Schlagsahne und Zitrone Salatsoße zubereiten. Die erkaltete Entenbrust in sehr dünne Scheiben schneiden (evtl. vorher kurz ins Gefrierfach tun).

Entenbruststreifen mit dem Gemüse/Salat/Obst mischen oder obendrauf legen – fertig. Dazu Holzofenbrot und Weißwein aus der Region servieren. Guten Appetit!

Frigga Haug

Rabiat

Wusch – wie eine weiche Umarmung schmiegt sich das Geräusch der automatisch sich öffnenden Glastüren in seine Ohren und rutscht von da direkt in seinen Magen. Er atmet tief durch und sieht wieder staunend wie beim ersten Mal die große Halle, fast grenzenlos, weil die Blicke in einen geheimnisvoll erleuchteten Dschungel in weite Ferne gezogen werden. Es war richtig, den teuren Innenarchitekten hinzuzuziehen. So ist der zugemüllte Hinterhof fortgezaubert, ohne dass das Licht fehlt. Es ist sein Reich, und es ist vollkommen.

Elastisch eilt er über den Teppich, der tief genug ist, dass er einen lebendigen Gegendruck spüren kann, passiert eine zweite Glastür, die sich zum genau richtigen Zeitpunkt vor ihm öffnet, und hastet weiter. Vorbei an den vier ausgestellten Modellen, die er *seine Damen* nennt. Es ist wichtig, immer zu zeigen, dass er keine Zeit hat und also selbst kostbar ist. Das schafft Atmosphäre. Dafür zeigen die vier Schönen, die er rein nach ihrem Aussehen ausgesucht hat, genau umgekehrt durch Nichtstun, dass in dieser seiner Klinik Zeit für alle großzügig vorhanden ist.

Hier ist der Patient nicht Kunde, wie das anderswo großmäulig und doch auch abfällig heißt. Hier ist er Gast. Das bedeutet auch, dass er zunächst zu warten hat, bis er an die Reihe kommt, die freilich nicht in seinem Gesichtsfeld ist. Das gehört auch zur Innenansicht, dass da keiner wartend gesehen wird –

übrigens auch nicht verletzt nach einer Operation, dafür hat er einen eigenen Ausgang einrichten lassen.

Ein Gast steht unschlüssig da. Schließlich ist er nicht zum Spaß hier, und auch ist er jemand in der Welt draußen. Endlich sieht eine der Damen auf, sucht und findet des Gastes Namen im System und bescheidet ihn mit einer passenden Handbewegung, in der Lounge einstweilen zu parken. Auch hier weiche bequeme Sessel und eine Kaffeemaschine, die erst die Bohnen frisch malt, ehe sie den Kaffee aufbrüht. Es gibt keine Mängel. Zeiterfahrung ist das wichtigste Formungsmittel. Der Gast wartet genau so lang, bis er die nötige Mischung von Demut und Anspruch hat. Das, so hat der Klinikchef in einem Extrakurs zur modernen Betriebsführung gelernt, schafft Vertrauen in die Effektivität des Ganzen.

Außer den vier Damen, die die Eingangshalle möblieren, gibt es keine Menschen. Dem Gast wird über einen Bildschirm angezeigt, wann er an der Reihe ist. Dann kommt er voran, weiter ins Innere des Klinikreiches, in ein Behandlungszimmer zum neuerlichen Warten. Seine Zeit schrumpft immer weiter an Bedeutung neben der des Arztes, der jetzt mit fliegendem Mantel hereinstürmt, anteilnehmend lächelt und auf einen weiteren Computer blickt, auf dem mit Geisterhand die Daten des Gastes, sein Zustand, sein Begehren verzeichnet sind. Eine halbe Stunde, wird er belehrt, dauert so eine Operation und eine solche stehe jetzt an für den Arzt, der lautlos in den OP gerufen wird. Der Gast wartet wieder und kann noch hören, wie unsichtbare Geister zurechtgewiesen werden, ja nicht zu viel Zeit für die Vorbereitung zu brauchen – schon eine Dreiviertelstunde, wo 20 Minuten gereicht hätten! Der Tag des Arztes ist genau getaktet – zwischen zwei Operationen findet sich der Gast als Gesprächspartner, bevor er zum Arbeitsgegenstand wird, um sodann wieder Gast zu werden, diesmal in einem schönen lichten Zimmer mit einem hochmodernen Bett, bei dem er alles selbst hantieren kann, gleichgültig, wie beschädigt er ist. Ausgeben, um einzusparen ist die Devise.

Der wartende Gast hat inzwischen Zeit, sich sein Auskunftsverlangen sehr genau und äußerst knapp zurechtzulegen. Was er in der zugemessenen Zeit nicht unterbringt, wird er nicht mehr fragen können. So passt er sich an. Richtet sich ein wenig auf und sieht verstohlen auf den Bildschirm. Da ist tatsächlich schon eine Uhrzeit für seine Operation verzeichnet. So erfährt er sich beachtet. Auch seine Zeit ist nicht vergeudet. Er beginnt, sich passgerecht in die Lücken des Programms zu schieben.

Der Doktor rennt herein. Man sieht ihm die vergangene Arbeit, immerhin eine Metzelei an einem Gast mit viel Blut und Sägerei, nicht an. Spannkraft und Disziplin und ein PC-gestütztes Gedächtnis lassen seine Worte laufen wie geschmiert. Schon ist die Sache geregelt. Der Gast kann zunächst noch einmal nach Hause gehen – was man in ein Hotel zur Übernachtung mitbringt, weiß er ja – und der Doktor eilt zurück in den OP bzw. zunächst in den Vorsaal. Hier schlägt die Atmosphäre unvermittelt um. Kalte Fliesen, gleißende Neonhelle und lauter winzige Abteile wie in einem Schlafwagen, in dem die menschlichen Arbeitsgegenstände nebeneinander zwischengelagert warten. Dass sie sich durch den Wechsel vom Überfluss an Raum und Ausstattung in die Armut eines Notlagers betrogen fühlen, wird durch die nervöse Angst vor der Operation verhindert, da ist jede Umgebung egal, und später beim Aufwachen legt sich barmherzig das Glück, es überstanden zu haben, über die schäbige Unterbringung. Ohnehin geht es ja dann in ein Luxuszimmer, das für das wieder Gast gewordene Werkstück mit allem Komfort bereitsteht.

Wenn es die richtige Zeit ist, kommt eine Schwester mit einer großen in Leder gebundenen Speisekarte wie in einem Nobelrestaurant. Hier darf er sich ein Menü zusammenstellen – denn diese Knochenoperationen brauchen ja keine Schonung des Magendarmtrakts. Später gleitet ein italienischer Ober ins Zimmer, dessen beflissenes Lächeln die Illusion unterstreicht, der Gast befände sich in einem Kurort auf Urlaub.

Der Doktor kommt erst am nächsten Morgen wieder. Sieht zufrieden, dass der Gast gut überlebt hat, sonnt sich in seiner

Tüchtigkeit und überlegt kurz, ob er die vier Damen im Empfang nicht doch durch Projektionen schöner Frauen an der Wand und im Spiegel gleich doppelt ersetzen sollte. Er verwirft dies sofort wieder, weil der Zweitnutzen, den sie für die reichen Gäste haben, höher ist, als die Einsparung ihrer Gehälter bringen würde. Er würde eigentlich auch gerne einige derjenigen, die er noch Kollegen nennt, loswerden. Aber bisher ist das Ganze so ausgelegt, dass wenigstens vier Operationen gleichzeitig stattfinden müssen, damit sich die Investition lohnt. Am Wochenende wird er auf eine Messe gehen, auf der Roboter im operativen Einsatz gezeigt werden …

* * *

Seit ihr Mäxle nicht mehr zu Hause wohnt, ist es um Frau Merkle einsam geworden. Zunächst der Umzug in die kleine Wohnung, nicht mehr so viele Treppen immerhin, dafür dunkler, aber auch mit einer schönen Einbauküche. Darauf hat sie bestanden. Wenn sie auch eigentlich nicht mehr kocht. Für wen denn? – Aber heute ist Mäxles Geburtstag. Maximilian nennt er sich jetzt. Sie muss aufpassen, dass sie das nicht vergisst. Sie wird ihm sein Lieblingsgericht machen: einen Spinatauflauf. Gelb-grün mit roter Tomatensauce – sie sieht den so bunt gestreiften Leckerbissen schon vor sich und begibt sich ans Werk. Erst der Teig für die Pfannkuchen. Den macht sie ganz sparsam: nur ein Ei auf 10 kleine Eierkuchen. Dafür muss der Teig recht dünn sein – etwa ein Viertelliter Milch auf gut 2 Esslöffel Mehl – sie misst das aus dem Handgelenk – und recht tüchtig geschlagen. Sie hat sich nie mit den vielen elektrischen Geräten anfreunden können und wirbelt kräftig mit dem Schneebesen diese Grundmasse für den Auflauf. Es ist wichtig, dass der Teig auf der Grenze zwischen zu milchig und zu fest den richtigen Punkt findet, damit er nachher auf der Zunge zergeht und doch zugleich auch knusprig ist. Hochmütig denkt sie an die vielen Spinataufläufe, die ihr von anderen angeboten wurden, mit zu vielen Eiern, so dass sie einen weichlichen Charakter hatten, oder mit zu viel Mehl, dass die einzelnen Küchlein selbst zu dick wurden und auf der Zunge klebten und zwischen den Zähnen hängen blieben. – Ihrer gelingt immer. Spinatauflauf ist ja eine ganz einfache und kostengünstige Sache, Ei, Mehl und Milch und Rahmspinat aus der Tiefkühltruhe – besser 2 Pakete, die hat sie schon besorgt – und schon ist alles beisammen. Tomatenmark natürlich noch, aber das kostet immer noch nur 30 Cent. Die Sauce macht sie nicht modern mit Thymian oder ähnlichen Gewürzen, sondern mit einer Mehlbrenne und wieder viel Milch – so wird sie cremig und legt sich um den Auflauf, ordnet sich ihm unter, statt dem zarten Ganzen einen anderen Geschmack aufzudrücken.

Sie sucht die richtige Pfanne heraus – sie hat Pfannen in jeder Größe, seit sie die große Einbauküche hat –, wählt eine kleine, passend zur Größe der Auflaufform, in die sie die Küchlein und den Spinat abwechselnd schichten wird. Da sie nur noch selten kocht, leistet sie sich Olivenöl. Das wird sie für Maximilian, fürs Mäxle, jetzt öffnen. Sie erhitzt ein wenig Öl in der Pfanne, schöpft eine kleine Kelle Teig hinein und passt den richtigen Moment ab, wo der Teig sich am Boden der Pfanne schon festhält, aber noch so flüssig ist, dass sie ihn mit einer raschen Schwenkbewegung so verteilen kann, bis der Boden der Pfanne genau ausgefüllt ist. Nach einer knappen Minute schon nimmt sie den Wender von der Wand, hebt das Küchlein aus der Pfanne und wirft es geschickt wieder zurück, so dass die noch rohe Seite unten landet und gebacken werden kann. Früher, als Mäxle noch klein war, hat sie zu seinem Geburtstag stets einen Spinatauflauf gemacht und zum großen Jubel aller Kinder das Küchlein in die Luft geworfen, wo es sich beim richtigen Schwung wie von selbst drehte und genau auf der neuen Seite in der Pfanne ankam. Sie seufzt. Früher. Vorbei.

Der Geruch verbrannten Teiges holt sie unsanft zurück. Sie nimmt den jetzt einseitig schwarz gefleckten Kuchen aus der Pfanne, legt ihn extra – vielleicht kann sie ihn ja selbst essen – und tut ein paar Tropfen Öl für den nächsten in die Pfanne. Sie dreht das Gas etwas niedriger und konzentriert sich. Es dauert – der Kuchen will sich nicht lösen, ist auch ein bisschen dick geraten. Es ist schon so lange her. Sie muss erneut riskieren, die volle Flamme zu benutzen. – Ja, das läuft jetzt. Stück um Stück geraten die runden Dinger, häufen sich golden auf dem Teller – neun sind es und der angebrannte, sie hat genau richtig gemessen. In null Komma nichts legt sie je ein Küchle, dann zwei Löffel Spinat abwechselnd in die Auflaufform. Sie hat den Spinateisklumpen nach dem Auftauen gekostet und aufgewärmt. Er schmeckt vorzüglich – vielleicht noch eine Prise Muskatblüte, dann ist er perfekt. Früher hat sie die Form noch mit Butter ausgestrichen und oben auch Butterflöckle draufgelegt. Das macht sie nicht mehr, wegen des Cholesterins. Sie ist nicht sicher, ob Max überhaupt Cholesterinprobleme hat. Man hört so viel davon. Und ohnehin wird er den Unterschied nicht merken.

Das Gute an Spinatauflauf ist, er ist an keine Zeit gebunden. Sie kann ihn jetzt eine Dreiviertelstunde bei 150 Grad backen oder später, denn er kann ebenso heiß gegessen werden wie kalt. Sie denkt an die lustigen, grüngelben zebragestreiften Tortenstücke und jetzt erst ganz plötzlich an die Frage, wie dieses Geschenk eigentlich zu ihrem Mäxle kommen soll. Für diesen schweren Gedanken muss sie sich erst mal hinsetzen. Aber vorher schiebt sie den Auflauf in den Ofen. Der ist das einzig moderne Gerät, das sie hat. So kann sie die Temperatur und die Zeit einstellen, ja sogar, wann genau das Essen fertig sein soll. Dann rechnet er den Beginn selbst aus. Sie streichelt den Ofen und denkt ans Mäxle. Wie er den Geburtstag wohl feiert? Er hat sie nicht eingeladen. Aber das tut er nie. Sie strafft sich. Sie wird dennoch hingehen. Da kann er ihr gleich seine Klinik zeigen, auf die er so stolz ist. Bei den wenigen Malen, an denen sie mit ihm telefonierte, hatte sie das Gefühl, als ob diese Klinik seine Familie sei – also ist sie doch eigentlich auch die Großmutter und wird entsprechend willkommen sein.

Ächzend steht sie auf – der Rücken tut nicht mehr so richtig. Schlimmer noch die Füße, die in keinen Schuh passen wollen. Da wird sie eben durchhalten müssen, wie die kleine Seejungfrau. Mäxle hat jedes Mal geweint, wenn sie beim Vorlesen an die Stelle kam, wo die Seejungfrau unter schrecklichen Schmerzen, weil sie sich aus Liebe den Fischschwanz hatte abhacken lassen, um menschliche Füße zu bekommen, zum Schloss ging, nur um zu sehen, dass ihr Liebster eine andere heiratete. »Falsche Liebe«, brummt sie zornig und entscheidet sich für ihr Ausgehkleid mit den großen Blumen und eine Goldbrosche. Die breiten Schuhe passen nicht so ganz dazu, aber anders würde sie den Weg gar nicht überstehen. Alle Frauen sind Seejungfrauen, wenigstens ab einem fortgeschrittenen Alter, denkt sie.

Sie sieht auf die Uhr, dann auf den Ofen. Nur noch fünf Minuten. Dann ist er schon fertig, Mäxles Auflauf. Sie braucht einen Karton für den Transport, oder besser, sie schlägt die Form in ein Handtuch und nimmt sie in die Einkaufstasche. Dafür sollte er noch 15 Minuten auskühlen, Zeit genug, dass sie sich über die Haare fährt, für Mäxle sogar einen Hauch von dem teuren Parfum aufträgt, das er ihr Weihnachten vor zwei Jahren schenkte – sie ist sehr sparsam damit. Und endlich will sie los, doch nein, irgendwie muss sie ja die Tomatensauce transportieren. Sie sucht nach einem Marmeladenglas, sieht eines ganz oben auf dem Schrank. Umständlicher geht's nimmer – aber endlich ist sie so weit.

Seit die Innenstadt verkehrsfrei ist, weiß sie nicht, mit welchem Bus sie den Weg abkürzen könnte, so hält sie einfach in Richtung aufs Neckarzentrum – allzu weit ist es ja nicht. Sie geht langsam. Sie hat Zeit.

Eine halbe Stunde später hat sie den Eingang zur Klinik gefunden. Er ist ein wenig versteckt um eine Ecke und verwirrend ausgeschildert, aber dann sieht sie die schöne Glastür, die muss es sein, und geht darauf zu. Wusch – hat sie sich schon geöffnet, als ob man sie erwartet hätte. Sie macht schnell einen Schritt zurück, da schiebt sich die Tür wieder zu. Sie will doch lieber eine Klingel suchen, muss dafür näher ran und – wusch –

ist die Tür wieder offen. Zögernd setzt sie ihre Füße über die Schwelle und folgt dem Pfeil um die Ecke, noch eine Zaubertür, und sie steht in einer hell erleuchteten Halle. Da ist er ja und hat doch auf sie gewartet. »Mäxle!«, ruft sie voll Glück und bleibt stehen.

Vier Modellaugenpaare gehen zwischen ihr und dem Doktor, der ganz still dasteht, hin und her. Das hat ihm jetzt gefehlt. Seine Mutter. Ausgerechnet. Sie muss doch fühlen, wie verkehrt sie hier ist. Er mustert sie von oben bis unten. Seine Blicke bleiben auf den an beiden Innenseiten ausgebeulten Schuhen stehen. Hallux valgus, denkt er und automatisch weiter: Knicksenkfuß. Warum ist mir das nie aufgefallen? Seine Zweifel an seiner Liebe zu seiner Mutter werden gnädig überbrückt durch ärztliche Sorge.

Er geht auf die Frau zu, nimmt ihren Arm und geleitet sie in die Gastlounge. Da ist auch ein kleiner Tisch, sieht seine Mutter praktisch, greift mit beiden Händen in ihre Tasche und nestelt den Spinatauflauf aus dem Handtuch. »Dein Geburtstagsgeschenk, den isst du doch so gern«, sagt sie überlaut und strahlt und zögert jetzt doch, den grün-gelben Auflauf in die Nähe des weißen Kittels zu bringen. Durch die Glastür zur Eingangshalle sieht er plötzlich den Tontechniker vorbeigehen und in eigenartiger Vertrautheit mit ihm einen der Kellner, der hier vorn rein gar nichts zu suchen hat. Er schluckt den Ärger über seine Mutter herunter und lässt ihn sogleich wieder heraus – gegen die beiden Männer, die in seinem Reich fuhrwerken, als hätten sie dazu ein Recht.

»Habe ich Ihnen nicht untersagt, vorn in den Empfangsbereich zu kommen«, herrscht er den Kellner an, und: »Sie sind mit den paar läppischen Einspielungen für den vorderen Bereich doch wohl endlich fertig«, kanzelt er den anderen ab. Das Gute an dem Zwischenfall ist, dass sein Ärger auf seine Mutter und ihren plötzlichen Auftritt verschwunden ist. Eben will er sich ihr freundlich zuwenden, da kommt das untrügliche Zeichen aus seinem Handy – er sieht erschrocken auf die Uhr. Schon fünf Minuten zu spät für die nächste OP. Hastig umarmt er die Mutter, bedankt sich noch im Davoneilen und verspricht, sie bald anzurufen, verspricht, sich um ihre Füße zu kümmern, verspricht und verspricht.

* * *

Die beiden zurechtgewiesenen Männer verziehen sich zusammen in das kleine Restaurant an der Ecke. Für den Tontechniker ist jetzt der letzte Zweifel verflogen. Obwohl es viel Geld für wenig Mühe verspricht, wollte er ja kein Gauner sein. Aber so lässt er sich nicht behandeln. Er lenkt seine Wut in die Ausgestaltung eines diabolisch einfachen Plans. Er wird ein wiedererkennbares Zeichen in die Musik einspielen, das zugleich die Unruhe schafft, die für den Abtransport der kostbaren Arzneien in den Pizzaschachteln des Kellners gebraucht wird, und das auf jeden Fall missverstanden werden muss als Dumme-Jungen-Streich. Die alte Frau, wohl die Mutter des Arztes, hat ihm das Stichwort gegeben. Leise, um nicht aufzufallen, singt er dem Kellner das Lied vor:

Wenn mi mei muadr ärga duat,
ärga duat,
Nå wur i rabiat
Nå wur i rabiat
Nå gang i en dr gārda nā
Ond scheiß ra en spinät, juche!
Nå gang i en dr gārda nā
Ond scheiß ra en spinät.

Luigi, schon die dritte Generation aus den Anfängen der Migration ins Schwabenland, lacht und lacht, bis ihm die Tränen kommen. Macht ihr das wirklich hier bei euch, fragt er noch immer von außen. Und prustet: Das Tollste ist, dass es so passend ist, weil wir die ja tatsächlich in die Scheiße reiten.

* * *

Dienstag ist OP-Tag, das heißt, jetzt sind alle gleichzeitig im Operationssaal, alle arbeiten konzentriert – jede Minute ist kostbar, und für die lebendigen Werkstücke hängt auch alles davon ab, dass hier gute Arbeit geleistet wird. Sämtliche Geräte liegen bereit, auch alle Arzneischränke sind offen, damit keine Sekunde vergeudet wird. Maximilian richtet sich auf und streckt sich. Ein Blick auf die Uhr zeigt ihm, er hat sich selbst übertroffen. Eine Minute weniger für diese nicht ganz leichte Fußoperation. Er wird immer besser. Er lässt sich von der OP-Schwester, die fast unsichtbar neben ihm steht, aus dem Kittel helfen – da plötzlich schallt aus dem Empfang überlaut ein Lied, an das er sich erinnert. Irgendein blödes Kinderlied … Wenn mi mei muadr ärga duat … er springt zur Tür. Was soll das? Wer hat das angestellt? Seine Wut ist ansteckend. Die anderen, direkt nach ihm im Takt fertig, rennen gleichfalls los. Einige aus Neugier, andere, weil sie das Lied kennen, und der Letzte irgendwie schadenfroh, dass so was passieren konnte. Mit ihnen eilen ihre Schatten, die OP-Schwestern, die Narkoseärzte – einfach alle. Die Patienten schlafen. Das Lied, draußen noch lauter, begleitet lustig den Auszug des OP-Personals.

* * *

Durch die Hintertür schleicht Luigi, der Kellner. Mit beiden Händen zieht er etwa die Hälfte der Packungen aus den sonst so sicher verschlossenen Schränken. Es soll nicht sogleich auffallen. Er stopft alles in die an der Tür bereitgestellten Pizzaschachteln – und geht gut fünf Minuten später betont langsamen Schrittes aus dem OP zum Hintereingang für beschädigte Patienten zu seinem dort parkenden Auto. Er begegnet dem Narkosearzt, der schon zurückgekommen ist, um nach den Narkotisierten zu sehen, der aber den Anblick des Kellners mit seinen Pizzaschachteln nicht bemerkenswert findet. Die Computer notieren an diesem Tag keinen großen Abgang von Opioden.

* * *

»Der Begriff Erfolg«, so lehrt uns *Wikipedia* neu, »bezeichnet das Erreichen selbstgesetzter Ziele.« Offenbar hatten die Autoren hier schon eine Welt vor Augen, in der keiner den anderen mehr wahrnimmt, so dass zugleich nichts und alles geht. Es ist nicht bekannt, wer am Ende den Spinatauflauf aß.

Sybille Baecker

Herrgotts Bscheißerle

Ich hasse kochen. Es ist nicht nur eine simple Abneigung, die ich gegen diese zeitraubende Tätigkeit habe, es ist ein tief verwurzeltes Widerstreben. Kartoffeln schälen, Gemüse putzen, Fleisch braten – nur wenn es keine andere Möglichkeit zu überleben gäbe, wäre ich bereit, eine dieser Tätigkeiten auszuüben. Doch zum Glück gibt es vielfältige Alternativen in Form von zahllosen Imbiss- und Dönerbuden sowie Restaurants mit Mittagstisch – Bad Cannstatts Zentrum ist ein Eldorado für Kochmuffel wie mich!

Unglücklicherweise hatte ich eine Wette verloren. Wie konnte ich auch so dumm sein, mit Kuno Landshut zu wetten? Kuno wettet nie, wenn er nicht hundertprozentig sicher ist zu gewinnen. Kuno heißt eigentlich Konrad, aber keiner nennt ihn so. Er ist Bulle (bevorzugt allerdings die Bezeichnung Polizist), achtet als solcher auf seinen tadellosen Ruf und geht selten ein Risiko ein. Allerdings war es doch sehr verwegen von ihm, als Wetteinsatz selbstgemachte Maultaschen zu wählen. Er kennt meine nicht vorhandenen Kochkünste. Das Einzige, was ich zustande bringe – dies jedoch wirklich vorzüglich –, ist ein guter italienischer Espresso.

Maultaschen also. Ich sitze in meinem winzigen Büro unweit des Cannstatter Carrés und starre auf meinen Monitor auf der Suche nach einem Rezept für diese gefüllten Nudeldinger. Recherche ist mein Steckenpferd. Ohne meine Fähigkeiten hätte ich mir diese gute Stube niemals leisten können. Kein Luxusbüro. Eher bescheiden in einem renovierungsbedürftigen Haus in der Daimlerstraße. Knapp fünfzehn Quadratmeter nicht klimatisierte Nutzfläche, dafür abgenutztes Parkett und eine Abstellkammer mit eingebautem Klo. An meiner Tür hängt ein Schild: Samira Pieschl – Private Ermittlungen. Gut, Pieschl ist nicht unbedingt der Name, der jemanden dazu inspiriert, dahinter eine knallharte Detektivin zu vermuten. Dementsprechend ist auch meine Auftragslage. Vielleicht hätte ich mir einen anderen Namen zulegen sollen. Ich kenne sogar Leute, die mir die dazugehörigen Papiere organisieren könnten.

Ein Klingeln überrascht mich, als ich gerade diverse Ausdrucke von Internetrezepten für jenes schwäbische Traditionsgericht sortiere. Verwirrter Blick auf meinen Terminkalender. Ich habe einen Termin: Monika Bregle.

Ich schiebe die Papiere zusammen, so dass nicht mehr erkennbar ist, dass es bei meinen aktuellen Ermittlungen um Maultaschen geht, es aber dennoch nach viel wichtiger Arbeit aussieht. Auf dem Weg zur Tür bemerke ich einen Fleck auf meinem T-Shirt. Ketchup. Ich war mittags beim Schnellimbiss am Bahnhof eine Currywurst essen. Na ja, was man so Currywurst nennt – Wurst mit Ketchup und ockerfarbenem Pulver bestreut. Die Berliner würden staunen. Sieht nicht schön aus, der Fleck, aber jetzt kann ich es nicht mehr ändern. Was soll's? Ich werde schließlich nicht für mein Aussehen bezahlt, sondern für meinen genialen Verstand. Ein Blick auf meine abgewetzten Jeans und die ausgetretenen Leinenschuhe sagt mir, dass ich diesen schnellstmöglich mal wieder einsetzen sollte, um einen lukrativen Auftrag an Land zu ziehen. Die nächste Miete wäre auch bald wieder fällig. Ich streiche mir durch meine sportlich-strubbelige Kurzhaarfrisur und öffne die Tür.

Monika Bregle. Schon als wir telefoniert haben, ist mir ihre Stimme bekannt vorgekommen. Lebensgroß vor meiner Tür erkenne ich sie wieder: Die gute Frau hieß mit Mädchennamen Falkensteiner, und ich habe sie vor vierzehn Jahren zum letzten

Mal gesehen, beim Abi-Ball. Jetzt steht sie also wieder vor mir: lange blonde (blondierte) Mähne, taillierte Bluse, edle Jeans. Joop! Anscheinend besser verdienend oder vorteilhaft verheiratet oder beides. Auf jeden Fall hat sie sich gut gehalten. Aber ich habe weniger Falten im Gesicht, stelle ich neidlos fest.

»Hallo, Samira.« Bussi rechts, Bussi links. »Lange nicht gesehen.«

Ich dirigiere sie zur Sitzecke unter dem Fenster, biete ihr einen Espresso an. Ob ich auch einen Latte hätte? Ich habe leider keine Milch.

»Dann nur ein Glas Wasser, bitte.«

Ein bisschen Smalltalk. Sie hat geheiratet. Ich nicht. Kinder? Nein, keine. Sie hat zwei.

»Du warst doch mal bei der Polizei, oder?«

»Hab den Dienst vor zwei Jahren quittiert.« Es kommt so lässig, als hätte ich gern auf meine monatliche Besoldung verzichtet.

»Ach so.« Ihr Blick streift durch mein Büro. »Schön hast du's hier.«

Lügt, ohne rot zu werden. Die Möbel sind mehr schlecht als recht erhaltene Überbleibsel von meinem Vorgänger, die Luft ist stickig und die Lage sicherlich nicht die beste. Netto, Baumarkt und Domina-Laden sind nicht weit, und alle paar Minuten rattert ein Zug über die Eisenbahnbrücke.

»Und?«, frage ich.

»Nun ja«, druckst sie herum und knetet ihre Hände zwischen den Knien. »Es ist etwas diffizil.«

Sie sagt nicht »schwierig« oder »kompliziert«. Diffizil. So war sie schon immer.

»Ich habe eine Schweigepflicht gegenüber meinen Klienten«, versuche ich sie zum Reden zu bringen. Minuten verstreichen. In der Zeit hätte ich die Einkaufsliste für die Maultaschen schreiben können. Ob man Nudelteig fertig kaufen kann? Würde mir eine Menge Arbeit sparen. Vor dem Haus donnert ein Vierzigtonner vorbei.

»Es geht um einen Mann. Er heißt Martin, Martin Gschwendtner«, entschließt sie sich endlich zu sprechen. »Ich brauche Informationen über ihn.«

Ich sehe sie stirnrunzelnd an. »Welcher Art?«

»Alles, was du herausfinden kannst. So was machst du doch, oder?«

Ja, so was mache ich. Ich kann nichts Diffiziles an diesem Auftrag entdecken. »In welche Richtung soll es denn gehen? Wofür brauchst du die Informationen?«, hake ich nach.

»Das ist privat.«

Na, wer hätte das gedacht? »Irgendetwas, was dir besonders am Herzen liegt?«

Sie schüttelt den Kopf. Ihr Blick sagt, dass ich nach schmutziger Wäsche suchen soll. Ich überschlage gedanklich meine offenen Posten.

»Das wird nicht billig«, sage ich. »Mein Tagessatz liegt bei fünfhundert Euro.«

Sie zuckt nicht einmal mit der Wimper, und mich beschleicht der Gedanke, dass ich bei der Sache mehr herausschlagen kann.

»Hinzu kommen natürlich noch Spesen, Fahrtkosten, Zuschläge für Wochenend- und Nachtarbeit.«

»Geld ist kein Problem.«

Für dich vielleicht nicht, meine Liebe, denke ich und ziehe einen formlosen Vertrag aus meinem Billig-Import-Schreibtisch.

Vier Tage später treffe ich Monika auf dem Karlsplatz vorm *Café Planie*. Ich habe mir mit den Recherchen ein bisschen Zeit gelassen, um sicherzugehen, dass meine monatlichen Unkosten tatsächlich eingespielt sind. Die Sonne strahlt über den Stuttgarter Kessel, die Stühle vor dem Café sind ausnahmslos besetzt. Vielleicht machen die Demonstranten von Stuttgart 21 gerade Kaffeepause, sinniere ich und bin einen Moment lang froh, dass ich mich nicht in blauer Uniform ins Getümmel stürzen muss. Wir gehen ins Café, was mir nicht so besonders gefällt, weil die Akustik wegen der hohen Stuckwände ziemlich schlecht ist, allerdings ist die Einrichtung nett und die Kuchen sind verboten lecker.

Es gibt nicht allzu viel zu berichten. Martin Gschwendtner führt ein recht gemütliches Leben. Eine geregelte Arbeit hat er nicht. Er schläft lange, geht häufig aus, bekommt fast täglich Besuch von schönen, wohlhabenden Frauen, befriedigt seine und wohl auch deren Bedürfnisse und lebt alles in allem offensichtlich nicht schlecht von dem Geld, das die Ladys ihm zustecken. Seine Wohnung könnte in einer schöneren Gegend liegen, aber vielleicht ist das auch der Trick an der Sache, mutmaße ich. Gschwendtner lockt die Damen in seine kleine, verruchte Wohnung, und sie halten es für ein Abenteuer. Raus aus der Vorstadtvilla und ab in ein durchgelegenes Bett mit einem heißblütigen Lover. Hässlich ist Herr Gschwendtner nämlich auch nicht. Schulterlanges dunkles Haar, durchtrainierter Körper mit einem knackigen Arsch, sympathisches Lächeln. Er könnte ein Callboy sein.

Monikas Augen glänzen.

»Was ist los?«, frage ich. Verheiratet, zwei Kinder, erinnere ich mich. »Hast du was mit dem am Laufen?«

Sie hat aufgehört zu weinen, geht neben mir die Konrad-Adenauer-Straße entlang. Nicht der lauschigste Platz, aber so können wir ungestört reden. Im Schlossgarten sind zu viele Menschen. Hier rauscht nur der Verkehr und ab und zu heult eine Polizeisirene.

Sie hatte ihn im letzten Winter im *Leuze* kennengelernt. Ein harmloser Flirt im Mineralbad, während ihre Kinder sich auf der Wasserrutsche vergnügten. Sie hatte ihn wieder getroffen, mit ihm Kaffee getrunken. Er lud sie in seine Wohnung ein. Statt Kaffee gab es Wein. Sie ließen Hemmungen und Hüllen fallen und poppten die halbe Nacht. Okay, sie sagte, sie habe sich von ihm verführen lassen, gemeint hat sie aber wilden, hemmungslosen Sex, der in ihrer Ehe im Moment ein wenig zu kurz kommt – wegen der Kinder, sucht sie nach einer Entschuldigung.

Und jetzt erfahre ich auch das Diffizile an der Geschichte: Er hat Fotos gemacht. Heimlich, versteht sich. Versteckte Kamera. Leider keine lustige Verarschung. Sehr delikate, um nicht zu sagen pornografische Fotos. Eines davon fand sie nach ihrem zweiten Tête-à-Tête in ihrer Handtasche. Auf der Rückseite war ein Betrag notiert. Er erpresst sie. Und er will nicht nur ihr Geld. Er will auch ihren Körper. Ich denke an die anderen Frauen, die regelmäßig bei ihm ein- und ausgehen.

»Ich hoffe, er benutzt Kondome.«

Sie nickt. Na, wenigstens etwas.

»Gut.« Wir brauchen eine Lösung für ihr Problem. »Du musst ihn anzeigen.«

»Samira! Wie stellst du dir das vor? Dann kommt doch alles raus!«

Warum will eigentlich nie jemand die Konsequenzen übernehmen für den Scheiß, den er baut?

In meinem Büro ist die Luft zum Schneiden. Ich koche einen Espresso, öffne das Fenster und starre nachdenklich auf die Straße. Der Feierabendverkehr wird in Kürze beginnen.

Kunos Anruf reißt mich aus meinen Gedanken. »Was machen die Maultaschen?«

»Ich arbeite daran. Tust du mir einen Gefallen? Martin Gschwendtner. Check mal, ob da was vorliegt.«

»Sonst noch Wünsche?«

»Kuno, bitte«, bettle ich.

»Nicht in diesem Leben.«

Ich weiß, dass er den Namen trotzdem prüfen wird. Sollte etwas vorliegen, wird er es mir auf die eine oder andere Weise zu verstehen geben.

Ich sehe den Tatbestand der Erpressung, Nötigung und Vergewaltigung bei Monika (und sicher auch bei den anderen Frauen) gegeben, aber was nützt das, wenn sie nicht bereit ist, ihn anzuzeigen? Ich muss einen anderen Weg finden, diesen Kerl an den Eiern zu packen.

Als potenzielles Opfer kann ich nicht an ihn herankommen – ich bin weder reich noch ungemein sexy. Mein Aussehen entspricht eher einer Pieschl als einer Samira. Klein und kompakt. Und meine inneren Werte würden unseren Gigolo wohl nicht besonders reizen. Außerdem habe ich keine Lust auf Porno-Fotos, die ganz bestimmt auch Kuno zu Gesicht bekommen würde. Kuno. Einen Moment lang frage ich mich, was das kleinere Übel für ihn wäre – mich in obszöner Pose auf einem Polaroid beim Sex zu sehen oder von mir zubereitete Maultaschen zu essen?

Ich könnte bei Gschwendtner einsteigen und seine Kamera, Computer und etwaige kompromittierende Fotos klauen. Aber das ist kriminell. Plan B: Ich könnte der Polizei einen Hinweis geben, dem sie sicherlich nachgehen würde. Leider würde dann mit hoher Wahrscheinlichkeit nicht nur Monika Eheprobleme bekommen. Auch nicht gut.

Ich nehme mein Handy, tippe die Nummer meiner Klientin ein. René, ihr Mann, ist bei einem Geschäftsessen, sie bringt die Kinder gleich zu Bett. Ich kann kommen.

Sie empfängt mich mit einem Glas Rotwein in der Hand. »Möchtest du auch einen?«

»Nein, danke. Bin seit zwei Jahren trocken.« Genau genommen einundzwanzig Monate, aber wir wollen mal nicht kleinlich sein.

»Oh.«

Schulterzucken. »Trink ruhig. Ich hab da kein Problem mit.« Stimmt so nicht ganz, geht sie aber nichts an. Damals hieß es, die ersten Monate seien die schwersten. Schön wär's. Nach knapp zwei Jahren kann man schnell mal leichtsinnig werden. Ein kleines Schlückchen geht schon in Ordnung, man hat es ja jetzt unter Kontrolle. Weit gefehlt.

Sie geht in die Küche, kippt den guten Tropfen in den Ausguss. Schade drum.

»Hast du schon gegessen?«

»Nein.«

»Ich koche uns etwas.«

Ich hoffe, sie verlangt keine Hilfe beim Gemüseputzen. Fasziniert beobachte ich ihre geschickten Handgriffe. Die Routine jahrelanger Erfahrung. Hausfrau und Mutter, da bleibt so was nicht aus.

»Hast du schon mal Maultaschen selbst gemacht?«

Sie schaut von der Pfanne, in der inzwischen allerlei Gemüse brutzelt, zu mir. »René liebt meine Maultaschen. Ich mache sogar den Nudelteig selber.«

»Ach was?« Ich hebe respektvoll die Augenbrauen.

»Ist gar nicht schwer. Du machst einen einfachen Nudelteig und für die Füllung nimmst du Bratwurstbrät und Spinat, mischst das Ganze mit kleingehackten Zwiebeln, viel Bärlauch, Ei und Gewürzen. Das Übliche eben.«

Das Übliche eben. Für jemanden wie mich, die es sogar schafft, eine Tiefkühl-Pizza im Backofen anbrennen zu lassen, ist das schwerer, als Monika ahnen mag.

Sie füllt unsere Teller. Die Gemüsepfanne ist köstlich. Sie erzählt mir, dass »er« angerufen hat. Freitagmittag sei sie wieder dran. Ich lege meine Hand auf ihre.

»Bis dahin haben wir das Problem gelöst«, verspreche ich.

Als ich gehe, nimmt sie mich kurz in den Arm.

»Wo warst du den ganzen Abend?« Kuno steht vor meiner Tür, als ich nach Hause komme. Statt Uniform trägt er Jeans und T-Shirt.

»Was geht's dich an?«

»Ich habe mir Sorgen gemacht.«

»Um mich muss man sich keine Sorgen machen.«

Er verzieht das Gesicht. Er weiß es besser.

»Ich war bei einer Freundin. Und ich habe nichts getrunken!« Manchmal nervt mich seine fürsorgliche Art.

»Habe ich irgendetwas gesagt?« Er hebt abwehrend die Hände.

»Und warum stehst du wie ein Nachtwächter vor meiner Wohnungstür?«

»Darf ich reinkommen?«, ignoriert er meine Beleidigung.

»Nein, ich bin müde und muss nachdenken.«

Er kann sich noch nicht entscheiden zu gehen. »Dieser Martin ...«

Ich werde hellhörig. »Habt ihr was über ihn?«

»Nein, nichts, er ist sauber ... nur ...«

Sauber! Wenn du wüsstest! Mit wedelnden Händen fordere ich eine Fortsetzung.

»Na ja, er sieht gut aus ...«

Ach, daher weht der Wind! Langgezogenes »Ja-ha«. Gefällt Kuno gar nicht.

»Der Typ ist 'n eitler Pfau. Hat sich vor 'nem Jahr die Nase richten lassen.«

Da war aber einer gründlich.

»So, so«, sage ich und lächle süffisant.

Kuno beißt die Zähne zusammen. Ich drücke ihm einen Schmatzer auf die Wange. »Danke für die Info. Schlaf gut.«

Er lächelt und tippt mit dem Zeigefinger auf meine Nasenspitze. Das macht er gern. Er mag meine Nase. Sie ist klein, wie alles an mir. »Und was ist mit den Maultaschen?«

»Gib mir noch bis Samstag Zeit, okay?« Wettschulden sind Ehrenschulden. Länger kann ich ihn nicht hinhalten.

Ich grüble die halbe Nacht und komme zu keinem Ergebnis, welches nicht mich oder Monika oder wahlweise uns beide ins Gefängnis bringen würde. Es ist ein Fluch, wenn man sich mit dem Strafgesetzbuch auskennt – man denkt zu viel nach.

Und dann, in den frühen Morgenstunden, angenehme siebzehn Grad vor der Tür, Vögel zwitschern und die Sonne kriecht langsam hinter den Weinhängen hervor, kommt mir eine Idee, die zwar ... nun sagen wir, nicht ganz gesetzeskonform ist ... aber dennoch eine Lösung, die allen Seiten den geringst möglichen Schaden bereitet. Ich rufe meine Freundin Leila an und lasse ihr von ihrem Anrufbeantworter ausrichten, dass ich gern am frühen Nachmittag einen Kaffee mit ihr trinken würde.

Wir sind in einem Bistro im Leonhardsviertel verabredet – Lebens- und Arbeitsort von Kreativen und solchen, die es gern wären. Ich kenne einen Schriftsteller, der wiederum mindestens zwei Lyriker, einen Maler und ein paar Musiker kennt, die hier im Viertel wohnen. Ein Großteil der Künstler ist allerdings weiblich, und ihre Kunst ist die der Verführung. Leila ist eine von ihnen. Sie arbeitet als Tänzerin in einem der Clubs und animiert die Jungs zum reichhaltigen Getränkekonsum. Einmal hatte sich ein Kunde von ihrer Animation mehr versprochen und sie auf dem Heimweg belästigt. Ich durchkreuzte seine Pläne und trat dem Kerl ordentlich zwischen die Beine. Er hat es danach vorgezogen, den Rest der Nacht allein zu verbringen. Seither sind Leila und ich befreundet.

Ich bin früh dran und blättere lustlos in der *Stuttgarter Zeitung*, die für Urlaub vor der Haustür plädiert. Wenn der Sommer so bliebe, könnte man was draus machen. Aber es ist kein Verlass auf den Sommer.

Leilas Auftritt raubt selbst mir wieder einmal den Atem. Ihre langen blonden Haare fallen über ihre nackten Schultern – sie trägt ein trägerloses Top, was sie sich bei ihrer Figur und Oberweite ohne Weiteres leisten kann, dazu einen Ultra-Minirock und Stöckelschuhe. Sie beherrscht die Kunst, auf diesen Dingern zu laufen. Nicht dieses Rumgestakse der Möchtegern-Schönen. Nein, sie kann es und es sieht verdammt sexy aus. Genau deshalb habe ich sie angerufen. Sie hört sich meinen Plan an und grinst diabolisch.

»Und da hast du an mich gedacht?«, erkennt sie sofort.

Ich nicke. Der kritische Punkt. Mit ihr steht und fällt mein Plan. So viele Frauen ihres Kalibers kenne ich nicht. Eigentlich nur sie.

»Okay. Wann soll die Party steigen?«

»Wie wär's nächsten Donnerstagabend?«

Sie nimmt ihren BlackBerry aus der Tasche, checkt ihre Termine. »Geht klar.«

Am Tag nach der »Party« bin ich um neun in meinem Büro und wähle Martin Gschwendtners Nummer. Prepaidkartentelefon, Rufnummer unterdrückt. Sicher ist sicher.

Nach dem siebten Klingeln nimmt er ab. Ich habe ihn geweckt.

»Ja?«

»Hallo Martin.«

Schweigen am anderen Ende. Vermutlich rätselt er gerade, welche seiner Frauen ihn anruft, während er mühsam versucht, munter zu werden.

»Ja?«, kommt es noch einmal zögerlich.

»Wir sollten uns treffen. Sagen wir so gegen elf im *Graf Eberhard*?«

»Wer …« Langsam dämmert es ihm, dass ich nicht eine seiner Gespielinnen bin.

»Ich bitte um Pünktlichkeit.«

»Warum sollte …«

»Sollten Sie nicht erscheinen, wird das äußerst unangenehme Folgen für Sie haben.« Ich drücke das Gespräch weg.

Das *Graf Eberhard* liegt nicht weit vom Leonhardsviertel im Gerberviertel und ich weiß, dass Bomber dort jeden Tag um elf einen doppelten Espresso trinkt. Bomber betreibt ein ziemlich gut laufendes Striplokal mit Hinterzimmern auf Stuttgarts Vergnügungsmeile und ist das, was man allgemein *eine große Nummer* nennt. Er sieht brutal aus, kann es mitunter auch sein, im Grunde ist er aber ein friedliebender Mensch. Es heißt, dass er seine Frauen recht gut behandelt, weil er sich sagt, dass nur zufriedene Angestellte auch gute Arbeit leisten. Und gute Arbeit bedeutet zufriedene Kunden, was wiederum die Kasse klingeln lässt. Es gibt Gerüchte, dass er seinen Frauen sogar Urlaubsgeld zahlt. Mit bürgerlichen Namen heißt er übrigens Alois Trautwein. Wahrscheinlich hat er sich deswegen einen – nennen wir es Künstlernamen zugelegt.

Wie auch immer, mich kann er nicht besonders gut leiden. Wir sind mal aneinandergeraten, als ich noch im Staatsdienst war. Aber das ist eine andere Geschichte.

Von einer gut geschützten Ecke aus beobachte ich das Treiben auf der Terrasse vor dem Café. Bomber kommt kurz vor elf mit zwei bulligen Typen und sucht sich ein schattiges Plätzchen unter den Bäumen. Die Bedienung bringt unaufgefordert sein Heißgetränk.

Fehlt noch Mister Loverboy. Ich hoffe, er hat meine Einladung am Morgen ernst genommen und nicht für einen schlechten Traum gehalten.

Zwei Minuten nach elf trifft er ein. Sieht verdammt gut aus. Dunkle Hose, kurzärmliges Hemd. Die Haare frisch gestylt. Ich bin froh, dass ich ihm die zwei Stunden gegönnt habe, um sich für mich hübsch zu machen. Er schaut sich suchend um, lässt sich schließlich an einem freien Tisch nieder, bestellt einen Cappuccino und wartet. Ich lasse ihn ein wenig schmoren, um sicherzugehen, dass er jedem ankommenden Gast auch die notwendige Aufmerksamkeit schenkt.

Als er seinen Cappuccino fast geleert hat, beginnt mein Auftritt: lässigen Schrittes betrete ich die Bühne, kurzer Stopp bei Bomber, freundschaftliches Schulterklopfen. Er hasst das, besonders von mir.

»Na, wie laufen die Geschäfte?« Ich schenke ihm ein strahlendes Lächeln.

Er schaut mich grimmig an. Knurrt irgendwas zurück, was sich freundlich ausgedrückt anhört wie »Verzieh dich, Frau!«.

»Noch nicht gefrühstückt, Alois?«, entgegne ich mit noch breiterem Grinsen. Seinen Vornamen zu erwähnen ist eine Todsünde. Ich sollte ihm in nächster Zeit aus dem Weg gehen. Er fletscht die Zähne.

»Ja dann, schönen Tag noch«, schiebe ich schnell hinterher, nicke kurz in die Runde und schreite auf Martin Gschwendtner zu.

»Warten Sie auf jemanden?«

Gschwendtner mustert mich kritisch. Die gebräunte Haut steht in tollem Kontrast zum hellen Hemd, stelle ich fest. Er antwortet nicht.

»Ich darf mich doch setzen? Laden Sie mich zu einem Espresso ein?« Die Chance, mit so einem sexy Typen beim Kaffeetrinken gesehen zu werden, möchte ich mir nicht entgehen lassen. Er ist vermutlich wesentlich weniger davon angetan, mit einer Frau wie mir an einem Tisch zu sitzen.

»Darf ich fragen, wer Sie sind?«

Dezent freundliches Lächeln. »Ich bin die gute Fee.«

Er runzelt die Stirn, und ich bestelle einen Espresso.

»Kennen Sie den da?« Ich deute mit einer Kopfbewegung auf Bomber, der zwei Tische weiter mit seinen Begleitern sitzt. »Ist 'n Zuhälter.«

»Ihrer ganz bestimmt nicht.«

Danke für die Blumen! »Er hat eine Freundin«, sage ich. »Und wissen Sie was? Er kann richtig ungemütlich werden, wenn ihm einer dazwischenfunkt. Da möchte man nicht in der Haut des anderen stecken.«

Es gibt etwas, wovor sich die meisten schönen Menschen fürchten: nicht mehr schön zu sein. Ich denke an Gschwendtners Nasen-OP. (Danke, Kuno!)

»Einem Typen hat er sogar mal Säure ins Gesicht geschüttet. Sah ziemlich hässlich aus.« Kunstpause.

»Was geht mich das an?« Er versucht, cool zu bleiben, aber ich sehe, dass hinter seiner hübschen Fassade die grauen Zellen rotieren. Worauf will diese kleine Kurzhaar-Tussi vor ihm hinaus?

»Einen anderen hat er mal übel zusammenschlagen lassen. Der hat seitdem ein steifes Bein und 'ne Menge Narben im Gesicht.«

»Interessiert mich einen Scheißdreck.«

Na, wer wird denn gleich ausfallend werden! Ich nehme meine Umhängetasche, ziehe einen Umschlag heraus und lege das erste Foto auf den Tisch. Leila, wie sie lebt und lacht.

Er versucht, unbeteiligt zu wirken, aber seine Pupillen vergrößern sich schlagartig.

Ich nehme das zweite Foto aus dem Umschlag. Leila neben Martin Gschwendtner vor circa dreizehn Stunden an der Bar einer Szene-Kneipe. Foto drei: Leila, die sich lachend an ihn schmiegt. Seine Hand auf ihrem Po. So was aber auch! Foto vier: Leila, die ihm ein Küsschen auf die Lippen drückt. Zum Abschied. Aus dem Winkel, aus dem ich fotografiert habe, wirkt es aber so, als wollte er sie gleich an Ort und Stelle vernaschen.

»Pack den Scheiß weg!«, zischt er und wirft einen nervösen Blick über meine Schulter.

Sind wir jetzt also schon beim »du« angelangt. So schnell schließt man Freundschaften.

»Was denkst du, was passiert, wenn diese Bilder nachher … hm, sagen wir zufällig in seinem Briefkasten landen?« Ich grinse unschuldig und drehe das oberste Foto herum. In Schönschrift stehen da Name und Adresse meines Gegenübers.

Schweißperlen auf seiner Stirn. Ist aber auch wieder ein heißer Tag heute.

»Was willst du?«

»Wir sollten einen kleinen Ausflug in deine Wohnung machen. Dort wirst du alle Daten und Bilder diverser Frauen auf deinem Computer oder wo du sie sonst gespeichert hast löschen, mir deine Kamera und sämtliche Abzüge geben – du weißt, von welchen Abzügen ich spreche?«

Erkennendes Nicken.

»Ich denke, das tut keinem von uns weh und macht eine Menge andere Menschen glücklich.« Siegerlächeln.

»Aber die Tussi hat mich doch angemacht!« Der Versuch eines schwachen Aufbegehrens.

Ich lehne mich zur Seite, lege einen Arm lässig auf die Rückenlehne meines Stuhls, so dass Martin freien Blick auf Bombers Stiernacken hat. »Was denkst du, wem er eher glauben wird? Seiner süßen, sexy Freundin nach einem fulminanten Blowjob oder einem braungebrannten Schönling, der um Gnade winselt?«

Mein Gegenüber lässt sich zu einem derben Fluch hinreißen, und ich erlaube ihm, die Zeche zu zahlen.

Als wir gehen, winke ich Bomber fröhlich zum Abschied.

Samstagnachmittag kommt Monika zu mir. Sie hat alles eingekauft, was wir zur Herstellung schwäbischer Maultaschen »à la Moni« benötigen. Die Standards: Mehl, Eier, Öl. Die Specials: Brät, Spinat, Bärlauch, dazu Gewürze wie Muskat und Knoblauch. Salz und Pfeffer findet man sogar in meiner bescheidenen Küche.

Moni fordert mich auf, ihr tatenlos das Feld zu überlassen. Vermutlich befürchtet sie, ich könnte ihrer Kreation sonst ernsthaften Schaden zufügen. Ich bewundere ihr Geschick aus sicherer Distanz und bin froh über den unglücklichen Umstand, der uns zusammengeführt hat.

»Ich verrate dir jetzt mein Geheimnis«, flüstert Moni konspirativ. »Das Brät ist von Thüringer Bratwürsten. Die haben bereits eine tolle Würze, da musst du nicht mehr viel machen.«

Ich sowieso nicht. Die heimliche Vereinigung von Ost-West-Kochkultur finde ich allerdings sehr interessant.

Nachdem die gröbsten Arbeiten erledigt sind, will sie meine Küche aufräumen. Ich bremse sie energisch. »Wenn alles sauber ist, glaubt Kuno mir niemals, dass ich selbst gekocht habe. Es muss hier nach Arbeit aussehen.«

Da meine Köchin ahnt, dass aus geschmelzten Zwiebeln unter meiner fürsorglichen Obhut schnell eine unappetitliche schwarze Masse werden könnte, hat sie eine Alternative vorbereitet: Sie dünstet Zwiebeln und Mangoldstreifen in einer Gemüsebrühe und fügt abschließend frische Sahne und Gewürze hinzu.

»Das musst du jetzt nur noch warm halten. Kann eigentlich nichts mehr schiefgehen.«

Ganz sicher bin ich mir da nicht.

»Die Maultaschen legst du erst ins kochende Wasser, wenn dein Kuno da ist, sonst verkochen sie. Zwanzig Minuten ziehen lassen und fertig.«

Er ist nicht »mein Kuno«!

Bussi rechts, Bussi links. Sie rauscht ab und lässt mich mit meinem Chaos allein.

Kuno sitzt in meinem kleinen Wohnzimmer. In Ermangelung eines Balkons habe ich den Tisch vor das geöffnete Fenster gestellt und liebevoll gedeckt. Besteck, Servietten, Wassergläser. Kuno trinkt aus Prinzip keinen Alkohol, und das nicht erst, nachdem er mich vor zwei Jahren betrunken im Dienst erwischt und kurze Zeit später in eine Entzugsklinik gebracht hat. Uns verbindet seither mehr als der Anti-Alkoholismus.

Ich koche die Maultaschen genau nach Monis Angaben, hoffe, dass die Dinger nach zwanzig Minuten tatsächlich gar sind, und richte sie mit der Zwiebel-Mangold-Soße an. Sieht gar nicht so schlecht aus, denke ich zufrieden. Und auch Kuno schaut sichtlich überrascht auf seinen Teller.

»Wow, sieht so aus, als könnte ich den Tisch im *Klösterle* wieder abbestellen.« Er wagt einen vorsichtigen ersten Bissen. »Hmmm, lecker. Wer hat die gemacht?«

»Ich«, lüge ich und schaue konzentriert auf das Essen vor mir.

Er legt die Gabel zur Seite und sieht mich vorwurfsvoll an. »Pieschl.«

Oh Mann, diese kleine Flunkerei hätte er mir ruhig zugestehen dürfen. Aber wenn er mich Pieschl nennt, ist das kein gutes Zeichen. Ich will uns den Abend nicht verderben und gestehe: »Na ja, eine Bekannte hat mir ein bisschen geholfen.«

Er nimmt die Gabel wieder zur Hand und isst weiter. »Die mit der Martin-Geschichte?«, fragt er mit vollem Mund.

»Was weißt du davon?« Ich bin doch etwas erstaunt.

»Wenn du nichts von ihm willst, kann es doch nur ein aktueller Fall sein.«

Ich lächle unschuldig.

»Erzählst du's mir?«

Ja, Kuno kann ich es erzählen. Die Geschichte ist gut bei ihm aufgehoben.

»Du bist allein mit dem Kerl in seine Wohnung gegangen?« Ernsthaftes Entsetzen auf seinem Gesicht. Gleich kommt die Leier mit der Eigensicherung.

»Ich konnte Gschwendtner glaubhaft vermitteln, ich hätte eine SIG Sauer bei mir.«

Stirnrunzeln, Kopfschütteln. Meinen Waffenbesitzschein musste ich vor zwei Jahren abgeben. Kuno zupft nachdenklich an seinem Kinn.

»Was noch?«, erkundige ich mich.

»Heißt Bombers Aktuelle nicht Natascha?«

Da kennt einer seine Pappenheimer.

»Kann sein«, gebe ich zu. Leila ist weder Bombers Freundin noch eine seiner Angestellten. Sie ist Tänzerin und im Übrigen liebt sie Frauen.

Erneutes Kopfschütteln, dieses Mal mit dem Ansatz eines Grinsens im Gesicht. Er kratzt die Maultaschenreste und Soße vom Teller, hält die Gabel zwischen uns. »Weißt du, wie wir die Dinger bei uns zu Hause nennen?«

Schulterzucken meinerseits. Woher soll ich das wissen?

»Herrgotts Bscheißerle.« Und dabei lächelt er mich an, als meinte er nicht nur die Maultaschen.

Beate Rygiert

Amazing Grace

Sie hatte es sich so schön vorgestellt. Es würde Fondue geben, dazu ihren berühmten schwäbischen Kartoffelsalat, zum Nachtisch hausgemachten Vanillepudding mit Rumtopf. Seit Jahrzehnten war das so, warum sollte es diesmal anders sein? Nach dem Essen würden sie die Kerzen am Baum entzünden, Lieder anstimmen und Geschenke verteilen. Danach in die Stiftskirche zum Weihnachtsoratorium. »Jauchzet, frohlocket« gehörte einfach dazu.

Doch daraus wurde nichts.

Zuerst sagte ihr Sohn Ralf ab. Dieses Jahr seien die Schwiegereltern dran, seine Frau bestünde darauf. Dann rief Elke an und erzählte diese haarsträubende Geschichte: Weihnachten im Kloster, zwei Wochen lang Schweigen, und das Schlimmste war, man konnte überhaupt nichts dagegen sagen. Käthe versuchte sich vorzustellen, wie das sein würde, sie und ihre Schwester Hedi allein um den Fonduetopf, vom Liedersingen unterm Baum ganz zu schweigen. Da klingelte das Telefon und Hedi eröffnete ihr, sie gedenke Weihnachten auf Mallorca zu verbringen. »Du? Du hosch doch Angscht beim Fliega?«, gab Käthe zu bedenken. Doch Hedi lachte. Sagte: »Menschen kennet sich ändere.« Und legte auf.

Käthe wollte aber nicht, dass sich etwas änderte, schon gar nicht die Menschen. Vor allem nicht an Weihnachten.

Als der Pfarrer am nächsten Sonntag nach dem Gottesdienst fragte, ob jemand aus der Gemeinde bereit sei, einen Gast für den

Weihnachtsabend einzuladen, da fühlte sich Käthe zunächst überhaupt nicht gemeint. Erst später, als sie das Kirchenblatt durchlas und eine entsprechende Notiz darin fand. Einen fremden Menschen an Heiligabend zu sich nach Hause einladen? Es schien ihr undenkbar. Weihnachten war ein Fest der Familie. Doch wie es aussah, bestand ihre Familie in diesem Jahr nur aus ihr selbst.

Sie rief den Pfarrer an und wollte wissen, welche Art Leut des seiat. Die, die ma eilade kennt. Worom dia denn niemand hetted uf da Welt, der mit ihne des Fescht der Feschte feiern will.

Der Pfarrer erzählte ihr von einer Frau aus Ghana, die es sich nicht leisten könne, nach Hause zu fliegen. »Es ist ein gottgefälliges Werk«, schloss der Pfarrer, »gerade an Weihnachten sollten unsere Herzen geöffnet sein.«

Also gab sie sich einen Ruck und öffnete ihr Herz. Und auf einmal hörten ihr alle aufmerksam zu. Ralf sagte, des sei jetzt amol was andres, worom au net, sie soll bloß hinterher des Tafelsilber zähle, haha, isch bloß an Witz. Elke war sprachlos, obwohl das Schweigeseminar noch gar nicht begonnen hatte, dann lobte und pries sie Käthe in den höchsten Tönen. Nur ihre Schwester blieb unbeeindruckt wie immer, behauptete, domols, als ihr Mann no gläbt het, da het an jedem Weihnachte an anderschfarbiger Mensch an ihrem Tisch gsessa. Hedi war wirklich unmöglich.

Sie hatte keine Ahnung, was ein Mensch aus Ghana am Heiligabend gerne aß, aber sie fand, dass Fleischfondue mit Kartoffelsalat zweifellos völkerverbindend sei. Sie sah im Atlas nach, wo Ghana überhaupt lag, war ein bisschen beunruhigt, als sie erfuhr, dass dort Englisch gesprochen wurde, von sechsundvierzig afrikanischen Stammessprachen ganz zu schweigen. Für alle Fälle kaufte sie ein Englischwörterbuch, denn das Schlimmste, was sie sich vorstellen konnte, war ein schweigsamer Weihnachtsabend. Schließlich hieß sie nicht Elke und wollte auch nicht ins Kloster.

Wie jedes Jahr wurde es auch diesmal unabwendbar Weihnachten. Sie hatte einen Christbaum gekauft, ihn mit Lametta geschmückt, die Puttenengel und rosenfarbenen Kugeln drangehängt. Krippe und Weihnachtspyramide aufgestellt, den Nussknacker und das Räuchermännchen. Sollte die Afrikanerin ruhig sehen, wie man in Deutschland Weihnachten zu feiern verstand.

Und dann läutete es.

Als sie die Tür öffnete, verschlug es ihr den Atem. Das Gesicht der Frau verschwand fast in der Kapuze eines gefütterten Anoraks. Es war noch schwärzer, als sie es sich ausgemalt hatte. Und wunderschön. Aus riesigen Klunkeraugen blickte sie Käthe ängstlich an.

»Willkomma«, rief die munter und öffnete – ja, sie fühlte es – erst jetzt wirklich ihr Herz.

Die erste Viertelstunde war sich Käthe nicht sicher, ob ihr Gast sie verstand. Die Frau aus Ghana sah sich mit ihren großen Augen um und reagierte nicht auf den Redeschwall, mit dem Käthe sie umhüllte. Legte nach einigem Zögern ihren Anorak ab. Ihr Haar war in lauter winzige Zöpfchen geflochten. Käthe erinnerte sich, dass sie als Kind eine Puppe gehabt hatte, die war ebenso schwarz gewesen, nur lang nicht so schön.

»Ich möchte mich bedanken«, sagte die Fremde schließlich in weichem, fließendem Deutsch, »dass Sie mich eingeladen haben. Ich heiße Grace.« Und damit reichte sie Käthe die Hand.

Hinterher sagte Käthe, es sei ihr vorgekommen, als wäre Grace schon immer bei ihr ein und aus gegangen. Das Fondue schien ihr zu schmecken, vom Kartoffelsalat aß sie sogar zwei Portionen. Vom Pudding nahm sie wenig, dafür langte sie bei den Weihnachtsgutsle umso mehr zu. Als es ans Singen ging, verstummte Käthe sogar mitunter, so sehr bewegten sie die volle Stimme ihres Gastes und die tiefen Gefühle, die diese zierliche Person in die altbekannten Melodien zu legen vermochte. *Stille Nacht, heilige Nacht*, Grace stand vor dem Christbaum und sang, die Hände ineinandergelegt, die Augen geschlossen, und als sie *Amazing Grace* anstimmte, da kamen Käthe die Tränen. »No gar nie«, sagte sie später mehrmals zu ihren Kindern, »nie in meim Läba hat jemand dermaßa schee unter meim Chrischtbaum gsunga.«

Handschuhe und Schal, die sie gestrickt hatte, standen ihrer neuen Freundin ausgezeichnet. Käthe packte eine gestrickte Afrikanerinnenpuppe mit großen, aufgestickten Augen aus. Sie mussten lachen, als sie feststellten, sie hatten beide die Adventszeit mit Stricken verbracht.

»Älles in ällem«, sagte Käthe, »isch ohoimlich viel glacht worra an sällem Abend«. Und das nicht erst, als sie ihren Mirabellenlikör aus dem Schrank holte, Grace habe ohnehin nur an ihrem Glas genippt wie ein Vögelchen. Käthe fragte sie nach ihrer Heimat, nach ihrer Familie, und Grace erzählte von Accra, der Stadt am Meer, von ihren Geschwistern und Cousins, von ihren Eltern, die getrennt lebten, seit sich ihr Vater eine zweite Frau genommen habe. Käthe verdrehte die Augen gen Himmel, oh ja, do hot se mitschwätza kenna, au ihr Mann hot sich a »zweite Frau« gnomma, aber net mit ihr, noi noi, da könne sie Graces Mutter nur zu gut verstehen. Und so führte eines zum anderen, bis Grace schließlich von dem Mann erzählte, der sie nach Deutschland geholt habe, um sie zu heiraten – und darüber vergaßen sie sogar, in die Stiftskirche zu gehen.

»Wir haben uns in Ghana kennengelernt«, sagte Grace, und ihre Augen füllten sich mit Tränen. »Er behandelte mich wie eine Prinzessin. Aber kaum war ich hier …« Sie wohnte im Frauenhaus, wo das war, das durfte sie nicht erzählen. Er hatte sie geschlagen, wieder und wieder, das letzte Mal musste sie eine Woche im Katharinenhospital verbringen. Ihr Mann habe ihr angedroht, sie umzubringen, sollte sie ihn verlassen. »Seit vier Monaten verstecke ich mich im Frauenhaus«, sagte Grace. »Aber irgendwann muss ich doch wieder ein Leben beginnen.«

Käthe schenkte ihr nach. Tätschelte die zarten Schultern. Wusste nicht, was sagen. Fühlte eine Riesenwut im Bauch.

»Woisch was«, sagte sie schließlich, »wenn du willscht, kannscht du jeden Sonntag zu mir zum Essen kommen.«

Grace sah sie an, lächelte. Sah durch sie hindurch, ihr Lächeln verblich.

»Es ist schon spät«, sagte sie, »ich gehe jetzt besser.«

Käthe erzählte, dass sie ihr angeboten habe, bei ihr zu übernachten. Sie könne jetzt nicht so hinaus, mitten in der Nacht. Sie solle wenigstens ein Taxi nehmen, Käthe würde es bezahlen. Doch Grace war bereits in den Anorak geschlüpft und an der Tür.

»Danke«, sagte sie. »Das war ein sehr schönes Weihnachten.« Und war fort.

Es war Käthe, die sie später identifizierte. Sie erkannte die Handschuhe, schließlich hatte sie sie gestrickt. Versuchte nicht ins Gesicht zu schauen. Da war alles rot, das sah sie auch so, keine Spur mehr von Schwarz.

Die Polizei, der sie in den folgenden Wochen auf die Nerven fiel, sagte, man könne es nicht beweisen. Der Mann habe ein Alibi. Schließlich war Weihnachten. Da feiere niemand allein.

Ralf sagte, am beschte tät sie des Ganze vergessa und von fremde Gäscht am Weihnachtsobed in Zukunft lieber d'Finger lasse. Elke war sprachlos und blieb es, auch als sie längst aus dem Kloster zurück war. Hedi hörte nicht zu, denn sie hatte sich auf Mallorca verlobt. Und der Pfarrer schlug vor, einen Trauergottesdienst zu veranstalten. Er predigte sehr ergreifend. Doch Käthe merkte, das genügte ihr nicht.

Es blieb ihr also nichts anderes übrig, als die Sache selbst in die Hand zu nehmen. Schließlich hatte sie ihr Herz geöffnet. Zu Hause saß die Puppe, die sie täglich mahnte. Als sie endlich die Kugeln vom Baum nahm, fasste sie den Entschluss.

Eigentlich war es ganz einfach. Die Gehwege lagen voll mit dürren Weihnachtsbäumen, haufenweise lagerten sie dort. Sie hatte herausgefunden, wo er wohnte: Sillenbuch, in einem Ökohaus in Holzbauweise. Käthe beobachtete, wie er nach Hause kam, allein. Als die Lichter erloschen, wartete sie eine Weile, dann machte sie sich an die Arbeit. *Stille Nacht, heilige Nacht.* Schichtete all die dürren Weihnachtsbäume schön sorgfältig um das Haus. *Alles schläft, einsam wacht.* Dann goss sie das Petroleum, das vom Fondue übrig geblieben war, über die Äste.

Zündete es an.

Es brannte gut.

In ihr sang es.

Amazing Grace.

Käthes Kartoffelsalat

8 mittelgroße Salatkartoffeln
1 Zwiebel
10%-iger Weinessig
Salz
Sonnenblumenöl
gemahlener weißer Pfeffer – alles nach Gefühl
6 EL warme selbstgemachte Fleischbrühe

Pellkartoffeln weichkochen, noch heiß schälen und auf Handwärme abkühlen lassen. In feine Scheiben schneiden und die feingehackten Zwiebeln untermengen. Alle anderen Zutaten zu einer Soße verrühren und über die warmen Kartoffeln geben. Vorsichtig, aber gründlich untermischen. Drei Stunden abgedeckt ziehen lassen, dann vor dem Servieren abschmecken, wenn nötig nachsalzen und eventuell Essig dazugeben.

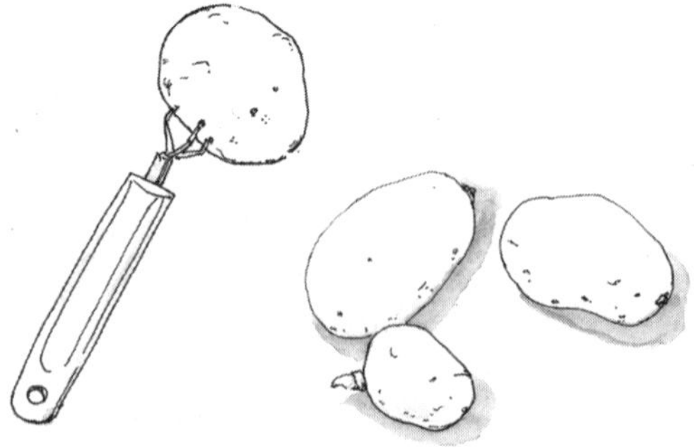

Fleischfondue nach Käthes Art

500 g feinstes Rinderfilet von Käthes Hausmetzger
1½ l Erdnussöl

Das Öl in einem Fondue-Topf erhitzen, bis feine Blasen aufsteigen. Die mundgerechten Filet-Stücke auf Gabeln spießen und in dem heißen Fett garen.

Käthes selbstgemachter Vanillepudding

(selbstverständlich nicht aus dem Beutel!)

100 g Zucker
100 g Speisestärke
1 l Milch
1 Vanilleschote
2 Eier

Speisestärke und Zucker mischen und mit 12 EL Milch glattrühren. Die Vanilleschote längs einritzen und mit der restlichen Milch aufkochen lassen. Die Eier trennen. Das Eigelb mit der Stärke-Zucker-Mischung verquirlen und in die heiße Milch rühren. Alles erneut aufwallen lassen. Den Topf vom Herd nehmen und abkühlen lassen. Das Eiweiß steif schlagen und vorsichtig unter die lauwarme Masse heben. Weihnachtliche Stern-Förmchen mit kaltem Wasser ausspülen und den Pudding hineinfüllen. Nach dem Abkühlen auf Dessertteller stürzen.

Käthes Rumtopf

Für ihren Rumtopf legt Käthe bereits im Sommer die ersten Erdbeeren in einen 5-Liter-Topf aus Steingut ein. Die Früchte müssen sauber gewaschen, abgetrocknet und frei von allem Grünzeug und schlechten Stellen sein. Dann bestreut Käthe die Früchte mit einer Lage Zucker, lässt sie eine Stunde ziehen und gießt dann so viel hochprozentigen Rum darüber, bis alles bedeckt ist. Den ganzen Sommer über geht es so weiter: Kirschen, Aprikosen, Zwetschgen, Pfirsiche und Mirabellen wandern nach und nach in Käthes Rumtopf, werden mit Zucker bestreut und mit Rum begossen. Alle Steinobstsorten werden natürlich entkernt, nur in einigen Kirschen belässt Käthe den Stein, denn das sorgt für ein besonderes, Marzipan ähnliches Aroma. Der Rumtopf wird traditionell an Weihnachen geöffnet, bis dahin ruht er und reift.

Silvija Hinzmann

Kitzebeile

Die Frau am Steuer bog von der Straße ab und schaltete das Licht aus. Der Wagen ruckelte im Leerlauf über die Wiese und hielt unweit des Bootsstegs an. Die LED-Anzeige der Uhr am Armaturenbrett zeigte fünf nach halb eins.

»Schaffst du es allein?« Sie sah zu dem Mann auf dem Beifahrersitz.

Er fing ihren Blick auf, verzog aber keine Miene. »Ja.«

»Soll ich nicht mitkommen?«

»Nein.«

»Wirklich nicht?«

»Nein.«

»Dann wende ich den Wagen.«

»Ist gut.«

Der Mann stieg aus, zog den Reißverschluss seiner Jacke hoch und ging nach hinten. Am mondlosen Himmel flimmerten blasse Sterne. Das spärliche Licht der Straßenlaternen spiegelte sich hier und da auf dem dunklen Wasser.

Oben auf der Straße rasten zwei Autos vorbei. Mit angehaltenem Atem öffnete er die Heckklappe und sah sich noch einmal um. Weit und breit kein Mensch.

»Na dann, bring es hinter dich«, sagte die Frau halblaut.

Er antwortete nicht, packte den schweren Plastiksack, der in der Mitte und am oberen Ende mit Klebeband zusammengeschnürt war, und schleppte ihn zum Steg. Das kleine Ruderboot dümpelte zwischen anderen auf dem Wasser. Er zog es zu sich heran und legte den Sack auf den Bootsboden. Dann kletterte er hinein und ruderte bis zu einer Stelle mitten im See, von der er annahm, dass sie tief genug war.

Aus der Jackeninnentasche nahm er ein Messer und stach mehrere Löcher in den Sack. Sofort stieg ihm der ekelhaft süßliche Geruch in die Nase. Er wuchtete das schwere Ding über den Bootsrand und ließ es ins Wasser gleiten. Das Boot schwankte und neigte sich gefährlich zur Seite. Irgendwo im Schilf schnatterten ein paar Enten, dann herrschte wieder Totenstille.

Wie in Zeitlupe drang das Wasser in den Sack ein, die Luft entwich mit leisem Blubbern.

»Mach schon!«, murmelte der Mann und drückte mit dem Paddel den Sack unter Wasser, bis er endlich sank. Er atmete auf, spülte das Messer ab, ruderte ans Ufer zurück und verzurrte das Boot. Beim Aussteigen rutschte er ab und landete auf Händen und Knien in einer kalten, klebrigen Brühe. Was, wenn das Blut war? Hastig zerrte er ein Päckchen Papiertaschentücher aus der Hosentasche, wischte den Boden und seine Hände ab und lief zum Wagen.

»Und, alles klar?«, flüsterte die Frau.

Er nickte. Sie startete den Motor und fuhr an.

Kaum waren die Rücklichter des Wagens außer Sicht, da löste sich eine Gestalt aus dem Schatten einer Baumgruppe und schwankte zur Straße hinauf.

* * *

Noch ein wenig müde schloss Anna das Lokal auf. Sie ging in die blitzsaubere Küche, schaltete die Kaffeemaschine ein und rauchte am Hinterausgang ihre obligatorische Morgenzigarette. Der August neigte sich allmählich dem Ende zu, doch dieser Sommertag versprach heiß zu werden. Sie drückte die Zigarette aus, trank einen doppelten Espresso und machte sich an die Arbeit.

Anna war Köchin, eine exzellente Köchin wohlgemerkt. Sie

hatte in den besten Schweizer Hotels gearbeitet und war zuletzt fast zehn Jahre auf einem Kreuzfahrtschiff gewesen, aber von der großen weiten Welt hatte sie nicht viel gesehen. Im Frühjahr, als sie wieder einmal ihre Eltern in Stuttgart besucht hatte, erfuhr sie, dass für ein gut gehendes Lokal ein Pächter gesucht wurde. Kurz entschlossen kündigte sie die Stelle auf dem Schiff, unterschrieb zwei Wochen später den Pachtvertrag, fand sogar eine Wohnung in Zuffenhausen. Jetzt, mit knapp zweiundvierzig, war sie endlich ihre eigene Chefin. Das Einzige, was ihr nach der Meinung ihrer alten Eltern fehlte, war ein guter Ehemann. Ein so gutaussehendes Mädle, wie ihr Vater sie immer noch nannte, müsste endlich heiraten, damit sie sich auf das Wichtigste konzentrieren könnte – den Nachwuchs. Es war sinnlos, ihnen zu erklären, dass sie sehr gut allein zurechtkam.

Die Küchenhilfe Mira hatte schon für Annas Vorgänger gearbeitet und blieb bei ihr. Sie war seit einem Jahr geschieden und hatte einen fünfjährigen Sohn, um den sich ihre Mutter kümmerte, wenn sie arbeiten musste.

Boris, der Kellner, machte seine Sache gut. Er war ein blonder Riese und sprach mit leichtem russischem Akzent. Nur wenige Tage nach der Neueröffnung hatte er eines Morgens plötzlich in der Küchentür gestanden und nach dem Chef gefragt.

Mira lachte und schüttelte ihre kastanienrote Mähne. »Anna, Besuch für dich.«

»Ein Freund hat mir erzählt, dass Sie jemanden suchen. Ich mache jede Arbeit.«

Anna musterte ihn. »Haben Sie Ahnung vom Kellnern?«

»Ja, und ich kann auch putzen, aufräumen und Klavier spielen, wenn erwünscht.« Er machte eine Kopfbewegung nach hinten zum Klavier im Gastraum. Seine dunklen Augen blitzten hinter der Hornbrille.

»Das alte Ding ist total verstimmt. Es ist noch von meinem Vorgänger und dient nur als Dekoration«, sagte Anna.

»Ich kann es gern stimmen, habe nämlich in St. Petersburg Klavier studiert und nach der Wende in Berlin-Ost als Musikpädagoge gearbeitet.«

»Na gut, dann lassen Sie es uns versuchen.« Sie drückte ihm die Speisekarte in die Hand. »Die Preise sollten Sie auswendig lernen.«

»Kein Problem.« Er blätterte die Karte flüchtig durch. »Kann ich also anfangen?«

»Erst mal zwei Wochen Probezeit. Wenn alles passt, machen wir den Vertrag.«

Und er hatte sich bewährt …

Kurz nach zehn Uhr stürmte Mira in die Küche.

»Guten Morgen«, keuchte sie. »Es kann gleich losgehen, ich bin noch ein bisschen müde, musste noch mit dem Kleinen zum Arzt. Und jetzt bin ich fix und fertig von der Hetze und dem Verkehr.« Sie warf ihre Tasche in den kleinen Nebenraum, band sich die Schürze um und machte sich daran, die Spülmaschine auszuräumen.

Anna schälte einen Berg Äpfel für den Kuchen, den sie für den Nachmittag backen wollte, und lächelte versonnen vor sich hin.

Boris erschien kurz vor elf. Er kam in die Küche, nickte Anna zu und schenkte sich einen Kaffee ein.

»Und, gut geschlafen?«, fragte Anna ohne aufzublicken, als Mira kurz draußen war.

»Ja. Du auch?«

»Na ja …«

»Wird schon«, sagte er und ging hinaus.

* * *

Gegen Mittag füllte sich die Terrasse allmählich mit Gästen. Am Stammtisch spielten drei Männer Skat und schlotzten ihre ersten Viertele.

»Wie siehst du denn aus?«, fragte Egon und legte ein Kreuz Ass auf die karierte Tischdecke. »Bist ganz käsig im Gsicht.«

»Ich bin noch ganz fertig von gestern.«

»Warst ja auch randvoll.«

»Saudummes Gschwätz! Ich will net drüber reden.«

»Mal was Neues – Willi will nicht?«

»Ach, halt doch dei Gosch.« Er sortierte mürrisch sein Kartenblatt und schüttelte den Kopf.

»Komm, Willi, lass endlich die Katze aus dem Sack!« Hans, der dritte Skatbruder, nippte an seinem Riesling und grinste erwartungsvoll.

»Ja, ein Sack war auch dabei. Aber des glaubt mir eh keiner.« Willi trank einen Schluck Wein und wischte sich mit dem Handrücken den Mund ab.

»Ja, was ist jetzt? Geht deine Geschichte auch weiter? Mach's nicht so spannend.«

»Also, letzte Nacht, ihr wart schon weg, bin ich noch dabliebe, bis die dichtgmacht hen. Unterwerg musst ich dann ... na ja, in die Büsch. Und ihr glaubt's net, was ich da gsehen hab ...«

»Dass du in deinem Suff überhaupt was gesehen hast, grenzt an ein Wunder«, bemerkte Hans.

Willi beachtete ihn nicht. »Ich steh bloß da und denk mir nix, da kommt doch so a ...« Er verstummte plötzlich und linste zu Boris hinüber, der einem jungen Pärchen am Nebentisch zwei Salatteller servierte.

»Hört, hört, Willi denkt sich nix«, spöttelte Egon.

Willi verdrehte die Augen und lief rot an.

»Bist du jetzt eingeschnappt, oder was?«, fragte Hans.

»Ha, noi.« Willi wartete, bis Boris sich entfernt hatte, und beugte sich vor. »Ist euch eigentlich aufgfalle, dass der Zlatko schon mindestens zwei Tag nemme hier war? Er kam doch seit Wochen jeden Tag vorbei.«

Hans sah sich um. »Na ja, jetzt wo du es sagst ...«

»Und findets ihr net auch, dass sich der Russe benimmt, als wär er hier der Chef?«

»Noi, wieso? Er schafft doch wie sonst auch und schwätzt nur, wenn er muss«, sagte Egon.

»Ich hab da so a komisches Gfühl im Ranza ...«

»Oh, Willi hat Gefühle«, lachte Hans. »Sei doch froh, dass Zlatko nicht da ist. Dann kannst du der Anna wieder selber nachsteigen. So ein tolles Weib und noch immer allein. Aber wer weiß, vielleicht ist sie schon vergeben.«

»Red kein Stuss! Sie ist gar net meine Krageweite.«

»Ich würd eher sagen, es ist umgekehrt. Bist du bei ihr nicht auch schon abgeblitzt?«

Willis Augen verengten sich zu schmalen Schlitzen. »Du sollst mich nicht alleweil daran erinnern. Ich krieg mei' Lappen im Oktober wieder, muss nur noch diesen Idiotentest machen.«

»Das dürfte dir ja nicht schwerfallen. Außerdem, laufen soll gesund sein«, bemerkte Hans.

»Ha-ha.«

»Du hast dir da aber auch was geleistet, ehrlich. Besoffen am Steuer, fast zwei Promille, bei Rot durchrasen und dann noch garstig werden, wenn die Polizei einen blitzt und anhält – das kann ganz schön ins Geld gehen. Wie lange bist du jetzt schon per pedes unterwegs? Ein halbes Jahr?«

»Wart's ab. Ich werd mich jedenfalls umhören. Es tät mich schon saumäßig interessieren, wo der Zlatko ist. Und jetzt brauch ich was zum Essen.« Er überflog die handgeschriebene Tageskarte. »Des glaubsch ja net! Koi Zwiebelrostbraten. Maultaschen auch net. Kässpätzle mit gmischtem Salat, Spätzle mit Soß, Flädlesubb, gfüllte Champignons, überbackne Tomaten mit Reis, Laugeweckle mit Reddich … no mehr Hasenfutter! Da verhungersch ja schon beim Hingucken.« Er drehte sich um und winkte Boris zu sich. »Was soll jetzt des?« Er tippte auf die Karte.

»Stimmt etwas nicht damit?«, fragte Boris.

»Des will ich meinen! Koi Fleisch, koi Fisch, lauter Grünzeug …«

»Ja, ist gesund und gut für die Figur. Was darf es denn sein?«

Willi plusterte sich auf. »Ich will koi gute Ratschläg, sondern was Gscheits zum Esse!« Er trank seinen Trollinger auf ex und hielt Boris das Glas hin. »Bring uns noch a Runde, geht auf mich.«

»Tut mir leid, daraus wird nichts.«

»Ha, des wollemer ja sehen. Ich red gleich amol mit der Chefin …«

»Geht nicht, sie ist beschäftigt. Wenn Sie wieder anschreiben lassen wollen, müssen Sie schon mit mir reden. Ich mache die Kasse. Jetzt gibt es jedenfalls nichts mehr. Sie haben genug getrunken. Also …« Boris baute sich vor Willi auf und sah ihm sekundenlang in die Augen. Dann nahm er das Glas und ging.

»Der Lombaseggl! Ich glaub, ich spinn«, knurrte Willi und schnaubte wie ein spanischer Stier. »Wart no, ich kann auch anders …«

Egon und Hans sahen ziemlich betreten drein. »Komm, Willi, reg di net auf, des lohnt sich doch net«, versuchte Egon die Situation zu entschärfen.

»Was ist dir bloß über die Leber gelaufen? Du hast da vorhin schon was angedeutet von wegen letzter Nacht?«, fragte Hans.

»Lass mich grad in Ruh, ich muss nachdenken«, sagte Willi leise.

Hans trank sein Glas leer und sammelte die Karten ein. »Ich geh jetzt heim. Es ist schon spät, außerdem gefällt mir das Wetter nicht mehr.«

»Nimmst mich mit?«, fragte Egon und winkte Boris heran.

Sie zahlten, klopften auf die Tischplatte und gingen. Willi hob nicht einmal den Blick. Er blieb noch eine Weile unbeweglich sitzen, stand dann abrupt auf und sah zu Boris hinüber, der gerade mit einem Tablett an ihm vorbeiging.

»Ich kann auch anders, ganz anders …«, murmelte er und verließ die Terrasse in Richtung Straßenbahn.

Am Spätnachmittag schlug das Wetter um. Der Wind frischte auf und wurde immer stärker. Der Himmel leuchtete erst violett-orange, bald darauf bedrohlich grün, bleigraue Wolken schoben sich übereinander. Dann zerschnitten Blitze den Himmel und schlugen mit ohrenbetäubendem Donnern ein. Fensterscheiben klirrten. Schwere Regentropfen klatschten auf den Boden. Ein paar Minuten später durchschlugen haselnussgroße Hagelkörner die Baumkronen und hüpften umher wie Tischtennisbälle. »Kitzebeile!«, schrie jemand. Anna und mehrere Gäste hetzten mit hochgezogenen Schultern hin und her, trugen das Geschirr in die Küche und hinterließen eine Spur aus Salatblättern und Servietten. Als ein Blitz in unmittelbarer Nähe des Lokals einschlug, flüchteten sie nach drinnen und drängten sich fröstelnd mit den anderen im Gastraum. Alle wollten auf einmal bezahlen. Boris kassierte und fluchte auf Russisch. Kinder bibberten in ihren triefend nassen Kleidern, ein halbwüchsiges Mädchen klimperte auf dem Klavier »I'm singing in the rain«, unter den Tischen winselten zwei Hunde. Draußen kippten Sonnenschirme um, Plastikstühle tänzelten um die Tische. Die Kastanienbäume ächzten und knarrten im Wind. Auf dem See vertrieb der Sturm die letzten Jollensegler und Windsurfer wie lästige Fliegen. Ein paar unerschrockene Ausflügler rannten über die Wiese zu den Parkplätzen, bepackt mit Kleinkindern, Körben und Decken.

Nach einer Stunde war der Spuk vorbei. Die Gäste stapften in den nachlassenden Regen hinaus, hüpften über Pfützen zu ihren Autos. Auf den Wiesen und der verwüsteten Terrasse lag eine zentimeterdicke Schicht Hagelkörner.

* * *

»Was für ein Tag«, sagte Anna müde. Sie saß am Küchentisch und rauchte. Vor ihr stand eine fast leere Kaffeetasse. Sie hatten die Küche aufgeräumt, die Stühle im Gastraum auf die Tische gestellt und den Boden gewischt.

Boris zählte die Tageseinnahmen und schob das Geld in die Tischmitte. Anna zählte es nach und ließ einen Fünfzigeuroschein liegen.

»Dein Trinkgeld«, sagte sie.

»Danke, aber ich will es nicht. Heute war der Umsatz sowieso miserabel. Kein Fisch, kein Fleisch, und dann das Gewitter … Außerdem müssen wir über meinen Arbeitsvertrag sprechen.«

»Was gibt es da groß zu besprechen? Du bist dabei, okay? Jetzt sowieso. Morgen rufe ich meinen Steuerberater an.«

Boris nahm seine Brille ab und wischte sich über die Augen. »Gut. Bin einverstanden, aber unter einer Bedingung.«

»Und die wäre?«

»Umsatzbeteiligung, ab Januar. Bis dahin überlege ich mir noch ein paar Sachen. Aus dem Laden kann man einiges mehr herausholen. In den Wintermonaten könnten wir zum Beispiel hier Musikabende veranstalten. Ich kenne einige gute Jazzmusiker. Oder Lesungen. Ich kenne …«

»Hey, hey, nicht so schnell.«

»Man muss doch an die Zukunft denken, oder?«

»Wie meinst du das?«

»Abwarten und Kaffee trinken.« Er nahm ihre Tasse und räumte sie in die Spülmaschine. »Denk darüber nach. Ich gehe jetzt nach Hause.«

»Gute Nacht dann.« Sie stand auf.

»Du siehst müde aus. Lass das Auto stehen, ich rufe dir ein Taxi.«

»Nein, nein, danke, geh nur. Ich räum den Rest auf und schließ dann ab.«

Boris holte seine Jacke aus dem Abstellraum und zog sie über. »Du solltest mit diesem Willi nicht so nachsichtig sein. Er hat immer noch nicht seine Schulden bezahlt, inzwischen sind es über hundert Euro. Er war heute wieder total zu.«

»Ach, er tut mir irgendwie leid. Frau weg, Führerschein weg, Job weg. Dann die Kosten für den Rechtsanwalt und die Geldstrafe … Er rappelt sich bestimmt wieder auf. Außerdem sind seine Eltern mit meinen befreundet.«

»Du bist viel zu gutmütig. Er braucht einen Tritt in den Hintern, kein Mitleid.«

»Mag sein. Trotzdem. Ich rede mit ihm.«

»Er war heute sehr wütend auf mich.«

»Er ist im Grunde seines Herzens ein guter Kerl.«

»Er ist ein Säufer. Aber egal, du musst es ja wissen.«

* * *

Nachdem Boris gegangen war, legte Anna das Geld in eine Kassette und schloss sie im Tresor unter der Theke ein. Sie knipste die Lichter im Gastraum und auf der Terrasse aus und schloss die Eingangstür ab. Dann ging sie in den Abstellraum, warf die schmutzige Schürze in den Wäschekorb und holte sich ihre Sommersandalen. Gerade als sie mit der winzigen Schnalle am linken Fußgelenk kämpfte, hörte sie, wie die Hintertür der Küche aufging und gleich darauf leise ins Schloss fiel.

»Hast du etwas vergessen?«, rief sie.

Keine Antwort.

»Boris? Bist du es?« Sie ging in die Küche, die Sandale immer noch in der Hand.

Zwischen Herd und Tisch stand Willi. Er schwankte leicht. »Pssst«, er hob den Zeigefinger an seinen Mund, »net so laut …«

»Was willst du denn hier?«

»Nix, bloß a Schwätzle.«

»Um diese Uhrzeit? Ich wollte gerade gehen. Soll ich dich heimbringen?«

»Später vielleicht. Erscht amol bin ich dran, klar?«

»Willi, komm, sei friedlich. Das mit der Zeche regeln wir schon. Aber morgen, okay?«

»Des geht auch gleich … Ich hab's net eilig, steh voll zu deiner Verfügung.«

»Willi, es ist spät … Ich bin wirklich sehr müde.«

»Ich tät dich gern ins Bett bringa …«

»Jetzt schlägt's aber dreizehn! Was soll das werden?«

Willi kam näher und raunte: »Des frogsch no? Ich sag dir's: Ab jetzt wird gmacht, was ich will, kapiert? Sonst …«

»Sonst was?«, fragte Anna mit fester Stimme und sah sich um. Ihre Tasche mit dem Handy lag noch im Abstellraum. Sie überlegte fieberhaft, wie sie, ohne Willi noch mehr in Rage zu bringen, Boris erreichen könnte. Er war sicher noch nicht weit weg.

»Ich hab euch gsehen, letzte Nacht, unten am Wasser. A Wort von mir, und ihr seid beide dran.« Er kicherte.

Anna starrte ihn an. »Was hast du denn gesehen?«

»Jetzt tu net so ohschuldich. Du bisch am Steuer gsesse, und dein Russe hat die Drecksarbeit erledigt.«

Anna machte einen vorsichtigen Schritt rückwärts. Willi packte sie unsanft am Handgelenk und zog sie an sich. Sie schob ihn weg, seine Fahne nahm ihr den Atem.

»Wie habt ihr's eigentlich gmacht? Habt ihr ihn hier abgmurkst und dann … ab in den Sack?«

»Wovon redest du?«

»Des woisch du ganz genau! Ist dein russischer Bär so eifersüchtig, dass er Zlatko aus dem Weg räumen musste? Komm, sag's mir.«

»Du hast einen Vogel!« Anna befreite mit einem Ruck ihr Handgelenk und stieß Willi von sich. Er taumelte und prallte gegen die Arbeitsplatte. »Was hab ich mit dem Verschwinden von Zlatko zu tun?«

Willi grinste böse. »Ich sag kein Wort, ehrlich. Aber ich will was dafür. Umsonst ist der Tod. Net viel. Das sollt doch für dich kein Problem sein. Wär allemal besser als lebenslänglich, oder?«

Anna brach in schallendes Gelächter aus. »Das wird ja immer schlimmer!« Dann drehte sie sich auf dem Absatz um, eilte in den Nebenraum und schnappte sich ihre Handtasche.

Mit drei Schritten war Willi bei ihr und versperrte den Weg zur Tür. Er schnaubte und ballte die Fäuste.

»Jetzt – reicht – es – aber! Setz dich hin. Sofort!«, brüllte Anna ihn an.

Willi zuckte zusammen und wollte sich auf sie stürzen. Anna wich aus, und der Schwung trug ihn durch die offene Tür in den Abstellraum, wo er der Länge nach hinschlug. Anna atmete schwer. »Und jetzt geh endlich, sonst ruf ich die Polizei.«

»Wenn hier einer die Bullen ruft, dann ich.« Willi rappelte sich hoch und hielt sich am Türrahmen fest.

»Willi, bitte geh heim. Es ist nicht so, wie du denkst …«

»Red keinen Stuss! Du und dein Russe …«

»Er ist nicht mein Russe!«

»Und wieso glotzt er dich immer so verliebt an? Und macht sich unentbehrlich, und wo ist der Zlatko hin? Na? Sag's doch.«

»Woher soll ich das wissen? Raus jetzt!«

»Der ist nämlich tot.«

»Was?«

Willi nickte finster. »Ja ja, ich weiß Bescheid. Dein Super-Boris hat ihn erschlagen oder erstochen oder erwürgt ... was weiß ich.«

»Du spinnst doch ...«

»Und dann hend ihr's mit der Angst kriegt, klar, seine Leiche musste weg. Also hend ihr ihn fein säuberlich in Stücke zerlegt«, Willi zog mit dem Zeigefinger waagrecht über seine unrasierte Kehle, »und dann ab in den Plastiksack ... Soll ich weiterreden?«

»Ich fasse es nicht! Du hast zu viele Horrorfilme gesehen!«

Willi packte Anna an den Schultern, zog sie an sich und wollte sie küssen. »Nur ein Wort von mir, und ihr seid dran. Also ...«

Weiter kam er nicht. Anna holte aus und zog ihm mit voller Wucht zwei, drei Mal die Sandale über den Schädel, die sie immer noch in der Hand hielt. Er sackte in sich zusammen und blieb liegen.

Keuchend sah sie auf ihn hinunter. Seine Augenlider flatterten, aus der Kopfwunde sickerte ein dünnes Rinnsal Blut.

»Scheiße. Willi? Hallo?« Sie beugte sich über ihn, ertastete seine Halsschlagader, spürte ein kräftiges Pochen. »Menschenskinder aber auch!« Sie rannte zum Arzneischrank, holte Gazetupfer und Alkohol, desinfizierte die Wunde und klebte ein dickes Pflaster darauf. »Was bist du nur für ein Dackel«, sagte sie immer wieder.

Als er nach einer Weile die Augen öffnete und sich aufzurichten versuchte, lehnte sie ihn gegen das Regal mit Putzeimern und Geschirrtüchern, gab ihm einen Schluck Wasser zu trinken und befahl ihm, sich nicht von der Stelle zu rühren.

Dann rief sie endlich Boris an.

* * *

Zwanzig Minuten später saßen sie zu dritt in der Küche. Willi schwieg und hielt sich den Kopf.

»Du wolltest Anna erpressen?«, fragte Boris ungläubig.

Willi zuckte mit den Schultern.

»Womit denn?«

»Er dachte, wir hätten Zlatko umgebracht und im See versenkt.«

Boris' Mundwinkel zuckte, dann schlug er sich mit der flachen Hand an die Stirn. »Ach, jetzt fällt mir ein, was ich dir schon den ganzen Tag sagen wollte. Zlatko und Mira wollen nächsten Monat heiraten. Er ist nach Hause gefahren, um die Papiere zu holen.«

»Do legscht di nieder …«, murmelte Willi.

»Nicht schon wieder, Willi!«, rief Anna und klatschte in die Hände. »Toll! Mira hat mir kein Wort davon erzählt.«

»Ach so. Und was ist mit Willi? Hast du ihn inzwischen aufgeklärt?«, fragte Boris.

»Ja. Wir haben sogar eine Abmachung getroffen, gell, Willi?«

»Und die wäre?«

»Willi wird zu niemandem ein Wort sagen. Und im Gegenzug zeige ich ihn nicht wegen Zechprellerei, Ruhestörung und versuchter Erpressung an. Er hat schon genug Mist gebaut.«

»Ist das alles?« Boris zog die Augenbrauen hoch.

»Natürlich nicht, gell, Willi?«

Willi hob zum ersten Mal den Blick und nickte.

»Willi ist nämlich Elektriker, oder war es zumindest, bis SEL seine Stelle gestrichen hat. Er wird deshalb morgen meine kaputte Kühltruhe reparieren. Dann fährt er mit mir zum Großmarkt nach Wangen. Ich muss dringend einkaufen – Fisch, Fleisch, Geflügel, Wurstwaren und anderes. Nicht alle Gäste stehen auf meine vegetarische Notküche, gell, Willi? Er hilft mir beim Ein- und Ausladen, und künftig wird er sich hier im Lokal so lange nützlich machen, bis er sein Leben einigermaßen in den Griff bekommen hat.«

Boris schüttelte den Kopf. »Du bist eine verrückte Frau, Anna. Er ist doch ein …«

Sie winkte ab. »Ich bin noch nicht fertig.«

»Was denn noch?«, stöhnte Willi.

»Ihr beide holt den Sack mit dem verdorbenen Fleisch wieder aus dem See und entsorgt das Zeug, aber diesmal regulär.«

Willi und Boris starrten sie an.

»Aber … ich bin Elektriker, koi Froschmann.«

»Macht nichts. Dann wirst du eben einer. Heutzutage muss man flexibel sein, der Arbeitsmarkt ist hart, verlangt Opfer ab. Lebenslanges Lernen, du weißt schon … Oder willst du so weitermachen und von Hartz IV leben oder im Knast landen?«

»Hör schon uff. Ich will heim.«

»Und ich möchte einfach keine Scherereien mit den Behörden, okay? Es war ein Fehler, das Gammelfleisch im See verschwinden zu lassen. Irgendwann kommt doch alles ans Licht.«

»Ich könnt jetzt ein Schnäpsle vertragen«, bemerkte Willi.

Boris holte Gläser und eine Flasche Mirabellenbrand und schenkte ein.

»Eins noch: Ich will nicht wissen, welche Geschichte ihr den Leuten von der Verbrennungsanlage erzählt. Also, lasst euch was Hübsches einfallen. Prost!«

»Nasdrowje!« Boris grinste. »Wir kennen viele gute Geschichten, gell, Willi?«

»Mir kennet alles, auch Russisch, wenn's sei muss.«

Flädlesuppe

Ob als Vorspeise oder Zwischenmahlzeit – Schwaben lieben Suppen. Daher gibt es unzählige Variationen der klassischen Fleischbrühe, der man alles Mögliche beigeben kann: Nudeln aller Art und Form, Schwarzbrot, Kartoffelschnitz, Spätzle, Griesknöpfle, Leberknödel, Leberspatzen oder Flädle (in Streifen geschnittene Pfannkuchen). Viele Varianten dienten ursprünglich der Resteverwertung: »Nur nix verkomme lasse!«

Für eine echt konservative schwäbische Flädlessubb muss man sich Zeit nehmen und die kräftige Fleischbrühe selbst zubereiten. (Falls es schnell gehen muss, lässt sich auch gute Fertigbrühe verwenden.)

Für die Fleischbrühe:
500 g Rindfleisch, 500 g Rind- oder Ochsenknochen
1 geschälte Zwiebel mit 1–2 Gewürznelken spicken
1 Lorbeerblatt
1 gestr. TL Salz
1 Bund Suppengrün (Möhre, Lauch, Sellerie, Petersilie)
2 l Wasser

Das Suppengrün waschen und zerkleinern. Das Fleisch und die Knochen unter fließendem Wasser abspülen und mit dem Suppengrün in kaltem Wasser aufsetzen, salzen. Zum Kochen bringen und bei milder Hitze kochen, gelegentlich den sich bildenden Schaum mit dem Schaumlöffel abschöpfen. Wenn nach ca. 1½ Stunden das Fleisch gar ist, sollten von den 2 Litern 1½ Liter Fleischbrühe übrig sein. Nun alles durch ein Sieb gießen.

Die Brühe in einer Terrine warmstellen. (Je nach Geschmack kann man das Fleisch in Würfel schneiden und mit den Flädle in der Brühe servieren.)

Die Flädle vom Vortag rollen, in dünne Streifen schneiden, Fleischbrühe drübergießen, mit weißem Pfeffer aus der Mühle und etwas Muskatnuss würzen und mit frischem Schnittlauch bestreuen.

Oder frische Flädle bereiten:
½ l Vollmilch
2–3 Eier (je nach Größe)
200 g Weizenmehl
1 Msp. Salz

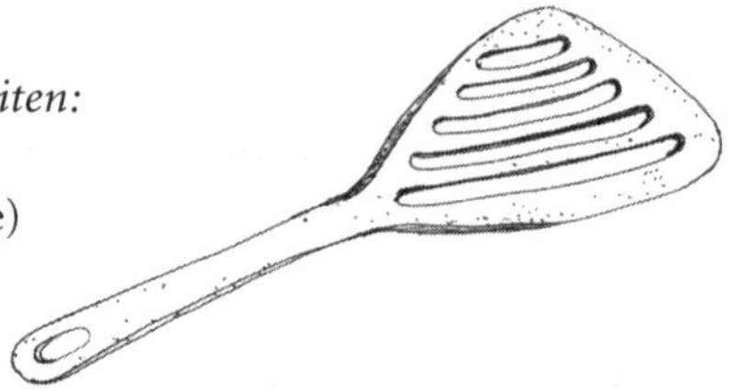

Milch und Eier mit einer Prise Salz verquirlen, Weizenmehl nach und nach dazugeben und glattrühren. Den Teig 15 Minuten ruhen lassen. Danach in einer beschichteten Pfanne mit etwas Butter oder Margarine dünne Flädle auf beiden Seiten goldgelb ausbacken, auf einem Teller stapeln und im Backofen warmstellen. (Wer nicht alle Flädle für die Suppe verwenden möchte, kann sie nach dem Erkalten in dünne Streifen schneiden und portionsweise einfrieren.)

Flädle zusammenrollen, in dünne Streifen schneiden, mit der heißen Fleischbrühe übergießen, mit weißem Pfeffer und Muskat würzen und mit frischem kleingeschnittenem Schnittlauch bestreuen.

Und noch eine köstliche Variante, die »doppelt gebackenen« Flädle:
Auf das gebackene Flädle einige Fleischwürfel legen, das Flädle an den Seiten, oben und unten einschlagen, als wollte man einen Briefumschlag basteln, danach das Flädle-Viereck in einer Mischung aus zwei geschlagenen Eiern, etwas Milch und einer Prise Salz wenden und in einer mit Butter gefetteten Pfanne goldgelb ausbacken. Anschließend wie oben mit Fleischbrühe übergießen, kurz ziehen lassen und heiß servieren. Guten Appetit!

Ulrike Wanner

Neckar-Chutney

»Und?«

Paul schloss die Augen und ließ den Bissen auf der Zunge zergehen. Süß, etwas säuerlich – und etwas scharf. Kaum Salz darin. Aber was genau – unwillkürlich seufzte er. Er bedauerte, dass Marina vermutlich das letzte Mal für ihn gekocht hatte. Denn kochen konnte sie verdammt gut. Nur schade, dass es das Einzige war, was sie wirklich beherrschte. Paul hoffte, dass Jaqueline es wenigstens halb so gut lernen würde. Na ja, sie war ja noch jung.

Die Schärfe musste von Zwiebeln stammen. Und vom Knoblauch. Paul nickte, wurde sich immer sicherer. Ein Anflug von Lächeln umspielte seine Lippen. Bei der säuerlichen Komponente war er sich unschlüssig.

Seit gut drei Monaten besuchte er Marina in regelmäßigen Abständen im vormals gemeinsam bewohnten Haus. Dann aßen sie zusammen und verhandelten im Zuge ihrer Scheidung, wie ihr bis dahin gemeinsames Gut aufzuteilen war. Heute hatte Marina etwas besonders Leckeres zubereitet. Knackige Blattsalate mit weißem Balsamico, knuspriges Weißbrot, kaltes, in hauchdünne Scheiben geschnittenes gekochtes Rindfleisch in Begleitung dieses süß-sauren Chutneys. Dazu tranken sie Prosecco mit Rosensirup. Vom Essen waren nur noch klägliche Reste übrig, vom Prosecco nichts, wobei er von allem deutlich mehr genommen hatte als Marina. Sie feierten, dass sie nun die letzten Details wie vernünftige Leute besprochen hatten. Jedenfalls meistens wie vernünftige Leute. Nur manchmal brach die über Jahre aufgebaute und angestaute Gereiztheit aus ihnen heraus. Vornehmlich, wenn es um Jaqueline ging, wegen der er Marina verlassen hatte. Oder als Paul wie früher half, das schmutzige Geschirr in die Küche zu bringen. Kaum erspähte Marina, dass er die Teller auf der Spülmaschine gestapelt hatte, statt sie hineinzustellen, legte seine Bald-Exfrau los. »Wie immer! Wenn deine Neue dir hinterherräumt – bitte. Aber ich nicht mehr!« Verdammt, er hätte es wissen müssen. Über das Thema ›in oder auf die Spülmaschine‹ hatten sie weiß Gott oft genug gestritten. Er verstand nicht, wie man sich darüber so aufregen konnte. Damit sich Marina wieder beruhigte, griff er zum Spüllappen und wischte den Tisch ab. Was ihr wegen irgendwelcher mikroskopisch kleiner Krümel natürlich wieder nicht sauber genug war. Entnervt verließ Paul das Esszimmer und stolperte über Marinas Hausschuhe. Was ihn insgeheim freute, da ihr Genörgel auf seinen strafenden Blick hin augenblicklich verstummte. So oft sie sich über Krümel und Geschirr beschwerte, so oft ärgerte er sich über ihre Schuhe. Marina ging gern barfuß oder in Strümpfen. Sie streifte ihre Schuhe ab, wo sie sich gerade befand, und ließ sie liegen. Meist mitten im Zimmer.

Bei den nächsten Treffen wurden diese Faux pas nicht mehr erwähnt. In unausgesprochener Übereinstimmung konzentrierten sie sich aufs Essen, plauderten über die Malerei der Klassischen Moderne, lästerten über die Planungen rund um den Stuttgarter Bahnhofsneubau und kamen sich dabei seltsamerweise wieder näher.

Und wie am Anfang ihrer Ehe überraschte sie ihn mit neuen Eigenkreationen, deren Zutaten er herausschmecken musste. Um beim Zutatenquiz besser abzuschneiden, hatte Paul damals gelegentlich die Küchenschränke und die Kühltruhe auf Hinweise möglicher Komponenten des Mahls durchsucht. Als Marina ihn einmal erwischte, wie er ein bisschen zu unauffällig im Altpapier die Aufdrucke auf Lebensmittelverpackungen studierte, verbannte sie ihn fortan ins andere Stockwerk oder in den Garten, bis das Essen serviert war. Bei manchen Mählern hatte sie ihm sogar die Augen verbunden und ihm die Bissen unter die Nase gehalten, bis er glaubte, den Geruch erkannt zu haben. Dann fütterte sie ihn. Wenn sie partout nicht glaubte, dass etwas nach Ingwer schmeckte, musste er ihr den Beweis liefern und eine Probe davon auf ihre Zunge bringen. Dabei waren sie regelmäßig im Bett gelandet – wenn sie es überhaupt bis ins Schlafzimmer schafften.

Paul rief sich zur Ordnung und konzentrierte sich auf die Gegenwart. Ingwer. Wie damals. Ja, die Schärfe stammte nicht nur von Zwiebeln und Knoblauch, sondern auch von Ingwer.

Er öffnete die Augen, begegnete Marinas gespanntem Blick. Da war wieder dieses Glitzern. Wie damals. Überhaupt schien ihm Marina seit ein paar Wochen seltsam verjüngt. Oder kam es ihm nur so vor, weil er sich seit neustem so alt fühlte? Seine Geheimratsecken wuchsen mit erschreckender Geschwindigkeit, und er fühlte sich oft schlapp und benommen. Es musste am Stress liegen. Dazu der Trubel in der Kanzlei, Jaqueline stellte Ansprüche an ihn, und dann noch die seit Wochen anhaltende Hitze, die ihn lähmte.

»Und?«, wiederholte Marina. Sie schien es kaum auszuhalten. »Was ist drin?«

»Zwiebeln, Knoblauch, Ingwer. Für die Süße sorgt Mango, für die Säure – da bin ich mir nicht sicher.«

»Streng dich bitte ein bisschen an.« Das Glitzern wich einem Schmollmund. »Es ist nichts Ungewöhnliches. Du müsstest darauf kommen.«

Paul wischte sich den Schweiß von der Stirn. »Es tut mir leid. Der Morgen war ziemlich stressig. Dringende Termine bei Gericht, und die Mandantschaft kapiert einfach nicht, worum es bei ihrem Fall wirklich geht. Dabei habe ich es schon x Mal lang und breit erklärt.« Er nahm noch einen Löffel vom Chutney. Großer Gott, dachte er, ich muss sie bei Laune halten, bis alles unterschrieben ist.

Als Scheidungsanwalt erlebte er mit, wie hässlich die meisten Prozesse abliefen. Wie die Ehepartner alles Mögliche und Unmögliche benutzten, um sich am anderen zu rächen. Beim Zutatenquiz war Marina immer selig gewesen, wenn er alles erriet. Und gerade jetzt hing so viel von ihrer Laune ab. Bisher lief alles nach Plan. Aber keine ihrer Vereinbarungen war unterschrieben. Mit einer wütenden Marina war nicht zu spaßen. Dann machte sie aus einer Mücke einen Elefanten und blieb tagelang ungenießbar. Wie er das hasste. Wenn sie sich jetzt aufregte, waren die Folgen absehbar: eine Wiederholung der alten Vorwürfe wie ›du nimmst mich nie ernst‹, ›dir war schon immer alles andere wichtiger als ich‹, bla, bla, bla. Dann begann die ganze Auseinandersetzung von vorn – aber höchstwahrscheinlich als Schlammschlacht. Nur um ihn zu ärgern, würde sie das so aufziehen. Denn Paul legte großen Wert auf Diskretion. Und er wusste sehr genau, wie viele Leute sticheln oder ihm hämisch seine eigenen Mahnungen zur Besonnenheit und Großzügigkeit bei Scheidungen vorhalten würden.

»Wenn du so gar nicht drauf kommst, helfe ich dir. Es ist wie gesagt keine ungewöhnliche Zutat.« Marina sah ihn abwartend an. »Fühlt sich deine Zunge vielleicht ein bisschen pelzig an?«

Verflucht, dachte Paul, keine ungewöhnliche Zutat, pelzige Zunge – was zum Teufel soll das sein?

»Pelzig stimmt.« Er griff nach seinem Wasserglas und nahm einen langen Zug. Um Zeit zu schinden, bat er: »Könntest du bitte den Sonnenschirm aufspannen?«

Zu seinem Erstaunen ging Marina prompt ins Haus, um ihn zu holen.

Die Terrasse lag seit geraumer Zeit in der prallen Sonne. Lähmende Hitze hatte sich ausgebreitet. Vom Neckar, der in einer Schleife direkt am Grundstück vorbeifloss, kam nicht der leiseste Windhauch. Alle Welt hatte sich an schattige Plätze zurückgezogen. Nicht einmal die unermüdlichen Weingärtner vom Zuckerberg gegenüber ließen sich bei diesem Sonnenstand blicken. Nur ein Lastkahn oder eines der Linienschiffe, die zwischen Marbach und Cannstatt verkehrten, tuckerte gelegentlich vorbei. Wer konnte, war dem stickigen Stuttgarter

Kessel entflohen und in die Ferien gefahren. So wie Marinas Nachbarn. Ihr selbst konnte es nie sonnig und heiß genug sein, er bevorzugte Schatten und frühlingshafte Temperaturen.

Marina brachte den Schirm heraus und stellte ihn so, dass Paul trotz wandernder Sonne noch bis mindestens nach dem Dessert im Schatten saß. Bevor sie zu ihrem Platz zurückkehrte, blieb sie hinter ihm stehen, legte die Arme um seinen Hals und gab ihm einen leichten Klaps auf den Bauch. »Du hast zugenommen. Joggst du nicht mehr?«

Was sollte dieser Unterton?

Herrgott, ja, es schien wohl etwas dran zu sein. Immer, wenn er auf die Waage stieg, rückte der Zeiger eine Idee weiter nach rechts. Was sollte er denn noch machen? Trotz der vielen Arbeit ging er regelmäßig joggen. Seit Jahren. Er brüstete sich gerne damit, länger und schneller laufen zu können als viele Jüngere. Er trainierte bei jedem Wetter. Auch das hatte Marina oft geärgert. Wenn du nicht in der Kanzlei bist, rennst du durch den Wald. An mir bleibt der Haushalt hängen. Wenn es gut läuft, darf ich die Gattin spielen und beim Juristenball oder in der Oper repräsentieren, pflegte sie zu nörgeln. Nur beim Kochen hatte sie immer auf der klassischen Rollenverteilung bestanden. Er hätte gerne ein bisschen gebrutzelt, wenn sie das Gemüse geputzt und alles ansprechend hergerichtet hätte. So wie man es in diesen Kochsendungen immer sah. Aber dagegen hatte sie sich immer mit Händen und Füßen gesträubt. Dieser Frau konnte man es nicht recht machen. Ganz anders Jaqueline. Sie bewunderte nahezu alles, was er machte. Die neue Frauengeneration wusste eben wieder, dass eine Frau eine Frau und ein Mann ein Mann war. Nur die verkorksten Jahrgänge, die geglaubt hatten, sich wovon auch immer emanzipieren zu müssen, hatten diese einfache Tatsache nie kapiert.

Er winkte ab. »Das eine Kilo habe ich ruck, zuck wieder runter.«

Ihr kritischer Blick haftete auf ihm. »Du siehst müde aus. Schläfst du nicht genug?«

»Doch«, versicherte er schnell. Dabei schlief er in den letzten Wochen zunehmend schlechter und viel zu wenig. Auch das Laufen fiel ihm immer schwerer. Noch nie hatte er sich so überwinden müssen. Na ja, dachte er, bald ist es vorbei. Wenn die Scheidung erst durch ist und Jaqueline und ich unsere neue Wohnung bezogen haben, wird es wieder ruhiger.

»Was ist jetzt mit dem Chutney?«, fragte sie freundlich.

»Hm, es könnte …«, murmelte er und leckte seinen Löffel ab. Wenn er bloß wüsste, was diesen säuerlichen Geschmack hervorrief.

»Noch ein Tipp: Ich habe etwas reingetan, das ich noch nie verwendet habe.«

Das sollte ihm helfen?

»Ach so?«, fragte er so zuversichtlich wie möglich.

»Was ziemlich Gängiges.«

Guter Gott, grummelte Paul in sich hinein. »Granatapfel!«, riet er aufs Geratewohl.

Seinen hoffnungsvollen Blick erwiderte Marina mit einem Lächeln. Einem kühlen Lächeln. »Ist das dein Ernst?«

Paul stöhnte. »Ich habe einfach zu viel in mich hineingestopft. Dein Essen ist unwiderstehlich, woraus es auch besteht. Ich muss es mir immer weiter einverleiben, bis ich fast platze. Ich brauche eine Pause. Das ist alles. Und etwas Abkühlung.«

Marina überlegte kurz. »Gut. Leg dich in die Hängematte am Apfelbaum. Ich mache uns solange Espresso.«

Paul nickte matt und schleppte sich entlang der mannshohen Heckenrosen durch den Garten Richtung Neckar. Marina hatte die Sträucher gepflanzt, um den hohen Lattenzaun zu verdecken. Auf Pauls Betreiben brachte ihn der Besitzer der anderen Haushälfte vor etlichen Jahren an, um den Hund fernzuhalten. Der Nachbar auf der gegenüberliegenden Seite baute ungefähr zur gleichen Zeit auf der Grenze einen Schuppen und ein Gerätehäuschen. Marina nagelte eine Reihe windschiefer Rankgerüste für Kletterrosen und Clematis daran. Auf diese Art entstanden grüne Wände, die den Garten über die komplette Länge bis zum Neckar abschotteten.

Marina betonte, dass Einbrecher nur noch von der Straße oder vom Fluss her kommen konnten. Aber dass Langfinger mit dem Boot kamen, entbehrte jeder Wahrscheinlichkeit. Die Begrenzung zur Straße bildeten das Haus und die angebaute Garage, deren Tür zum Garten immer abgeschlossen war.

Paul fühlte sich zu kraftlos und unkonzentriert, um das Rätsel um den sauren Geschmack zu lösen oder sich etwas Besänftigendes auszudenken, falls er nicht dahinterkam. Später, beschloss er. Ein Päuschen, dann fällt mir schon was ein. Er legte sich in die Hängematte. Durch das sanfte Wiegen und das leise Geräusch träger Wellen, die an die Uferböschung schwappten, fielen ihm bald die Augen zu. Irgendwann glaubte er, ein Murmeln zu hören: »Es wirkt schon.«

Paul riss die Augen auf und Marina zuckte zurück, als hätte er sie bei etwas Verbotenem ertappt. Er setzte sich so abrupt auf, dass er beinahe aus der Hängematte fiel.

»Was«, er musste sich räuspern, »was hast du eben gesagt?«

»Leg dich lieber wieder hin.« Sie lächelte ihn zuckersüß an.

»Wie hast du das gemeint – es wirkt schon?«

»Du zeigst schon alle Symptome. Haarausfall, zunehmende Apathie, Schweißausbrüche, Konzentrations- und Schlafstörungen.«

»Ich habe doch gerade geschlafen«, protestierte Paul.

»Na und? Ich kenne dich. Du bist insgesamt völlig übermüdet. Und dazu hast du eine pelzige Zunge.« Sie sah ihn liebevoll an. »Es dauert nicht mehr lange.«

»Was?« Er starrte sie fassungslos an. »Du – du hast«, der Rest des Satzes wollte nicht über seine Lippen.

»Was dachtest du denn?« Marina nickte freundlich. »Ich wusste, dass du die wichtigste Zutat nicht schmecken würdest.«

»Welche?«, fragte er tonlos.

»Paul«, sagte sie mit mildem Tadel. »Arsen natürlich. Ich konnte nie so richtig glauben, dass Arsen geschmacksneutral ist. Aber es scheint zu stimmen. Und du selbst hast mir von einem ähnlichen Fall erzählt. Das war damals das beherrschende Thema beim Anwaltsstammtisch.« Ein verächtlicher

Blick traf ihn. »Du hättest dir wenigstens ein Mal deine eigenen Geschichten merken sollen. Jetzt ist es zu spät.«

Paul grub angestrengt in seinem Gedächtnis. Vor etlichen Jahren hatte eine Frau ihren Mann allmählich mit Arsen vergiftet. Er hatte an allen Symptomen gelitten, die Marina eben aufgezählt hatte. Die Mörderin war damals nur durch Zufall entdeckt worden.

Sein Herz raste. »Das ist nicht wahr! Das *kann* nicht wahr sein!«

Marina war jetzt die Freundlichkeit in Person. »Genau das dachte ich auch, als die Anwältin die Abmachungen zwischen uns gelesen hatte. Sie sagte mir klipp und klar, dass ich dabei über den Tisch gezogen werde. Wir haben das eine abgemacht, und du hast das andere formuliert. Raffiniert anders formuliert, aber für einen Spezialisten klar erkennbar.«

»Welche Anwältin?« Paul rollte sich jäh auf die Seite und plumpste aus der Hängematte. »Hast du deinen Vertreter gewechselt?« Er rappelte sich mühsam auf.

»Nein. Aber nur um dich in Sicherheit zu wiegen. Aus Erfahrung weiß ich, wie ihr Stammtischbrüder in solchen Angelegenheiten zusammenhaltet. Deshalb konsultierte ich zusätzlich eine deiner Kolleginnen.« Sie warf ihm einen prüfenden Blick zu. »Den Typen brauche ich ja nicht mehr lange.«

Paul verschwamm alles vor Augen. Sein Plan war durchschaut und in seinem Körper verteilte sich eine tödliche Dosis Gift. Er hatte nie Verdacht geschöpft, da Marina das Essen immer auf Tellern servierte. Wie im Restaurant. Und mindestens so verführerisch angerichtet. So hatte sie ihn eingelullt und kam selbst nicht in Gefahr. Es musste doch ein Gegenmittel geben! Oder irgendeine Art von Hilfe! Panisch sah er sich um, setzte zur Flucht an. Der einzige Weg zur Straße führte durchs Haus.

»Quäl dich nicht unnötig. Ich habe die Tür zum Treppenhaus abgeschlossen und den Schlüssel sicher deponiert, bevor ich den Sonnenschirm gebracht habe.«

Er musste hier weg. Sein Handy befand sich im Auto, weil

sich Marina Störungen während ihrer Treffen verbeten hatte. Um das Grundstück herum lag alles verlassen, nirgends regte sich eine Seele. Nur zwei Jachten schossen mit dröhnenden Motoren flussabwärts, gefolgt von einem gemächlichen Linienschiff.

Marina ging einen Schritt auf ihn zu. »Schrei, wenn du noch kannst. Die Nachbarn sind im Urlaub. Und sonst hört dich garantiert keiner.«

Paul stieß sie zur Seite und hetzte zum Ufer, wo üblicherweise das Ruderboot lag. Es war verschwunden. Wieso hatten sich diese blöden Nachbarn nie eins angeschafft?

»Verdammt«, fluchte Paul.

Er sah zum Linienschiff, fuchtelte mit den Armen und schrie so laut er konnte um Hilfe. Die Ausflügler winkten freundlich zurück, knipsten einige Fotos und wandten sich wieder ab.

Marina beobachtete hämisch die Szene.

Himmelherrgottnochmal! Auf der anderen Seite des Neckars, oberhalb des Weinbergs, wohnte sein Freund Harald, ein Arzt. Seit er nicht mehr praktizierte, verbrachte er jede freie Minute in seinem Garten. Bis zu ihm würde er es schaffen. Er musste einfach, auch wenn er seit Jahrzehnten nicht mehr geschwommen war. Paul riss sich die Schuhe von den Füßen.

Marina taxierte ihn kalt. »Wenn du zu Harald willst – schwimm ruhig. Aber zieh dich wenigstens vorher aus. In nassen Kleidern schaffst du es mit deiner Wampe nie.«

Dieses Aas! Aber sie hatte recht. Wie der Blitz streifte er sein Poloshirt und die Hosen ab und sprang ins Wasser. Der jähe Temperaturwechsel raubte ihm für einen Moment den Atem. Er war sicher gewesen, dass sich der Fluss über den Sommer stärker aufgeheizt hatte. Hektisch strampelte er ein Stück Richtung Flussmitte, drosch mehr auf das Wasser ein, als dass er kraulte, schluckte Wasser, spie es aus, hustete, drosch weiter. Eine Ewigkeit später hatte er den Neckar nicht einmal zu einem Drittel durchquert. Japsend und prustend ließ er sich von der Strömung treiben, versuchte, gleichmäßig zu atmen und seinen Puls zu beruhigen. Aus dem Augenwinkel sah er sich nach

Marina um. Sie stand mit verschränkten Armen am Ufer. Noch. Er musste schneller sein. Sie durfte ihn nicht einholen. Wenn er die Flussmitte erreicht hätte, würde sie mit dem Auto das kurze Stück auf die andere Seite fahren und versuchen, ihm den Weg zu Harald abzuschneiden. Trotzdem gab es genug Möglichkeiten zu entkommen. Wichtig war nur, das andere Ufer zu erreichen. Dort würde er einen Autofahrer anhalten oder besser noch durch den Weinberg verschwinden oder – Paul tauchte unter, schluckte Wasser. Heftig strampelnd kam er wieder hoch, schwamm weiter. Im Neckar ist Baden verboten, schoss ihm durch den Kopf. Es soll gesundheitsschädlich sein.

Sein Herz schlug wie wild. Er keuchte. Er ignorierte das Engegefühl im linken Brustkorb, das bis zum Arm ausstrahlte. Das Ufer schien keinen Zentimeter näher zu kommen. Wieder sah er zurück und erschrak. Mit kräftigen Zügen glitt ein Ruderboot durchs Wasser. Marina! Woher hatte sie plötzlich das Ding? Das Engegefühl wurde unerträglich. Paul presste die Hände auf sein Herz, dann verlor er das Bewusstsein.

»Sie konnten nichts mehr für ihn tun.« Bedauernd sah die junge Polizistin Marina an. Wo Paul vor kurzem das Ruderboot gesucht hatte, legte gerade das Motorboot der Rettungstaucher ab. Unter dem Apfelbaum packten die Sanitäter neben Pauls ordentlich gefalteten Kleidern ihre Sachen zusammen.

Marina ließ sich auf einen Stuhl sinken. »Er wollte ja nicht hören. Ich habe ihn gewarnt. So direkt nach dem Essen. In der Hitze. Aber ich konnte doch keinen Notruf absetzen, bevor etwas passiert war. So schnell wie möglich nahm ich das Boot der Nachbarn und ruderte ihm nach.« Marinas umflorter Blick folgte dem Sarg, der an ihnen vorbeigetragen wurde.

»Es ist eine reine Formalie«, begann die Polizistin zögernd. »Aber wir werden eine Obduktion veranlassen. Der Arzt unterschreibt den Totenschein nicht, solange er nicht weiß, was die genaue Ursache war.«

Marina starrte sie an und nickte mechanisch.

Die Sonne stand jetzt deutlich tiefer. Eine Brise strich über den Neckar, wiegte das Ruderboot an seinem angestammten Platz unter den Zweigen der Trauerweide an der Uferböschung sacht hin und her.

Marina saß gegen den Stamm gelehnt und löffelte die Reste des Chutneys aus dem Glas. Sollen sie seine Leiche untersuchen, dachte sie. Sie werden kein Arsen finden. Ich bin doch nicht blöd. Damit mordet heutzutage kein Mensch mehr. Wie günstig, dass ich mich im Frühjahr mit Harald unterhalten habe. Er erzählte, dass Paul kurz vor einem Infarkt stand. Wenn er seinen Stress nicht deutlich reduzierte, würde er nicht mehr lange leben. Eine gründliche Recherche über Infarkte, das Boot hinter der Flussbiegung verdeckt von Büschen anbinden, Hitze, Alkohol, ein voller Magen, ein Märchen über Arsen, kaltes Wasser, und schon … Ja, die Mischung macht's. Marina leckte genießerisch den Löffel ab. Dieses Chutney ist mein Meisterstück. Das pelzige Gefühl auf der Zunge verursacht Rhabarber. Typisch für Paul, dass er nicht drauf gekommen ist.

Mango-Rhabarber-Chutney

1 kg Rhabarber
1 Mango
400 g Zwiebeln
2–3 Knoblauchzehen
200 ml Weißweinessig
1 gehäufter TL Ingwer
Salz
Chili

Rhabarber schälen, in sehr kleine Stücke schneiden. Mit dem Essig kurz aufkochen. Zwiebeln würfeln, Mango kleinschneiden, Knoblauch pressen und den Ingwer fein wiegen. Alle Zu taten zum Rhabarber geben und das Ganze auf kleiner Flamme dicklich einkochen. In fest verschließbare Gläser füllen.

Schmeckt zu Rindfleisch oder Reh.

Anita Konstandin

Dampfnudla-Buaba

Er hatte sich sein Lieblingsessen gewünscht, und das sollte er auch bekommen. Margret stellte die Platte mit den Dampfnudeln, die in einer dicken Vanillesoße badeten, auf die Grabplatte.

»Mahlzeit!«, sagte sie und rupfte ein Wildkraut heraus, das sie früher *Unkraut* genannt hätte, aber wegen des Untermieters hatten die Dinge neue Namen und Bedeutungen bekommen und sowieso hatte sich alles verändert, seit er aufgekreuzt war …

Es war so schön gewesen. Raphael Fehrle war im ersten Stock links eingezogen, in das große Zimmer mit Nasszelle, wo früher Tochter Monika mit ihren Meerschweinchen gehaust hatte. Jetzt wohnte sie in Zuffenhausen und kam bloß noch an Weihnachten.

Raphael studierte Biologie und war ehrenamtlich beim *Nabu*. Als er Margrets Garten zum ersten Mal sah, ging er in die Knie: »Gottogottle, subber Garta, älles lassa, wie's isch.«

Bald war jeder zweite Baum mit einem Nistkasten für Vögel bestückt, und diverse Überwinterungsquartiere für Igel wuchsen als wirre Reisighügel aus dem Rasen.

Margrets Mann Heinrich fand das anfangs übertrieben. Später stopfte er Tontöpfe mit Stroh aus und knüpfte sie kopfüber an tiefer hängende Äste. Für die Ohrenzwicker.

»Ohrazwickerle vertilget jede Menge Blattläus«, sagte Raphael und schüttelte das sandfarbene Ponyhaar, das ihm ständig in den Augen hing. Einmal war Margret mit der Schere gekommen – aber das war ein Unding, das musste sie einsehen, sogar Heinrich zeigte ihr den Vogel. Etwa ein halbes Jahr später trug er ebenfalls einen langen Pony. Bei seinem silbergrauen Haar sah das aus, als klebte ein Stück Blech an seiner Stirn. Aber er fand es gut.

Im hinteren Teil des Gartens wuchs schon alles mit Brennnesseln zu. Raphael war sehr zufrieden. Bald ergänzten mehrere Totholzhaufen, für die Margret und Heinrich morsche Baumstumpen und Laub aus ökologisch unbedenklichen Gebieten heranschaffen mussten, die Naturschutzbastion. »Die Totholzheifa«, so Raphael, »sind ein idealer Lebensraum für viele Käferle, namentlich fürs Marienkäferle ond's Nashornkäferle, gell?«

Beim Bau eines Insektenhotels bohrte sich Heinrich Blasen in die Hände. Der Untermieter hatte die Anleitung für ihn aus dem Internet gezogen. Heinrich musste mehrere Hartholzblöcke mit verschieden großen Löchern im Durchmesser zwischen zwei und zehn Millimetern durchsieben. Sein alter Handbohrer glühte. Margret besorgte währenddessen im Baumarkt Bambusstäbe. Klaute auf einer Baustelle fünf Kilo Lochziegel und schnitt überhängende Himbeerruten vom Nachbargrundstück. Auf die Himbeerruten war Raphael, der im Wohnzimmer saß und einen Krimi las, ganz versessen.

»Himbeerruta sind marklos, des hoißt ennadrenna hohl. Da könnet die Viecherle neischlupfa ond Eier lega. Woisch?«

Margret musste dann bloß noch zu den Bärenseen rausfahren und zwei Arm voll Schilfrohr holen. Dann schichteten sie das ganze Material in ihren Schuhschrank, dem sie flugs die Türen ausrissen und ihn unter den Flieder verfrachteten. Fertig war das Insektenhotel.

»Schö henner des gmacht«, sagte der junge Mann und legte letzte Hand an.

Margret riskierte einen ausgedehnten Seitenblick. Allein mit anzusehen, wie er ein Stöckle anfasste oder eine kleine Handvoll vergammeltes Laub im Schrankregal zwischen Hölzer und Ziegel pappte – man wollte ein Hautflügler sein.

Im späten Frühjahr benötigte er das Bügelzimmer im Untergeschoss (»I sott äbbes bäschtla«). Das war kein Problem, da Margret sowieso nicht mehr zum Bügeln kam. Raphael brauchte den Raum für gewisse Aufzuchtversuche, zu denen auch solche mit Cannabispflanzen zählten. »Mei Hanf blüht bloß, wenner jeden Dag ohne Onderbrechung zwelf Stonda Licht ond zwelf Stonda Donkelheit kriegt«, sagte der große Junge und schlug die Augen auf. Und wieder hing ihm der Pony in den Wimpern, so dass er den Kopf schütteln musste – ganz kurz, aber rührend. Sofort installierte Heinrich Hochleistungsleuchten und versah sie mit Zeitschaltuhren. Das vielfingrige Kraut schoss dann ordentlich in die Höhe.

Gelegentlich rauchte Heinrich mit dem Untermieter eine Pfeife. Wenn Margret vom Turnen heimkam, roch sie es öfter. Heinrich kam dann erst spät und witzelnd ins Schlafzimmer, manchmal mit ordinärem, aber friedlichem Blick. Einmal sagte er: »Ein Schwabe hat kein Herz, aber zwei Mägen«, und lachte sich die ganze Nacht halbtot.

Im Sommer gewöhnte sich Heinrich rasch an die tief sitzenden Jeans, die Raphael ihm aus der Stadt mitbrachte. Er ging nun auch anders, eher schlakste er vor sich hin, ein gammeliger Gang, aber erotisch. Margret schlängelte ihm einen Gürtel aufs Bett, aber er schüttelte nur den Kopf, kurz und jugendlich, und dann ein Augenaufschlag wie leicht benommen oder hungrig.

Hunger leiden musste bei Margret weiß Gott keiner. Die Teller waren stets gut gefüllt. Der Untermieter aß besonders gern Dampfnudeln mit viel Vanillesoße (»Dofür könnt i sterba«). Wenn sie ihm eine Portion vorsetzte und »Mahlzeit!« sagte, teilte er die Dampfnudel in vier Teile und drehte sie mit Messer und Gabel um, so dass sie mit den Schnittkanten fett in der Soße lagen und sich vollsaugten. Er zählte immer leise auf sechzig. Dann waren die Brocken so, wie er sie mochte. Nicht mehr fest, aber lange nicht aufgeweicht. Auf die Gabel gespießt, fielen höchstens noch zwei Tröpfchen runter, mehr nicht. Und dann klappte er die schönen Augen zu und genoss Margrets Essen.

Heinrich, der sein Lebtag Dampfnudeln ganz normal verspeist hatte, also von der Kante her zur Mitte hin, ahmte nun Raphaels Ess-Tick nach. Auch er verlangte jetzt extraviel Soße, zählte ebenfalls auf sechzig und sprach dabei schwäbisch: siebena-fuffzig, achta-fuffzig, naina-fuffzig, sechzig.

Margret fand es immer lustig, eine kleine Wette mit sich abzumachen, welcher der beiden zuerst nach Dampfnudeln fragte. Mal war es Heinrich, mal der Untermieter. »Margret«, sagte derjenige und scharwenzelte um sie herum. »Wann backsch ons wieder Dampfnudla?«

Und sie antwortete: »Heut Abend noch.«

Im alten Bügelzimmer fanden auch Tests mit dem Grünen Knollenblätterpilz *Amanita phalloides* statt. Raphael erntete die Giftpilze keine fünf Minuten vom Haus entfernt im Oberen Cannstatter Kurpark (»Gschickter geht's nemme«). Sie wuchsen in dem kleinen Wäldchen beim Daimler-Turm, neben dem Kinderspielplatz. Die alten, verschrumpelten rochen unangenehm süßlich, und Margret vermutete, dass die beiden Männer das Zeug rauchten, aber dann ging sie aus dem Haus.

Über Raphael gab es Gespräche am Frühstückstisch. »Wie er einen immer ansieht«, sagte Heinrich eines Morgens.

»Bei *den* Wimpern«, gab Margret zurück.

»Im Leben hat mich kein Mensch so angeguckt«, hob Heinrich ab.

»Du glaubst, er meint dich?«, fragte Margret.

»Wen denn sonst?«, sagte Heinrich.

Margret wusste es besser. Zwischen ihr und Raphael gab es mehr als Joints und Ponyfransen. Beide liebten sie Bücher, vornehmlich Kriminalromane. Gemeinsam fuhren sie mit der U2 bis Österreichischer Platz und schlenderten zur Krimibuchhandlung in der Nesenbachstraße. Das Kopfsteinpflaster im

Gerberviertel ließ Margret in ihren Ausgehschuhen gern ein wenig einknicksen, und so hatte Raphael ihr einmal den Arm geboten, und dabei war es geblieben. Wenn sie Krimis kaufen gingen, dann immer Arm in Arm.

Auch Heinrich durfte ihn anfassen. Die Politik in diesem heißen Herbst verlangte es. Er hielt Raphaels Hand bei der Menschenkette gegen das Bahnprojekt *Stuttgart 21* im Schlossgarten. Auch das wurde zur ständigen Einrichtung: Bei jeder Montagsdemo nahmen sie den Untermieter in die Mitte und sahen zu, wie er seine Vuvuzela blies und »Oba bleiba!« brüllte.

Die Demos waren etwas ganz Besonderes. Es herrschte eine schöne Solidarität am Hauptbahnhof, wie Margret sie nie in Stuttgart erlebt hatte. Wildfremde Menschen lächelten einander zu, machten ihr Platz, wenn sie mit ihren zwei Männern und ihrem selbstgebastelten *Batscher*-Plakat über der Schulter ankam. Das war »Hammer«, wie Raphael sagte. Es war ihr Teppichklopfer aus Weidengeflecht. Auf der einen Seite klebte das Portrait eines Politikers, auf der anderen der Schriftzug *Rambo*. Dafür hätte Raphael sie fast geküsst.

An dem Tag pfiff sie beim Schwabenstreich ihre Trillerpfeife besonders kräftig und um einiges länger als die übliche Minute. *Fast geküsst!* Der Engel, der Bengel. Zahlte er überhaupt noch Miete? Gleichzeitig brach sich ein neuer Gedanke Bahn: Aufhören, wenn es am schönsten ist. Die Protestbewegung war damit nicht gemeint. Die ménage à trois musste beendet werden. Sie war am Höhepunkt angekommen, ab jetzt konnte es nur noch bergab gehen.

Doch am andern Tag brachte er Gianluca aus der Tierherberge Donzdorf daher. »Gucket, des Hondle, des bhaldet mir. Oder henner äbbes dagega?«

Heinrich schüttelte jugendlich den Kopf. Margret verspürte Lust, Raphaels Wange mit der ganzen Hand zu streicheln. Stattdessen bückte sie sich und tätschelte dem großen gelben Hund den Kopf. »Willkommen daheim.«

Wie die Jungs aß auch Gianluca ganz gerne Dampfnudeln, aber Margret gab Acht, dass er nicht zu viel davon abbekam.

»Wir wollen ihn doch nicht umbringen«, murmelte sie.
»Wen?«, fragte Heinrich.
»Den Hund, natürlich«, gab sie nach kurzem Zögern zurück.

Ein Glück, dass Gianluca den Garten mied. Wenn er nicht gerade von Margret oder Heinrich ausgeführt wurde, lag er auf der Eckbank in der Küche und schlief.

»Was machen wir, wenn er eines Tages rausgeht und anfängt zu graben?« Margret biss sich auf die Handknöchel.

Heinrich sah sie bestürzt an. »Dann gnade uns Gott.«

Das Ehepaar hatte seit Jahren nicht mehr davon gesprochen. Aber nun, mit dem Hund, musste man das Graben im Garten in Erwägung ziehen.

»Weißt du noch – Benjamin Baker?« Margret starrte ihren Mann an. »Schade, dass er uns verlassen wollte.«

»Unser Raphael bleibt«, winkte Heinrich ab.

»Jeder Untermieter will früher oder später weg«, beharrte Margret.

»Aber er hat hier doch auch den Hund«, sagte Heinrich. »Das bindet.«

»Den nimmt er mit, wenn er geht«, konterte sie.

»Das wäre furchtbar«, sagte Heinrich unglücklich. »An Gianluca hänge ich doch sehr.«

Margret hing mehr an Raphael Fehrle als an dem Hund. Denn mit dem jungen Mann pflegte sie eine unbestreitbar schöne Freundschaft. Bloß: Wie lange noch? Zwischenmenschliche Beziehungen entwickelten sich oft grässlich-hässlich, das wusste Margret, und das wollte sie nicht. Sie war nun einmal harmoniesüchtig, und wenn eine Sucht tödlich war, dann diese. Benjamin Baker, der amerikanische Student, würde diesen Satz unterstreichen. Wenn er noch könnte.

Ben wollte weg. Raus aus Monikas Meerschweinchenzimmer. Er wollte ganz Europa sehen. Margret und Heinrich wussten gar nicht, wie man mit so etwas umgehen sollte. Erst *I love you* nach allen Seiten, dann *See you later, alligator!* Wo denn? Wann denn?

Nicht mit uns, sagten sie sich.

Margret und Heinrich begruben ihn zwischen dem Stiefmütterchenbeet und der Schattenmorelle. Sie wollten dann keinen Untermieter mehr. Man konnte sie ja doch nicht halten.

Margret erinnerte sich an ihre Philosophie: Wenn's am schönsten ist, muss Schluss sein. Um den Gedanken mal richtig sacken zu lassen, machte sie sich zu einem Spaziergang auf. Gianluca konnte sie nicht überreden mitzuzotteln, da es in Strömen regnete. Ihr war das schnurzegal. An den Neckardamm oder in den Kurpark? Sie wählte Letzteres und stakste über die idyllischen Wege, an denen sich rechts und links Gingko-, Pimpernuss- und Tulpenblattbäume erhoben. König Wilhelm I. war verrückt gewesen auf exotische Gewächse. Margret war verrückt auf Raphael Fehrle. Was tun?

Sie musste ihn an sich binden.

Wie geht das?

Keine Ahnung, gestand sie sich ein. Sie sinnierte über den Begriff *binden*. Blumen binden, Kränze binden, sich einen hinter die Binde kippen. Anbinden.

Zur Not also den Untermieter anbinden.

Und wenn er schreit und sich wehrt?

Feste anbinden.

Nach sieben Runden rund um die große, patschnasse Liegewiese stand ihr Plan fest. Pilze mit weißen Stielen und olivgrünen, schlonzigen Hüten spielten darin eine nicht gerade als nebensächlich zu bezeichnende Rolle. Als sie zum zweiten Mal an der steinernen Freiligrath-Bank vorüberkam, fühlte sich die Sache schon richtig gut an. Sie würde die ménage à trois sterben lassen. Dreiecksverhältnisse waren ungesund; niemand wusste das besser als sie. Doch wer von beiden sollte diesmal das Opfer sein?

Etwa Raphael Fehrle?

Oder gar Heinrich?

Sie würde das Glück entscheiden lassen.

Margret war hingerissen von dieser Idee. Das Glück war neutral, und somit traf sie keine Schuld. Weder im einen noch im andern Fall. Und wäre es nicht auch spannend? Spannend wie ein neuer Krimi?

Als sie die Gottlieb-Daimler-Gedenkstätte kurz vor dem Parkausgang passierte, war alles klar: Derjenige sollte das Opfer sein, der als Erster fragte: »Wann backsch ons wieder Dampfnudla?«

Heimlich betrat Margret das Versuchslabor und schnitt hier und da ein Fitzelchen von den stinkenden Pilzen ab. Das merkte keiner.

Als sie längst wieder in ihrer Wohnung war und sich mit einer dampfenden Tasse Kaffee voller Vorfreude auf den neuen Kriminalroman an den Tisch setzte, erklang die Frage: »Margret, wann backsch ons wieder Dampfnudla?«

Und sie antwortete: »Heut Abend noch.«

Rezept für schnelle Dampfnudla ohne Hefe

denn Margret will lieber Krimis lesen …

350 g Mehl Type 405
1 Päckle Backpulver
½ TL Salz
1 EL Zucker
1 Päckle Vanillezucker
2 Eier
200 ml Milch

a bissle Milch
und Butter
für die Bratpfann

Gesiebtes Mehl und Backpulver in einer großen Schüssel versenken. Die Eier mit der Hälfte der Milch verquirlen und in das Mehl geben, ebenso Salz, Zucker und Vanillezucker. Alles kriminell gut verrühren. Restliche Milch unterrühren zu einem aalglatten Teig.

Eine nicht zu flache Pfanne einen Zentimeter hoch mit Milch und Butter füllen. Aus dem Teig ca. 8 handgranatengroße Bälle formen und in die teuflisch kochende Milch geben. Mit dem Deckel so verschließen, dass keiner mehr rauskommt. Etwa 30 Minuten bei kleiner Hitze garen. Während dieser Phase die Dampfnudla in keinem Fall observieren, denn Deckel-Lupfa wirkt auf diese Spezialität – tödlich!

Martina Fiess

Luise und die Heslacher Panther

»Und hier sehen Sie die schöne Terrasse, die zu Ihrer Penthousewohnung gehören würde, gnädige Frau.« Der gutaussehende Mann mit den markanten weißgrauen Schläfen zeigte zu der Computerzeichnung vor ihm auf dem Wohnzimmertisch. »Von dort aus hätten Sie einen herrlichen Blick über Heslach bis hinüber zum Birkenkopf.«

Die alte Dame betrachtete die Fassadenansicht des Apartmentblocks, der die Stelle ihres Hauses einnehmen sollte. Als ihr Blick auf die Blautanne neben dem Eingang fiel, huschte ein Lächeln über ihr von Knitterfältchen durchzogenes Gesicht. »Oh, da ist ja meine Tanne.«

»Selbstverständlich. Ihr Lieblingsbaum bleibt Ihnen erhalten, das garantiere ich.«

Gerührt wischte sie ein nicht vorhandenes Stäubchen von der Häkeldecke und sah zu den rosa Moosröschen. Auch diesmal hatte der nette Bauunternehmer ihren Geschmack getroffen.

Der Besucher warf ihr durch die randlose Designerbrille einen seiner bewährten *Traumschiff*-Kapitän-Blicke zu und schenkte Eierlikör nach. »Ihr schönes Heim ist tipptopp gepflegt, gnädige Frau, Kompliment«, zog er seine Trumpfkarte aus dem Ärmel. »Aber ein Haus allein zu versorgen ist sehr viel Arbeit, nicht wahr?«

Die Dame nickte seufzend, wobei aus ihren wie festbetoniert wirkenden braunen Löckchen ein leichter 4711-Duft aufstieg.

»Auf Ihr Wohl, gnädige Frau.« Der Mann hob sein Glas. »Lassen Sie sich ruhig Zeit mit Ihrer Entscheidung. Auch wenn eine Neubauwohnung mit Aufzug, einer Putzfrau – deutsch, selbstverständlich – und einem barrierefreien Bad natürlich viel komfortabler für Sie wäre.«

Er verabschiedete sich, stieg in seinen silbergrauen Porsche und tippte eine Nummer ins iPhone. »Ich bin's. Läuft alles wie geplant. Noch ein Besuch, dann hab ich die Alte weichgekocht. Bald können die Bagger anrollen.«

Als Luise die Rollläden im Schlafzimmer hochzog, flutete gleißende Helligkeit das Parkett. Wie ein TV-Scheinwerfer stach die Sonne in den Stuttgarter Stadtkessel. Über den Dächern von Heslach flimmerte die Luft und ließ die Konturen verschwimmen. Ein brütend heißer Augusttag braute sich in der Landeshauptstadt zusammen. Schlecht für den Kreislauf, gut für mein Rheuma, dachte Luise und massierte ihre Hüfte, die sich anfühlte wie mit Glassplittern gefüllt.

Heute kamen ihre Enkel Maia und Max zu Besuch, da wollte sie etwas Besonderes kochen. Auf dem Weg zum Supermarkt drängte sich der moderne Bau des Südtors in ihren Blick, der gegen den Bürgerprotest auf dem ehemaligen Dinkelacker-Gelände hochgezogen worden war. Ein schöner Park mit Spielplatz wäre für die Menschen hier tausendmal besser gewesen, dachte Luise. Aber die Stadtväter quetschten lieber neue Wohn- und Geschäftshäuser in jede noch so kleine Lücke. Sie verfolgte, wie der an ein riesiges Packset der Post erinnernde gelbe Waggon der Zacke auf seiner Rampe bergaufwärts in der engen Schneise zwischen den Häusern verschwand.

Suppengrün, Ochsenfleisch, Kartoffeln. Gaisburger Marsch sollte es geben. Bestimmt würden alle meutern, weil es für Eintopf viel zu heiß war. Gaisburger Marsch ohne Spätzle war Max' Leibgericht. Luise hätte sich lieber die Zunge abgebissen, als es laut auszusprechen, aber Max war ihr Liebling. Seine kornblumenblauen Augen und das kleine Grübchen im Kinn, an dem Luise sich nicht sattsehen konnte, erinnerten sie an ihren vor langer Zeit verstorbenen Mann.

Bei der Suche nach Buchstabensuppe stieß sie am Nudelregal auf eine kleine, trotz der Hitze schwarz gekleidete Frau, die sie bei den Aktionen der Parkschützer im Schlossgarten kennengelernt hatte. Das spärliche Haar thronte zu einem Dutt gedreht auf ihrem Kopf. Durch eine Lupe studierte sie das Kleingedruckte auf einer Konservendose. »Hallo, Elsbeth«, grüßte Luise.

Die Frau spähte über ihre Lupe hinweg. »Ach, Luischen. Schön, dich zu treffen.« Elsbeth ließ die Dose sinken und winkte Luise energisch näher. »Hast du gehört, was Schreckliches passiert ist? Stell dir vor, meine Nachbarin wurde tot am Bärensee gefunden. Die Friederike, du weißt doch, die allein in dem großen Haus mit der Blautanne lebte.«

»Nein, das ist ja furchtbar! Wie ist das denn passiert?«

»Ein Badeunfall, schreiben die von der Zeitung. Die arme Friederike.« Elsbeth seufzte. »Ich hab ein schlechtes Gewissen, weil mir nicht einmal aufgefallen ist, dass sie seit Tagen verschwunden war. Aber wie auch, man bekam sie ja kaum zu Gesicht. Mir hat sie erzählt, sie wäre immer so niedergeschlagen und kraftlos. Depressionen, vermute ich.« Sie hielt inne. »Obwohl, wenn ich es mir überlege, war sie in letzter Zeit erstaunlich viel unterwegs. Sie hatte sogar öfter Besuch.«

Luise horchte unwillkürlich auf. Aber wenn sie das Mittagessen rechtzeitig auf den Tisch bringen wollte, musste sie sich jetzt beeilen.

Als Luise heimkam, saß ihre Mitbewohnerin Charlotte in einem pfirsichfarbenen Morgenmantel am Frühstückstisch. Ohne Gel und Haarspray noch orientierungslos, wellten sich die kupferfarbenen Fransen ihres neuen Kurzhaarschnitts um ihr Gesicht. »Du erinnerst mich an den Irish Setter meiner Tochter«, stellte Luise fest.

Charlotte sah von ihrer *Financial Times* auf und rümpfte das zierliche Näschen. »Wenigstens achte ich auf ein gepflegtes Äußeres. Nur weil ich siebzig bin, muss ich ja nicht aussehen wie scheintot.« Ihr Blick fiel auf die große Uhr über der Spüle. »Was, schon so spät?« Sie stand auf und deutete auf eine bunte Pappschachtel. »Die Pillen hat deine Tochter für dich dagelassen, als sie vorhin Max und Maia vorbeigebracht hat. Du sollst sie regelmäßig einnehmen gegen dein Rheuma.«

Luise winkte ab. »Mineralien helfen nicht, das sage ich ihr dauernd. Wo sind meine Enkel?«

»Mit dem Skateboard unterwegs.« Unter pfirsichfarbenem Wehen eilte Charlotte aus der Küche. »Die nächste Stunde ist das Bad bese-hetzt.«

Luise räumte ihren Einkaufskorb aus und machte sich ans Kochen. Als sie gegen zwölf den Tisch deckte, war Charlotte topp gestylt. Der Fransenschnitt saß wie bei Liza Minelli, das neue rosenholzfarbene Kostüm umschmeichelte ihre Hüften.

»Bleibst du zum Essen?«, fragte Luise. »Es gibt –«

»Gaisburger Marsch, ich weiß. Duftet köstlich, aber ich muss los.« So schnell ihre Pumps sie trugen, eilte Charlotte auf die Haustür zu. Die schwang im selben Moment auf, und die dritte Mitbewohnerin der Seniorinnen-WG trat ein. Anna steckte in alten Caprihosen und ärmellosem Top. Auf ihrem sommersprossigen, von der Sonne gegerbten Gesicht perlten Schweißtropfen. Charlotte winkte kurz, dann stöckelte sie davon.

»Lotte ist kaum wiederzuerkennen«, meinte Anna und folgte Luise in die Küche. »Erst dieser überkandidelte Haarschnitt, dann der teure Großeinkauf beim Breuninger, und nun wohnt sie praktisch im Bad. Fehlt nur noch, dass sie sich liften lässt. Ich wette meine nächste Witwenrente drauf, dass da ein Mann dahintersteckt.«

Luise servierte das Mittagessen auf dem Balkon im Schatten der großen Markise. Alle schlotzten und löffelten zufrieden. Sogar der brummige Heinrich, der den Laden im Erdgeschoss gemietet hatte, ließ sich zu einem Lob herab. Max und Maia hatten Mehmet mitgebracht, den Sohn des Gemüsehändlers an der Ecke, dem zum Verdruss seiner traditionsbewussten Eltern schwäbisches Essen lieber war als Börek oder Köfte. Auch die junge Frau mit ihrer Tochter von gegenüber war da. Seit ihr Freund sie verlassen hatte, lebte sie wie viele hier im Viertel mehr schlecht als recht von Hartz IV. Normalerweise genoss es Luise sehr, ihre Freunde zu bewirten, doch heute rutschte sie unruhig auf dem Balkonstuhl hin und her.

Kaum war sie mit Anna allein in der Küche, platzte sie heraus: »Anna, stell dir vor, eine Frau aus Heslach ist im Bärensee umgekommen. Ich glaube, du kanntest sie.«

Anna ließ den Spülschwamm sinken und wurde blass unter den Sommersprossen.

»Es ist deine frühere Nachbarin Friederike.«

»O mein Gott. Friederike ist tot? Woher weißt du das?«

»Von Elsbeth. Steht wohl in der Zeitung.«

Wenig später saßen die beiden auf der Eckbank über die Titelseite der *Stuttgarter Nachrichten* gebeugt. »71-Jährige tot im Bärensee gefunden. Polizei geht von Badeunfall aus«, las Anna mit zittriger Stimme die Überschrift vor. »Am Dienstagnachmittag entdeckte eine Joggerin im dichten Ufergestrüpp die Leiche von Friederike K. aus Stuttgart-Heslach. Da die Frau nur mit Unterwäsche bekleidet war, vermutet die Polizei, dass sie sich bei der großen Hitze Abkühlung verschaffen wollte. Dem Zustand der Leiche zufolge trieb die Frau schon längere Zeit im Wasser. Eine Obduktion soll die genaue Todesursache klären.«

Neben dem Artikel war ein Bild der Toten abgedruckt. Ihr Gesicht war seltsam starr und von holzschnittartigen Linien überzogen. Das halb nasse, wirr angetrocknete Haar klebte am Kopf. Schweigend betrachteten die beiden Frauen das Foto. Das Ticken der Uhr und das leise Brummen des Kühlschranks waren die einzigen Geräusche im Raum.

Dann sah Anna auf. Um ihren Mund lag ein nachdenklicher Zug. »Das ist Friederike, kein Zweifel«, sagte sie zögernd. »Aber irgendetwas an diesem Bild scheint mir seltsam. Wenn ich nur wüsste, was es ist.«

»Kanntest du sie schon lange?«

»Ja. Wir waren Klassenkameradinnen, und als meine Eltern in das Haus neben Friederike gezogen sind, haben wir uns angefreundet.« Wieder schaute Anna auf das Bild. Sie presste die Lippen aufeinander, bis sie nur noch ein farbloser Strich unter ihrem leichten Damenbart waren.

Mitfühlend strich Luise ihr über den Arm. »Glaubst du, sie ist ertrunken? Vielleicht das Herz, so ein kühles Bad bei diesen Temperaturen, das war womöglich zu viel für ihren Kreislauf.«

»Mir kommt das merkwürdig vor«, sagte Anna. »Friederike war so etepetete. Bei der konntest du vom Boden essen. Nie hätte sie in einem See voller Schlamm und allen möglichen Bakterien gebadet, schon gar nicht mutterseelenallein. Und in Unterwäsche! Zumal Baden dort verboten ist. Nein, ich glaube, das war kein Badeunfall.«

Abends schalteten Luise und Anna die *Landesschau* ein. Auf eine Meldung über die endlosen Koalitionsverhandlungen nach der Landtagswahl folgte der Leichenfund am Bärensee. »Wie die Polizei mitteilt, gibt es neue Erkenntnisse. Laut Auskunft ihrer Ärzte soll die 71-jährige alleinstehende Frau unter schweren Depressionen gelitten haben.« Hinter dem Sprecher wurde das Foto eingeblendet, das Luise und Anna schon aus der Zeitung kannten. Bleiches Gesicht, die Lider geschlossen, das Haar wirr. Luise merkte, wie sich Anna neben ihr plötzlich kerzengerade aufrichtete.

Als der Sprecher verkündete, dass die Polizei nun von Selbstmord ausging, schoss Anna vom Sofa hoch, so schnell es ihre alten Knochen erlaubten. Ihr Zeigefinger spießte zum Bildschirm. »Ich sagte dir doch, dass da was nicht stimmt. Jetzt weiß ich endlich, was mich so irritiert hat. Siehst du das halblange schüttere Haar?« Triumphierend wandte sie sich zu Luise. »Ha! So in natura habe ich Friederike schon Jahrzehnte nicht mehr gesehen. Weil sie nämlich seit Ewigkeiten eine Perücke mit braunen Locken trägt. Ohne die hat sie nicht mal die Kellertreppe gewischt.«

Nach einer unruhigen Nacht riefen Anna und Luise noch vor dem Frühstück im Polizeipräsidium an, um mit dem zuständigen Kommissar zu sprechen. Als Anna ihr Anliegen dem dritten Ansprechpartner vortragen musste, riss ihr der Geduldsfaden.

»Passen Sie auf, Herr Kommissar, Friederike hat ihre Perücke von frühmorgens bis nachts getragen, nur im Bett nicht. Ich hab sie nie ohne ihre braunen Locken gesehen.«

Luise saß dicht neben Anna, das Ohr an der anderen Seite des Hörers.

»Meinetwegen«, sagte Anna gereizt. »Dann sind Sie eben kein Kommissar. Aber Sie sind doch zuständig? Für die Tote vom Bärensee, meine ich? Na also, dann hören Sie mir bitte zu. Ich will wissen, ob Sie Friederikes Perücke gefunden haben. Sie ging niemals ohne –« Anna brach ab und schüttelte den Kopf. »Nein, ich bin nicht mit ihr verwandt. Wir sind aber schon sehr lange – ja, ich verstehe, dass Sie mir nichts zum Stand der Ermittlungen sagen können.«

»Und? Was meint er?«, flüsterte Luise. »Haben sie die Perücke gefunden?«

Anna zuckte mit den Schultern, gab ihre Adresse durch und legte auf. Erschöpft sackte sie auf dem Stuhl zusammen. »Du meine Güte, wenn die immer so umständlich sind, wundert es mich nicht, dass unsere Stadt verkommt.« Sie fächelte sich mit der Hand Luft zu. »Dieser Beamte klang reichlich feucht hinter den Ohren, der ist sicher noch nicht mal dreißig. Und behandelt mich, als wäre ich nicht mehr ganz knusprig im Kopf. Meinst du, ich soll mich über ihn beschweren?«

Ungeduldig packte Luise das Handgelenk ihrer Freundin. »Haben sie die Perücke nun gefunden oder nicht?«

»Keine Ahnung.« Anna erhob sich und strich entschlossen ihren Faltenrock glatt. »Weißt du was, Luise? Ich glaube, wir müssen das selbst in die Hand nehmen.«

Auf dem Weg zu Friederikes Haus blieb Anna plötzlich stehen und deutete auf die verglaste Fassade eines Cafés am Bihlplatz. »Schau mal, wer dort sitzt und es sich gut gehen lässt.«

Luise folgte ihrem Finger zu einer Frau mit rotem Fransenschnitt in einem zitronengelben Sommerkleid: Charlotte. Sie saß bei einem etwa gleich alten Herrn mit weißgrauen Schläfen und im Maßanzug an einem Zweiertisch, auf dem Kaffeetassen und Sektkelche standen. Seine Hand lag auf dem Tisch, die Finger eng in Charlottes verflochten, als würden sich zwei Oktopusse umarmen.

Anna schnaubte. »Jetzt wissen wir, warum sie neuerdings im Bad wohnt.«

»Der Aufwand hat sich aber gelohnt«, sagte Luise beeindruckt. »Von der Brille mal abgesehen erinnert mich ihr Begleiter an Johannes Heesters in den Siebzigern. Und Charlotte sieht gut zehn Jahre jünger aus. Wohlhabend scheint ihr Verehrer auch zu sein, sieh mal, die Uhr an seinem Handgelenk ist fast so groß wie die Kaffeetasse.«

»Sekt zum Frühstück«, sagte Anna halb tadelnd, halb neidisch. »Man könnte glauben, unserer Charlotte gingen die Hormone durch – wenn sie noch welche hätte. Na komm, lass uns weitergehen.«

Bald standen sie vor Friederikes Haus mit der Blautanne.

»Bist du sicher, dass wir das tun sollten?«, fragte Luise auf dem Gartenweg. »Was, wenn uns jemand beobachtet? Ich möchte meine alten Tage nicht wegen Einbruchs hinter Gittern verbringen.«

Anna warf ihr einen strengen Blick zu. »Du hast die Nazis überlebt, die Kubakrise überstanden und zwei Töchter großgezogen. Stell dich nicht so an! Wir kümmern uns doch bloß um die Pflanzen.« Sie deutete auf zwei Gießkannen neben einer Regenwassertonne. »Der Schlüssel muss unter der Petersilie sein. Zumindest hat sie ihn früher dort deponiert.«

Während sie gossen, behielt Anna die Straße im Auge. Sobald die Luft rein war, ging sie in die Knie, die knackend Bedenken anmeldeten. Ihre Hände glitten unter den Petersiliebüschen über die Erde. Sie hob einen verwitterten Tontopf an, unter dem ein rostiger Schlüssel lag. »Bingo, hab ihn.«

Als Erstes gingen sie ins Schlafzimmer. Schon an der Tür leuchtete ihnen der altmodische Styroporkopf entgegen, auf dem Friederike nachts ihre Perücke deponiert hatte. Der weiße

Schädel war leer und sah im Halbdunkel der heruntergelassenen Rollläden ziemlich makaber aus.

»Den Herren von der Polizei ist wohl glatt entgangen, dass die Perücke fehlt«, meinte Anna. »Ich sage dir, hier stimmt was nicht. Friederike wäre nie ohne aus dem Haus gegangen, schon gar nicht, um in Unterwäsche im Bärensee zu baden. Und wie ist sie hingekommen? Sie hat ja nicht mal ein Auto.«

»Am Vogelsang fährt ein Bus zum Schattenring. Von dort ist man schnell an den Seen rund ums Bärenschlössle«, sagte Luise.

Anna reagierte nicht, sie durchforstete Schränke.

»Anna, nach was suchen wir eigentlich?«

»Nach einem Hinweis. Im *Tatort* machen sie das immer so. Übernimm du das Wohnzimmer.«

Luise wollte nicht in fremden Sachen herumstöbern. Sie ließ ihren Blick durch den Raum schweifen. Eichenschrankwand mit Fernseher, Sitzgruppe, Marmorcouchtisch, ein paar Topfpflanzen auf der Fensterbank, die durstig die Blätter hängen ließen. Auf dem Esstisch vertrocknete Moosröschen in einer Vase. Daneben lag ein farbiger Ausdruck. Ein Haus. Luise trat näher.

Als Anna hereinkam, winkte Luise sie zu sich. »Fällt dir an dieser Zeichnung etwas auf?«

Sofort tippte Anna auf die Blautanne neben dem modernen Eingang. »Laus mich der Affe, das ist doch die Tanne hier im Vorgarten!«

»Aber es ist nicht dieses Haus. Offenbar soll hier was Neues gebaut werden.«

Nachdenklich betrachtete Luise die Familienbilder an der Wand. Einige Fotos waren schwarzweiß und ziemlich verblichen. Eins zeigte einen jungen Mann mit Hut vor dem Eingang eines Schmuckgeschäfts. Derselbe Mann hielt auf dem nächsten Foto eine Braut im Arm, die eine zweireihige Perlenkette mit passenden Ohrringen trug. An seinem Finger steckte ein Siegelring.

»Anna, was weißt du über Friederikes Familie?«

»Sie war ein Einzelkind und hat nie geheiratet. Als sie ihre Eltern verlor, hat sie das ziemlich aus der Bahn geworfen. Danach hat sie sich abgekapselt und das Haus kaum noch verlassen, außer zum Einkaufen und zur Kehrwoche. Über die letzte Zeit, seit ich zu dir gezogen bin, weiß ich wenig.«

Schlimm, so allein auf der Welt zu sein. Luise beglückwünschte sich zu ihrer Wohngemeinschaft. Vier Jahre lebten sie nun schon zusammen. Da der Altersstarrsinn ebenso zunahm wie die Wehwehchen, flogen oft die Fetzen. Aber dafür war immer jemand da, der einem half, wenn der Badewannenlift ausfiel. »Stimmt es, dass Friederike depressiv war?«, fragte Luise. »Elsbeth hat so was angedeutet.«

»Ja, sie ging zu einer Psychologin. Ich hab schon überlegt, ob ihre Depressionen so schlimm waren, dass sie … Aber nein, sie hätte sich nie etwas angetan. Nicht nach der Sache mit ihren Eltern.« Anna trat zu einem Foto, das ein älteres Paar im Garten vor dem Haus zeigte. »Das sind die Eltern kurz vor ihrem Tod. Sie stammten aus Pforzheim. Als ihre Schmuckfabrik wegen der Billigkonkurrenz aus Asien pleiteging, haben sie sich das Leben genommen. Erhängt, auf dem Dachboden. Friederike hat sie gefunden.«

In Gedanken versunken verließen die beiden das Haus. Auf der Straße kam eine schwarz gekleidete Frau mit Dutt auf sie zugerannt. Elsbeth bekam vor Aufregung kaum Luft und leuchtete wie eine Freilandtomate.

»Hab euch vom Küchenfenster aus gesehen«, keuchte sie. »Da, schaut euch diesen Bericht an.« Sie streckte ihnen eine Seite aus dem *Wochenblatt* entgegen. »Luise, ich habe dir doch im Supermarkt erzählt, dass Friederike in letzter Zeit öfter Besuch hatte. Sie schien sogar einen Verehrer zu haben. Ein Mann mit einem silbernen Porsche, manchmal auch im schwarzen BMW. Völlig sicher bin ich mir nicht, aber der hier könnte es gewesen sein.«

Das Bild zeigte den Stuttgarter Oberbürgermeister Schuster mit einem gutaussehenden weißhaarigen Mann vor einem Rohbau, auf dessen Dachfirst eine Kiefer thronte. Unter dem Foto stand: *Gemeinsam mit Bauunternehmer Bingenhoven feierte unser OB diese Woche das Richtfest eines neuen Geschäftszentrums in der Innenstadt.*

»Ein Bauunternehmer!«, rief Luise verblüfft und stupste Anna mit dem Ellbogen in die Seite. »Vielleicht hat er versucht, Friederike das Haus abzuschwatzen.«

Anna nickte grimmig. »Um mit Luxuswohnungen Kohle zu scheffeln.«

»Kann gut sein«, stimmte Luise zu. »In letzter Zeit putzt sich unser Heslach ziemlich raus. Mit dem neuen Edelhotel am Marienplatz und den schicken Läden, die überall aufmachen, ist unser Viertel bald so ›in‹ wie Kreuzberg.«

»Und teuer wie der Killesberg.« Anna rieb Daumen und Zeigefinger aneinander.

Elsbeth sah verwirrt aus. »Wovon redet ihr eigentlich?«

Als Anna ihr von dem Ausdruck auf Friederikes Tisch erzählte, wich das Blut aus Elsbeths Gesicht. »Meint ihr etwa, jemand hat Friederike aus dem Weg geschafft, um auf ihrem Grundstück bauen zu können?«

Luise nickte. »Vielleicht wollte sie ihr Haus lieber behalten, als es diesem Bau-Heini zu verkaufen.«

»Das hätte ihm sicher nicht gefallen«, meinte Anna. »Solche Machtmenschen sind zu allem fähig, wenn ihnen jemand im Weg steht.«

In den nächsten Tagen ließen die drei Frauen Bauunternehmer Bingenhoven kaum aus den Augen. Er fuhr tatsächlich einen silbernen Porsche, der auch in einer Stadt wie Stuttgart auffiel und daher gut zu observieren war. Den schwarzen BMW bekamen sie allerdings nicht zu Gesicht. Elsbeth hatte den Mercedes ihres verstorbenen Mannes aus der Garage geholt. Der alte Wagen schnurrte, als freue er sich, endlich Auslauf zu bekommen. Sie wechselte sich mit Anna ab, die dem brummigen Heinrich seinen Polo abgeschwatzt hatte. Da Luise keinen Führerschein besaß, fiel ihr die Aufgabe zu, den Bauunternehmer durchs Fernglas zu beobachten und alle wichtigen Eckdaten zu notieren. Sogar einen Codenamen hatten sie für ihr Observierungsobjekt.

»Silberlocke verlässt sein Bürohaus in der Hauptstätter Straße und steigt in den Porsche«, gab Luise per Funk an Anna durch, die in der Parallelstraße darauf wartete, ihre Freundinnen abzulösen.

Die Funkgeräte hatten sie sich von Luises Enkel geliehen. »Was habt ihr damit vor?«, hatte Max wissen wollen. »Ach, bloß langweiligen Erwachsenenkram. Total uncool«, hatte Luise den Slang ihres Enkels imitiert, der prompt das Interesse verlor.

»Okay, verstanden«, knarzte jetzt Annas Stimme aus dem Gerät.

Seit zwei Tagen folgten sie Silberlocke nun bereits. Vom Bürohaus zu seinen Kunden, zu ein paar im Bau befindlichen Objekten oder nach Hause – er wohnte im Dachswald, einem bei den oberen Zehntausend beliebten exklusiven Waldviertel. Sie fragten sich schon, ob sie den Falschen im Visier hatten. Doch dann fuhr er gleich zweimal hintereinander auffallend langsam durch die Straße, in der Friederikes Haus stand. Luise und Anna triumphierten, während Elsbeth an der nächsten Apotheke hielt, um sich Baldriantropfen zu holen.

Alle drei waren überzeugt: Silberlocke hatte Friederike auf dem Gewissen.

»Findest du nicht, wir sollten endlich die Polizei informieren?«, drängte Anna. Sie saß mit Luise in der Küche und schälte Äpfel. »Wenn sie Hautschüppchen oder Haare in Friederikes Haus finden, können sie Silberlocke mit einem Gentest überführen. Je früher er hinter Gitter kommt, desto besser.«

»Im Prinzip hast du recht. Aber ich glaube nicht, dass die Polizei auf uns hört. Denk an das letzte Mal, da wollten die uns zwei alte Schachteln doch nur abwimmeln.«

»Wer wollte euch abwimmeln?«, fragte Charlotte, die eben eintrat und den letzten Satz noch mitbekommen hatte. Sie trug das zitronengelbe Kleid von neulich und roch wie eine ganze Parfümerie.

Luise und Anna wechselten einen Blick. Sie waren sich einig, Charlotte rauszuhalten. Die schien mit ihrer Liebelei sowieso ausgelastet. »Sag mal, Charlotte, neulich haben wir dich im Café sitzen sehen«, wich Luise aus. »Wer war denn der nette Herr, mit dem du Sekt getrunken hast?«

»Das war kein Sekt, das war echter Champagner.« Charlotte warf einen verträumten Blick zur Decke. »Ach, Johannes ist ein Geschenk des Himmels! Ein richtiger Gentleman, und Komplimente kann der machen, sag ich euch …«

»Johannes?«, hakte Anna nach. »Wie Johannes Heesters?«

Ihren amüsierten Unterton schien Charlotte zu überhören. »Ja, genau. Österreicher ist er auch, er kommt aus Wien und ist geschäftlich in der Gegend. So viele Handküsse habe ich noch nie bekommen.« Charlottes Wangen röteten sich. »Wir haben uns im Internet beim Chatten kennengelernt. Als ich sein Foto gesehen habe, wusste ich sofort, dass wir füreinander bestimmt sind.«

»Und wann stellst du uns deinen Verehrer vor? Sag ihm, er soll seine zwei besten Freunde mitbringen«, regte Anna an. »Luise und ich würden auch gern mal wieder rumknutschen.«

Nun ging Charlotte auf, dass Anna sie nur auf den Arm nehmen wollte. Beleidigt reckte sie das Kinn, stibitzte einen Apfelschnitz und verließ die Küche.

Gegen zwölf öffnete Luise die Tür zum Wohnzimmer. Aus dem CD-Player, den sie für die Kinder gekauft hatte, wummerten die Bässe. »Maia, Max, stellt ihr bitte leiser? Es ist gleich Mittagszeit.«

Klatschend feuerte Max seine Schwester an, die mit einer Karotte in der Hand auf dem Couchtisch stand, Hüftkreise schwang und »Hips don't lie« von Shakira krähte.

Luise stutzte. »Maia, was hast du denn da auf dem Kopf?« Anstelle der gewohnten blonden Zöpfe trug ihre Enkelin auf einmal kurze braune Löckchen.

»Voll goil, die Retro-Matte, gell, Oma? Maia sieht damit aus wie Nick von den Jonas Brothers.« Max schlug sich begeistert auf die Oberschenkel. »Das Ding lag letzte Woche vor Mehmets Haus am Straßenrand.«

»Vor Mehmets Haus? Wohnt der nicht neben Elsbeth im Erdgeschoss?«, vergewisserte sich Luise. Max nickte, und ihr Herz schlug schneller. »Weißt du noch, wann genau ihr die Perücke gefunden habt?«

»Letzte Woche, Dienstag oder – nein, es war am Montag, da hatte Mehmet nämlich Geburtstag.«

Montag, überlegte Luise. Also zwei Tage, bevor Friederike am Bärensee gefunden wurde. »Anna, komm sofort her«, rief sie in Richtung Küche.

So schnell ihre geschwollenen Beine sie trugen, kam Anna angerannt. »Was ist los? Brennt's bei uns?«

Luise deutete auf den Kopf ihrer Enkelin. »Die hat Max vor Elsbeths Haus gefunden. Du weißt schon, schräg gegenüber von dem Haus mit der Blautanne.«

Als Anna die Perücke sah, weiteten sich ihre Augen. »Gott im Himmel …« Sie brach ab, bekreuzigte sich und suchte Blickkontakt mit Luise. Beide dachten dasselbe. Das musste die Perücke von Friederike sein. War sie ihr vom Kopf gerutscht, als ihr Mörder sie zum Bärensee verschleppte, um dort einen Badeunfall vorzutäuschen?

»Was ist das für ein Geruch?« Schnuppernd kam Luise ins Wohnzimmer. »Wie im Chinarestaurant.«

Anna saß im Fernsehsessel und kühlte ihre geschwollenen Füße in einer Wasserschüssel. »Das ist eine neue Mischung mit asiatischen Kräutern aus der Apotheke. Wirkt Wunder, siehst du, meine Füße sehen schon viel weniger nach Elefant aus. Höchste Zeit, dass die Hitze abklingt, bevor mir noch die Venen platzen.«

Wie blaue Würmer schlängelten sich die Krampfadern über Annas Beine. Luise konnte keinen Unterschied erkennen. Sie sank aufs Sofa. »Hast du Charlotte heute schon gesehen?«

»Die ist bestimmt mit ihrem Wiener Charmeur unterwegs.«

Der Vorspann der *Abendschau* begann. Luise schnappte sich die Seniorenfernbedienung mit den extragroßen Tasten und stellte den Fernseher lauter.

»Stuttgart: Im Fall der Toten vom Bärensee gibt es neue Erkenntnisse«, sagte der Sprecher. »Bei der Obduktion der 71-jährigen Frau, die vor ein paar Tagen tot dort aufgefunden wurde, stellten die Gerichtsmediziner Wasser in der Lunge fest. Allerdings stammt die Flüssigkeit nicht aus dem See. Die Polizei schließt ein Gewaltverbrechen nicht mehr aus.«

»Meine Güte, was soll denn das nun wieder bedeuten?«, moserte Anna.

»Das heißt, dass Friederike woanders ertrunken ist.« Luise schluckte heftig, bevor sie hinzufügte: »Oder ertränkt wurde.«

»Also hat sie doch jemand umgebracht. Na bitte, sag ich doch die ganze Zeit.«

Das Telefon klingelte. Luise nahm ab. »Ja, hallo?«

»Hier Elsbeth«, flüsterte eine heisere Stimme. »Ihr müsst unbedingt kommen. Er ist hier, bei mir. Ich hab solche Angst, was soll ich nur tun?«

»Elsbeth, wieso redest du so leise? Ich verstehe dich kaum.«

»Lauter geht nicht. Silberlocke wartet im Esszimmer. Kommt schnell, bevor er mich auch noch abmurkst. Ich lass die Terrassentür offen.«

Die Verbindung wurde beendet. Luise sah zu Anna. »Das war Elsbeth. Sie sagt, der Bau-Heini ist bei ihr und will sie umbringen.«

»Liebe Frau Elsbeth – ich darf Sie doch so nennen, nicht wahr?«, sagte der Bauunternehmer an Elsbeths Esszimmertisch. »Ihr Haus ist die reinste Augenweide. So blitzsauber und gepflegt, wie schaffen Sie das nur alleine?«

Hinter der angelehnten Zimmertür lauschten Anna und Luise. Nach Elsbeths Anruf hatten sie hastig schwarze Kleidung übergezogen und waren unter Missachtung jeder Geschwindigkeitsbegrenzung mit Heinrichs Polo hierhergerast. Es ging um Leben oder Tod, was zählten da schon ein paar Punkte in Flensburg? Noch lebte Elsbeth allerdings, und der Bauunternehmer mit der gesunden Bräune und der teuer wirkenden rahmenlosen Brille machte nicht den Eindruck, als wolle er sich auf sie stürzen.

Seine Stimme klang ziemlich vertrauenerweckend. Natürlich

diente all die Schmeichelei nur dem Zweck, Elsbeth einzulullen. Vorsichtshalber hatte Luise die alberne Greifhilfe aus Edelstahl mitgenommen – ein Geschenk ihrer Tochter zum Vierundsiebzigsten, damit sie sich nicht jedes Mal bücken musste, wenn sie etwas vom Boden aufhob.

Vor Elsbeth auf dem Tisch lag ein bunt bedrucktes Blatt Papier, darauf eine Lupe. Daneben standen zwei Gläser mit gelblicher Flüssigkeit. Der Flasche auf dem Sideboard nach zu schließen, handelte es sich um Eierlikör.

Elsbeth hatte rote Kreise auf den Wangen wie eine Geisha. Sie schwankte auf dem Stuhl hin und her, als wäre ihr der Eierlikör zu Kopf gestiegen. Nun ächzte sie überzeugend. »Ja, da haben Sie recht. Als ältere Frau kommt man mit so einem großen Haus schon an seine Grenzen.«

In diesem Moment stieß etwas gegen die Türklinke, die ein schrecklich lautes metallisches Geräusch von sich gab. Diese verflixte Greifhilfe! Der Bauunternehmer schrak hoch und drehte sich zur Tür. Luise zog ihren Busen ein und hielt den Atem an. Anna hinter ihr ebenso.

»Ach, das war nur die Katze«, sagte Elsbeth erstaunlich geistesgegenwärtig und hickste zweimal.

Bingenhoven wandte sich wieder zum Tisch und zeigte auf den Ausdruck. »Nun, dann kommt Ihnen mein Vorschlag sicher gelegen. Wenn Sie mir Ihr Haus überlassen, bekommen Sie dafür eine picobello neue Wohnung mit barrierefreiem Bad und eigener Putzfrau. Was halten Sie davon? Elsbeth?«

Luise hörte etwas zu Boden fallen und in Scherben zerspringen. Es folgte ein lautes Rumpeln, Schritte, dann schrie Elsbeth auf: »Mörder! Hilfe!«

Ohne Zögern stieß Luise die Tür auf. Elsbeths Stuhl lag umgekippt auf dem Boden, und der Bauunternehmer beugte sich über sie. Seine kräftigen Hände näherten sich schon ihrer Kehle. Luise vergaß ihre zwickende Hüfte. Sie machte vier große Schritte, holte aus und schlug Bingenhoven mit aller Kraft die Greifhilfe auf den Schädel. Der Bauunternehmer verdrehte die Augäpfel, bis fast nur noch das Weiße zu sehen war, und knallte mit der Stirn auf den Tischrand, um dann wie in Zeitlupe auf den Boden zu rutschen.

»Wir haben ihn«, rief Anna triumphierend und machte ein kleines Indianertänzchen um den ohnmächtigen Bauunternehmer. Dann tippte sie die 110 in Elsbeths Telefon. »Hallo, Polizei? Wir haben den Mörder der Toten vom Bärensee gefasst!«

»Grundgütiger«, seufzte Anna Stunden später in der heimischen Küche. »Abgesehen von meiner Hochzeitsnacht 1958 habe ich noch nie etwas so Peinliches erlebt.« Sie schüttelte den Kopf und wollte gar nicht mehr damit aufhören.

»Dabei waren wir uns so sicher, dass Silberlocke der Mörder ist.« Luise goss ihre Gläser erneut mit Heinrichs selbstgebranntem Birnenschnaps voll. »Hoffentlich treffe ich diesen Kommissar nie wieder. Der hätte uns doch am liebsten bei Wasser und Brot eingekerkert. Na ja, ich muss zugeben, wir sind wohl auch ein klein wenig übers Ziel hinausgeschossen.«

»Bestimmt spielt der Polizeipräsident mit Bingenhoven Golf«, mutmaßte Anna. »Die da oben stecken doch alle unter einer Decke.«

»Da magst du recht haben«, stimmte Luise zu. »Es ist aber leider erwiesen, dass Bingenhoven auf Geschäftsreise in Amerika war, als Friederike starb.«

»Ja, ich weiß. Wenn man das bedenkt, war es sehr nett vom Kommissar, uns mit dem Streifenwagen nach Hause zu bringen. Eigentlich schade, dass die Nachbarn nichts davon mitbekommen haben.«

Luise winkte ab. »Das haben sie nur gemacht, weil sie Friederikes Perücke holen wollten.« Dann lächelte sie. »Unglaublich, dieser Abend. Im *Komödienstadel* hätte ich so was lustig gefunden. Besonders die Stelle, wo der Notarzt den Bauunternehmer auf die Trage verfrachtet und den beiden alten Damen eine Anzeige wegen schwerer Körperverletzung prophezeit.«

»Die werden wir auch noch überstehen.« Anna sah auf die Uhr. »Schon kurz nach drei. Wo Charlotte nur steckt? Ich habe vorhin bei ihr reingesehen, ihr Bett ist unberührt.«

»Was vermutlich nicht für Charlotte gilt.« Luise kicherte. »Komm, Anna, lass uns schlafen gehen. Morgen ist auch noch ein Tag.«

Am nächsten Abend verfolgten die beiden die Regionalnachrichten, um zu erfahren, wie die Ermittlungen der Polizei vorankamen. Doch der Sprecher verlor kein Wort über ihren Fall. Stattdessen kam ein Bericht über einen Heiratsschwindler.

Als sein Phantombild eingeblendet wurde, stellte Luise den Fernseher leiser. »Wir müssen irgendwas übersehen haben«, murmelte sie und zupfte an dem Papiertaschentuch herum, mit dem sie sich alle paar Minuten den Schweiß von der Stirn wischte. Die Hitze lag wie eine Heizdecke über Heslach. Alle Fenster standen sperrangelweit offen, aber nicht das kleinste Lüftchen regte sich im Tal.

»Auch die Kripo muss etwas übersehen haben, sonst hätte sie Friederikes Mörder doch längst gefasst.« Anna setzte sich auf. »Okay, lass uns alles noch einmal durchgehen. Punkt eins: die Perücke, die dein Enkel in der Nähe von Friederikes Haus gefunden hat. Sie gehört hundertprozentig ihr, darauf verwette ich meine Lebensversicherung.«

»Gut. Punkt zwei: Wie kam die Perücke dorthin?«, machte Luise weiter. »Sie könnte heruntergefallen sein, als der Mörder Friederikes Leiche aus dem Haus geschafft und in seinem Auto deponiert hat.«

Anna nickte. »Bis jetzt klingt alles logisch. Machen wir weiter: Punkt drei. Der silberne Porsche, den Elsbeth vor Friederikes Haus gesehen hat. Möglicherweise hat ihn jemand anders gefahren.« Sie zögerte. »Ich frage mich gerade, wie man in einem Porsche eine Leiche versteckt. Hat so ein Sportwagen überhaupt einen Kofferraum?«

»Ja, aber der ist nicht groß«, sagte Luise. »Und die Rückbank ist auch eher winzig. Das weiß ich aus dem neuen Museum in Zuffenhausen, das wir mit der Seniorengruppe besichtigt haben.«

»Wo soll der Fahrer die Leiche dann untergebracht haben? Wohl kaum auf dem Beifahrersitz, wo sie jeder sehen konnte.«

»Vielleicht sind wir auf der falschen Fährte.« Luise hatte einen Geistesblitz. »Elsbeth hat doch nicht nur den silbernen Porsche, sondern auch einen BMW vor Friederikes Haus gesehen.«

»Stimmt«, sagte Anna. »Schwarz, wenn ich mich richtig erinnere.«

»Als wir Bingenhoven observiert haben, fuhr er aber keinen schwarzen BMW«, erwiderte Luise. »Folglich muss der Wagen jemand anders gehören. Aber wem?« Grübelnd schweifte ihr Blick durch den Raum und fiel auf den Fernsehschirm. »Anna, sieh doch!«, rief sie und drückte auf der Fernbedienung herum. »Da ist ein BMW, und der ist schwarz. Das kann doch kein Zufall sein!«

Anna wirbelte herum, aber nun wurde hinter dem Sprecher das Bild des Tour-de-France-Führenden eingeblendet.

»Lief da eben nicht ein Bericht über einen Heiratsschwindler?« Luise stand auf. »Ich schaue mal online unter swr.de.«

Anna folgte ihr ins Dachgeschoss, wo Luise für ihre Enkel ein Spielzimmer eingerichtet hatte. Darin stand auch ein knallroter Laptop.

»Zum Glück habe ich letzten Monat im Generationenhaus den Internet-Führerschein gemacht, um zu kontrollieren, wo die Kinder surfen.« Luise fuhr den Computer hoch und erklärte Anna: »Hier kann man alles nachlesen.« Gleich im ersten Absatz wurde sie fündig. »Ein Heiratsschwindler hat im Großraum Stuttgart zwei ältere Frauen um ihre Ersparnisse gebracht. Offenbar sucht er seine Opfer gezielt übers Internet und nimmt sie unter dem Vorwand einer Geschäftsidee aus. Mit Hilfe einer Betroffenen konnte die Polizei nun ein Phantombild erstellen.«

Schweigend ließen die beiden das Bild auf sich wirken: ein gutaussehender Mann Mitte sechzig. Volles weißgraues Haar, rahmenlose Brille. Mit seiner gesunden Bräune war der Mann ausgesprochen attraktiv.

»Der sieht ja fast aus wie Bingenhoven«, stellte Luise überrascht fest.

»Stimmt, man könnte sie leicht verwechseln.« Anna suchte Luises Blick, dann fiel bei beiden der Groschen.

»Warte, vielleicht steht da noch was«, sagte Luise und scrollte weiter. Fieberhaft überflog sie den Text. »Da: Der Heiratsschwindler soll einen schwarzen BMW fahren!«

Anna wirkte erstaunlich ruhig, als wäre sie mit den Gedanken woanders.

»Was ist los?«, wollte Luise wissen. »Ist das vielleicht keine heiße Spur?«

»Schon. Aber da ist noch was. Weißt du, an wen mich dieses Phantombild auch erinnert?« Anna atmete durch, bevor sie fortfuhr. »An den Wiener, mit dem wir Charlotte neulich im Café haben sitzen sehen.«

Es dauerte eine Weile, bis sie sich dazu durchringen konnten, Charlottes Zimmer zu durchsuchen. Doch bis auf bügelweise neue Kleider und einen Stapel Schuhkartons entdeckten sie nichts Auffälliges. Schließlich fiel Annas Blick auf das Bett. Etwas Helles lugte unter Charlottes Kopfkissen hervor. Sie hob das Kissen hoch. Darunter lag ein elfenbeinfarbenes Handtuch, das seiner auffallenden Stickerei nach aus einem Luxushotel in der Innenstadt stammte. Als Anna danach griff, fiel eine Visitenkarte mit Goldrand zu Boden.

Luise trat näher und hob sie auf. »Hofrat Johannes von Strauß. Investor.« Sie sah Anna an. »Was soll das bedeuten?«

»Das kann ich dir sagen«, meinte Anna spitz. »Charlotte ist eine Romantikerin. Bestimmt ist das geklaute Handtuch eine Erinnerung an ihre Schäferstündchen mit diesem Hofrat.«

Binnen kurzem waren die beiden mit dem ausgedruckten Phantombild des Heiratsschwindlers in Heinrichs Polo auf dem Weg zum Hotel. Mit einer Andeutung über einen untreuen Ehemann und einem 50-Euro-Schein brachte Anna den Portier dazu, ihnen die Zimmernummer des Herrn Hofrat diskret auf einen Notizzettel zu schreiben.

»Sollen wir nicht besser die Polizei rufen?«, fragte Luise im Aufzug.

Anna tippte sich an die Stirn. »Niemals! Die würden uns

glatt in Zwangsjacken stecken und in die Klapsmühle einliefern. Nein, das regeln wir selbst.«

Auf Zehenspitzen schlichen die beiden zur Zimmertür und lauschten. Drinnen unterhielten sich ein Mann und eine Frau. Da die Stimme des Mannes lauter war, bekamen sie Wortfetzen wie »einmalige Gelegenheit«, »Startkapital« und »hohe Rendite« mit. Leider war die weibliche Stimme so leise, dass sie nicht feststellen konnten, ob es sich um Charlotte handelte.

Mit einem weiteren Schein überredeten sie ein Zimmermädchen, an die Tür zu klopfen und eine Nachricht für Charlotte abzugeben. Auf die Rückseite des Notizzettels von der Rezeption hatte Anna geschrieben: »Achtung, Johannes ist ein gefährlicher Betrüger!«

Aus sicherem Abstand beobachteten Anna und Luise, wie das Zimmermädchen klopfte und eine männliche Hand den Zettel entgegennahm. Die protzige Armbanduhr am Handgelenk erkannte Luise sofort, die hatte der Österreicher auch an jenem Vormittag im Café am Bihlplatz getragen. Erst als die Tür sich schloss und das Zimmermädchen davoneilte, ging ihr auf, welch großen Fehler sie gerade begangen hatten. Eiskalt lief es ihr den Rücken hinunter. »So ein Mist, wenn er den Zettel nicht an Charlotte weiterreicht, sondern selbst liest –«

Wie aufs Stichwort ertönte aus dem Zimmer Gebrüll. Etwas krachte, dann kreischte eine Frau. Luises Blutdruck schoss in die Höhe. Warum hatte sie bloß nicht an die praktische Greifhilfe gedacht? Hastig rannte sie hinter Anna her, die schon an der Tür war und mit den Fäusten dagegentrommelte. »Sofort aufmachen, hier ist die Polizei!«

Das Gebrüll drinnen wurde noch lauter. Eine weibliche Stimme, die eindeutig Charlotte gehörte, rief um Hilfe. Panisch sah Luise sich im Hotelflur um. Ihr Blick fiel auf eine Glasscheibe schräg gegenüber. Sie zog ihre faltbare Gehhilfe aus der Handtasche und schlug damit die Scheibe ein. Eine Sekunde später gellte ein ohrenbetäubendes Klingeln durch den Flur.

In strahlendem Blau leuchtete der Sommerhimmel über dem Marienplatz. Nur an der Karlshöhe trieben ein paar Schäfchenwolken.

»Lass uns anstoßen.« Anna hob ihr Sektglas und prostete Luise zu. »Sobald Charlotte aus ihrer Kur zurück ist, müssen wir das wiederholen, aber dann mit echtem Champagner. Und jetzt: auf unseren Erfolg. Und unsere weibliche Intuition.«

Als Luise das Glas abstellte, huschte ein Schatten über ihr Gesicht. »Das mit der Uhr hätte mir eher auffallen müssen. Auf dem Porträt von Friederikes Vater über ihrem Sofa war sie nicht zu übersehen.«

»Mach dir keine Vorwürfe«, versuchte Anna sie zu trösten. »Auch Miss Marple hat klein angefangen. Wie konnten wir ahnen, dass Friederikes Mörder derselbe Mann ist wie Charlottes Verehrer?« Noch immer fassungslos hob sie die Brauen. »Nicht zu glauben, dass die gute Friederike einem Heiratsschwindler aufgesessen ist. Es muss ihr ernst gewesen sein, sonst hätte sie ihm nie die Uhr ihres Vaters geschenkt. Und zum Dank hat er sie in der eigenen Badewanne …« Sie brach ab und biss sich auf die Lippen.

»Hier und da haben wir uns reichlich blöd angestellt«, meinte Luise. »Dass der Bauunternehmer es nicht gewesen sein konnte, war eigentlich klar. Ich meine, der hätte doch nie den Plan des Apartmenthauses zurückgelassen.«

Anna winkte ab. »Im *Tatort* verfolgen die auch erst mal viele falsche Spuren, bis sie die richtige finden. Hauptsache, wir haben Charlotte gerettet.« Sie lächelte versonnen. »Das Gesicht des Kommissars werde ich nicht so schnell vergessen. Da steht noch eine Entschuldigung aus.«

»Wir könnten ihn zur Eröffnung einladen«, schlug Luise vor. »Bis dahin hab ich auch meinen Führerschein. Ich bin übrigens die älteste Fahrschülerin von ganz Stuttgart.«

»Bestimmt verleiht der OB dir dafür die Ehrenbürgerschaft.« Anna lachte und nahm noch einen Schluck Sekt. »Auf die Eröffnung unseres Detektivbüros. Heslacher Panther, klingt doch toll, nicht? Zum Wohl, Luise.«

Gaisburger Marsch

Das Besondere an diesem schmackhaften, gehaltvollen Eintopf ist die Kombination der Beilagen Kartoffeln und Nudeln (in Form von Spätzle), weshalb er auch als »Kartoffelschnitz und Spätzle« bekannt ist. Der Name geht auf den Stuttgarter Stadtteil Gaisburg zurück. Einer Legende nach soll es dort im 19. Jahrhundert eine Gaststätte namens *Bäckerschmiede* gegeben haben, in der dieses Gericht serviert wurde. Weil sie die übliche Mannschaftsverpflegung nicht mochten, marschierten die privilegierten Offiziersanwärter aus der Berger Kaserne in militärischer Ordnung zum Essen nach Gaisburg. Nach diesem Fußmarsch ist das Gericht benannt. Eine andere Legende erzählt, dass die Männer aus Gaisburg in Kriegsgefangenschaft gerieten. Ihren Frauen wurde erlaubt, sie einmal am Tag mit Essen zu versorgen, jede durfte allerdings nur einen Topf mitbringen. Die cleveren Frauen fügten darin alles zusammen, was gut schmeckte und nahrhaft war, und marschierten damit jeden Mittag zum Gefängnis.

Zutaten für 4 Personen:
1 kg Rindfleisch
einige Suppenknochen
1 Stange Lauch
1 große Karotte
ein kleines Stück Sellerie
3 Zwiebeln
2 Gewürznelken
1 Lorbeerblatt
½ kg Kartoffeln
250 g Spätzle
geriebener Muskat
2 EL Butter
Petersilie oder Schnittlauch

Gemüse in Würfel und in Scheiben schneiden. Eine der Zwiebeln schälen, halbieren und mit den Gewürznelken spicken.

Fleisch und Knochen in kaltem Wasser waschen und mit dem Gemüse, den Zwiebeln und dem Lorbeerblatt in 1,5 l kochendes Salzwasser geben und etwa 1,5 Stunden kochen lassen.

Kartoffeln schälen und in Würfel schneiden. Fleisch aus der Brühe nehmen und auf einem Teller ablegen. Brühe durchseihen und wieder aufkochen lassen. Darin die Kartoffeln gerade gar kochen, nicht zu weich! Die Spätzle kochen, abtropfen lassen und in Butter schwenken.

Nun das Fleisch würfeln und mit den Spätzle in die Brühe zu den Kartoffeln geben. Mit einer Prise Muskat abschmecken. Die zweite Zwiebel würfeln und in Butter schmälzen. Eintopf mit den gerösteten Zwiebeln und – je nach Vorliebe – mit gehackter Petersilie oder Schnittlauch bestreut servieren.

Vegetarische Alternative:
1 Zwiebel
Petersilie
1 Möhre
100 g Sellerie
¾ l Gemüsebrühe
½ kg Kartoffeln
250 g Vollkornspätzle
Butter
Schnittlauch
vegetarische Würstchen oder Tofu

Petersilie und Zwiebel fein hacken. Möhre und Sellerie kleinschneiden. Zwiebelwürfel anbraten, das Gemüse dazugeben und kurz mitbraten. Gemüsebrühe zufügen und aufkochen lassen. Kartoffeln schälen, scheibeln und in der Brühe kochen.

Vollkornspätzle extra kochen und in Butter schwenken.

Zwiebel in Scheiben schneiden und in Butter bräunen.

Spätzle zu Gemüse und Kartoffeln geben, darüber die angebräunten Zwiebelscheiben. Mit Schnittlauch garnieren.

Je nach Geschmack vegetarische Würstchen hineinschneiden oder Tofustücke (angebraten) hinzugeben.

Eva Klingler

Die vermaledeiten Hefeknöpfle

11. März 2010

Das kleine württembergische Bad Herrenalb liegt am Ende eines langgestreckten Tals, dessen Durchquerung nun vom badischen Karlsruhe aus mit einer Straßenbahn erleichtert wird.

Doch von der schwäbischen Hauptstadt aus gesehen, scheint manchem der Weg in das Städtchen, von dessen Kern aus sich sieben Täler eröffnen, offenbar zu umständlich. Keine direkte Zugverbindung vom Stuttgarter Bahnhof, keine Autobahn, die den Großstädter schnell in die Idylle bringt.

Deshalb gibt es für den Geschmack der Kurdirektion zu viele unbewohnte Zimmer, zu viele Betten, in denen kein Schläfer liegt, zu viele Gasthäuser, die auf Esser warten.

»Entvölkerte Wirtschäftle. Leerständ bei de Zimmer. Bei mir wär des nicht passiert!«, herrschte Franz Pfau seine Gattin an, die wie immer nichts dafür konnte. Immer, wenn er erregt war, mischten sich bei dem gebürtigen Ludwigsburger schwäbische Ausdrücke wahllos wie Flickwerk in sein ansonsten korrektes Hochdeutsch. Es hätte eigentlich lustig und gemütlich klingen können, wäre er dabei nicht so aggressiv, dass die Sprache klang wie eine Waffe. »Wenn i dra denk … die wellet oifach net verstehe wie des geht. Als ich noch unser Hotel leitete und auch später, als ich Kurdirektor war …

da war Zuck drin. De Kneipe regelmäßig auf die Fenger guckt. Besprechungen. Außenfassaden einheitlich gestalten. Saubere Außenanlagen. Die Mottomonate penibel einhalten. Nicht zu viele Gastarbeiter einstellen. Du kasch verlange, dass de älle Deitsch verstandet. Schwäbische Ordnung und Behaglichkeit. Nachts sichere Straßen. Zack, zack. Heute herrscht hier ein Unternehmensgeist wie in der früheren DDR. Und deshalb gucke se domm.«

Und in der Tat. Der einstmals durchaus elegante Kurort mit gutbürgerlichen Villen, die soliden Schwarzwaldluxus ausstrahlen, dümpelt heute ein wenig vor sich hin, und obwohl sich die Kurverwaltung in der Ära nach dem mächtigen Herrn Pfau durchaus anstrengt, drehen sowohl zum mittäglichen Tanztee als auch in den wenig aufregenden Ladenstraßen des winzigen Innenstadtbereichs hauptsächlich ältere Semester die Runden. Jüngere und zünftigere Wanderer durchschneiden den Kurpark zügig in Richtung Ortsteil Gaistal, noch abgelegener, dafür rustikaler, und marschieren zur Teufelsmühle oder anderen Zielen in den Wäldern, die den kleinen Ort so dicht umgeben, als hielten sie ihn schützend in ihrer Hand.

Bisher bot sich den Ausflüglern als Rast nur eine bescheidene Auswahl von Gaststätten des Typs Waldcafé an, doch seit es das *Il Tresoro* gab, fand der eine oder andere den Weg ins Gaistal – des Essens wegen. Früher undenkbar, als das Gaistal noch lediglich Schnitzel oder Zwiebelrostbraten, Maultaschen oder Geschnetzeltes mit Spätzle bot.

Verantwortlich für die kulinarische Aufwärtsentwicklung des kleinen Seitentals war nicht nur das *Il Tresoro* selbst, eine kühl-nüchtern eingerichtete Lokalität mit nur als Akzent eingesetzten Bildern eines auf Olivgrün und Sienagelb reduzierten Italiens, sondern vor allem die Chefin. Signora Montevicelli war zwar nicht mehr jung an Jahren, doch sie besaß etwas, das in einem traditionsreichen und ein wenig traurigen Kurort mehr gilt. Weil es so selten ist: Niveau. Grazie. Charme. Leise, reife Erotik.

Deswegen tagte der Stammtisch »Herrenalb hat Zukunft« auch regelmäßig und mit Genuss in diesem Restaurant. So wie heute. Eine Dame, sechs Herren, die die touristischen Aussichten des Örtchens fest im Auge hatten.

»Wunderbar, die Fusilini mit gegrillten Artischocken«, befand Herbert Klosters. War er ein Nachkomme der Mönche, die in Herrenalb einst gewirkt hatten? Er ließ die Frage ganz gerne offen. Womöglich aus den Lenden eines Mönchs zu entstammen gab ihm etwas Mystisches. Das bekam auch dem Mineralienladen, den er in der Fußgängerzone betrieb, nicht schlecht.

»Ich nehme nur Salat!« Hubert Gräh, der zu vollschlanke Bürgermeister des Ortes, hätte auch sein eigener Kurgast sein können. Oder bei Renika Stäffele einkaufen können, der Apothekerin und einzigen Dame am Stammtisch.

Reinhold Braumeister und sein Bruder Walter, zwei schmale, etwas nichtssagende Männer, die mit ihren identischen Goldbrillen und einheitlichen schwarzen Sakkos wie Zwillinge wirkten, waren alteingesessene Architekten und versuchten den neu erbauten Altenheimen der Schwarzwaldstadt solche Gesichter zu geben, die ältere Menschen anlächelten und sie dazu brachten, hier eine Wohnung zu kaufen. Beide hatten Steak bestellt. Mit Salbeibutter und Trüffelkartoffeln.

Der Oberarzt einer der am Ort vertretenen Rehakliniken, Erik Steiger, genoss Carpaccio, ein riskantes, weil roh serviertes Gericht, das er »nicht *irgend*wo essen würde, nur bei Ihnen, liebe Signora Montevicelli!«.

Franz Pfau, früher Hotelbesitzer eben jenes alten Kastens, in dem heute die Rehaklinik untergebracht war, dann für viele Jahre Kurdirektor, heute Lokalpolitiker für eine konservative Partei, liebte kaum etwas so sehr wie die schwäbische Küche, die ihm zu Hause etwas ängstlich – »ob es denn auch schmeckt?« – von seiner Frau serviert wurde. Doch bei Signora Montevicelli bestellte er Saltimbocca ohne Bedenken, ohne Reue, ohne schlechtes Gewissen. Die Frau war einfach zu charmant. Die Küche blitzsauber. Die Gedecke ordentlich.

Alles solide. Beinahe schwäbisch. »Schnitzel kann i au dehoim ässe!«, sagte er anerkennend. »Das mit dem Salbei, das is exotisch, aber oinewäg äbbes rächts!«

»Meine Herren«, Signora Montevicelli setzte sich an den freien Eckplatz des Stammtisches und spielte mit ihren gepflegten Fingern an den Falten einer Serviette herum, »ich hatte immer den falschen Eindruck von den Deutschen.«

Die Runde hielt die Luft an.

»Von den deutschen Männern. Sie sind nicht böse, nicht wahr?« Das ›r‹ wurde satt, warm und erotisch gerollt. »Aber es hieß früher immer bei uns, deutsche Männer seien nicht ... wie sagt man, mannhaft?«

»Männlich?« Klosters runzelte die Stirn. Er hatte sechs Kinder. Nicht männlich?

»Aber jetzt denke ich anders. Italienische Männer. Pah. Sie posaunen laut wie die Elefanten und geben an, doch wenn es drauf ankommt, verschwinden sie wie Mäuse in ihren ... wie sagt man ...Lochen.«

»Löchern?« Renika Stäffele lächelte multikulturell und versuchte, es nicht belehrend klingen zu lassen.

»Oh, scusi ...«

»Ich wollte, ich könnte so gut Italienisch wie Sie Deutsch, Signora!« Erik Steiger verbeugte sich. Er lebte in Trennung und hätte längst ein Auge auf die angesehene Wirtin des Edel-Italieners geworfen, erzählte man sich nicht im Ort, sie sei mit einem reichen und mächtigen Sizilianer verheiratet. Einem, der Strippen ziehen könne ...

»Wie kommen Sie auf diese Sinnesänderung, liebe Wirtin?«, fragte einer der Architekten. Der andere Bruder nickte synchron.

»Luigi, prego, noch ein Tiramisu. Geht aufs Haus. Sagt man so? Also, wenn ein Italiener die Gefahr sieht von ... weitem ... ist er Löwe. Steht sie vor ihm, so verwandelt er sich in ... eine Maus. Würde dem Verbrecher, der ihn überfällt, am liebsten zwei Brieftaschen geben und noch die eigene Frau dazu, nur dass er unrasiert davonkommt.«

»Ungeschoren«, lächelte Renika Stäffele liebevoll verbessernd.

»Wenn Sie das sagen, Signora«, murmelte Klosters. »Aber Zivilcourage, das ist immer eine ganz persönliche Sache.«

»Das stimmt vielleicht?« Die elegante Wirtin sah zweifelnd in die Runde und lächelte dann Franz Pfau auf eine Weise an, wie ihn schon lange keine Frau mehr angelächelt hatte. Er plusterte sich auf.

»Lompezeug. Zivilcourage! Was hoißt no des?«, sagte Franz Pfau in seiner autoritären Art, die ihm zwar einen gewissen Respekt, aber nicht überall Freunde eingebracht hatte, und verfiel vor Erregung abschnittweise wieder in seinen heimischen Dialekt. »Des isch ganz oifach: Entweder bin ich ein Feigling, dann steh ich dazu und läb danach. Verlass mich drauf, dass andere die Kartoffle aus dem Feuer holet. Oder ich bin ein Kerle und stelle mich jedem Gängschter in den Weg, der mich oder meine Leit bedroht. Wir sind hier im Schwarzwald dahoim und haben koi Angscht im Dunkle! Vonwäge. Unsere Vorfahre hen es noch mit Bäre zu tun g'habt.«

»Wir fürchten nichts, außer, dass die Tagesgäste wegbleiben …«, versuchte sich Bürgermeister Gräh an einem Scherz und holte einige Unterlagen aus seiner Aktentasche. »Ich habe hier die Entwürfe für die Weihnachtsbeleuchtung und bitte um Beschluss.«

»Ich will nicht länger bei der Arbeit stören, aber *Sie* sind ein Mann! Wir können lernen von Ihnen.« Signora Montevicelli erhob sich, drückte Franz Pfaus Arm kurz, aber vielversprechend, bevor sie wiegenden Schrittes davonging und dem Kellner half, die köstlichen Nachspeisetellerchen zu verteilen.

»Franz Pfau zeigt jedem die Fauscht, der uns an den Krage will. Darauf könnet Sie sich verlassen. So sicher, wie's im Winter am Dobel schneit, und so sicher, wie die Spätzle aus dem Schwobaländle stammet.« Und er lachte. Dröhnend. Machtvoll.

Bürgermeister Gräh versuchte, sich endlich mit seinen Plänen durchzusetzen. »Ich finde, dass diesmal alle Geschäfte mitmachen sollten. Ausnahmslos. Wir sind Schwaben, aber wir sollten daran nicht sparen. Und das diesjährige Motto soll sein: Weihnacht im Schwarzwald, wie es früher war!«

»Hört, hört!«

Die Architekten grinsten. »Hoffentlich nicht ohne Stadtbahnanschluss. Erinnern Sie sich, noch vor fünf Jahren …«

Der Abend klang mit einem Sambucca aus. Oder waren es zwei.

Jedenfalls behielten alle das *Il Tresoro* samt Wirtin in angenehmster Erinnerung.

6. Juni 2010

So angenehm, dass der Stammtisch beschloss, den Empfang anlässlich Franz Pfaus fünfundsechzigstem Geburtstag dort abzuhalten. Die Signora hatte den Bürgermeister selbst auf die Idee gebracht, als dieser mit seiner Familie dort essen war und sie den drei Kindern Eis mit lustigen Hütchen gratis serviert hatte.

»Ich will keine Fremde bleiben«, sagte sie bescheiden. »Ich will mich in das Gemeinde einbringen. Nicht nur mit die Steuern. Auch mit meine Kraft und meine Können, Sie verstehen?«

Das gerollte ›r‹ gab den Ausschlag. Tischordnung und Sektempfang waren mit der Signora schnell und aufs Vorteilhafteste besprochen worden.

Doch die eigentliche Überraschung folgte am Abend selbst. Auf der guten Menükarte thronte als Hauptgericht nicht etwa eine Speise aus der Heimat der Signora, sondern etwas bodenständig Schwäbisches: *Böff la Mott mit Hefeknöpfle* stand da, mit schwungvoller Frauenhand geschrieben.

Franz Pfau war gerührt und begeistert.

Kaum konnte er die zahlreichen Reden zu seinem Ehrentag genießen, so freute er sich auf die selten genossene Spezialität. Das Fleisch: Rinderschulter. Dunkel, würzig, im Mund fast zergehend. Und die Marinade: Puderzucker, abgelöscht mit kräftigem Rotwein! Drei Tage hatte das Fleisch darin verbracht. Die Sauce mit Cognac, Sternanis, Wachholder, Zimt, Ingwer, Sellerie und Karotten abgeschmeckt. Die Hefeknöpfle weich und doch bissfest. Man schmeckte das Ei und die gute Butter.

»Wusstet ihr«, verkündete er kauend der Runde um ihn und schob die Blumensträuße etwas zur Seite, damit alle sein rotes, volles Gesicht sehen konnten, auf dessen Stirn Schweißperlen glänzten, »dass dieses Gericht angeblich in Bayern zu Beginn des 19. Jahrhunderts entstanden ist? Zu der Zeit, als man sich gegen die Preußen und die Österreicher mit den Franzosen verbündet hatte. Es heißt korrekt ›Boeuf à la mode‹.«

Alle nickten beeindruckt.

Franz Pfau beugte sich vor und fügte leise an: »Ein Franzosenessen und doch ein schwäbischer Klassiker! Ich bin ja bekanntlich sonst nicht so für Ausländer ... oder – wer's lieber hört – für Leute mit Migrationshintergrund, die unsere Kultur allmählich unterwandern und unsere Kassen leerfressen, aber die Signora und dieses Böff hier – säll do dürfen ruhig bleiben.« Lachte guttural. »Schmeckt einfach wunderbar.« Vor lauter Begeisterung hatte sich das Schwäbische in seine Worte eingeschlichten: »Was rächts.«

Die Runde war sich einig.

»Ja, aber hallo, meine schöne Italienerin«, Franz Pfau wurde mit jedem Glas Trollinger besserer Laune, »wo haben Sie denn so wunderbar schwäbisch kochen gelernt? Denn dass dieses köstliche Gericht von Ihnen und nicht von irgendeinem Ihrer Romeos in der Küche dahinten ist, des spürt man mit jeder Faser. Därft ich Sie zu meiner Hausköchin ernennen?«

Und er gestattete sich, der Signora um die Taille zu greifen.

Sie entwand sich mit Charme. »Signore Pfau, zu viel der Ehre. Niemals wird eine Italienerin schwäbisch kochen wie eine Schwäbin.«

»Vonwäge. Ich mueß sage: des gibt's. Seit heut! Gucket hier.« Pfau prostete der Runde zu. »Hoch die Tassen, ihr Flaschen!« Und lachte dröhnend. Hielt inne und lauschte.

Auch die anderen spitzten die Ohren. Draußen vor dem Restaurant waren für die ruhige Straße ungewöhnliche Geräusche zu hören: Reifen quietschten. Eine Autotür schlug dumpf zu. Dann noch eine. Schritte auf dem Kies. Knirschen. Dann flog die Eingangstüre auf und drei dunkel gekleidete Männer mit Strumpfmasken verteilten sich mit beängstigender Geschwindigkeit im Raum.

Sie hatten Waffen, die nicht nach Spielzeugen aussahen, sondern bedrohlich echt, und was das Erschreckendste war: Sie sahen benutzt aus. Nicht, dass einer der Gäste die Nerven gehabt hätte, diese Dinge zu bemerken …

»Was ist los? Gehen Sie. Wer sind Sie?« Die Signora stand wie erstarrt. Leise wiederholte sie ihre Worte auf Italienisch.

»Nix Italienisch. Ruhe! Geben Geld. Uhren. Schmuck. Schnell.« Es schallte wie ein undefinierbarer, eher osteuropäischer Akzent hinter der anführenden Strumpfmaske hervor.

»Scheiße!«, stieß Renika aus, bevor ihr die Stimme erstarb.

Der Bürgermeister wollte sich erheben, sank aber kraftlos wieder auf seinen Stuhl, als einer der Männer die Pistole in seine Richtung wedelte. Die Kellner schienen in Wachsfiguren verwandelt zu sein. Die beiden Architekten verhielten sich wie Kinder in der Schule, wenn der Lehrer ein Opfer zum Abhören sucht: Sie sahen zu Boden in der Hoffnung, unsichtbar zu sein.

Einer der Männer hielt einen Jutesack in der freien Hand und begann Uhren, Schmuck, Ringe und Geldbörsen einzusammeln. Wenn jemand zögerte, wedelte er mit seinem Revolver. »Los! Auch Handy. Alle geben Handy!«

»Was fällt Ihnen ein? Das sind meine Gäste.«

»Halten Mund, sonst … kein Scheiß. Kreditkarten. Und Ladenkasse. Mache leer.«

»Nein, nein. Das können wir nicht zulassen …« Hilflos irrte der Blick der Signora durch ihr Lokal.

Der Anführer hob die Pistole und schoss auf einen der Spiegel neben der Bar. Glas zerbarst. Die Frauen kreischten.

»Sie zerstören mein Lokal. Lassen Sie meine Gäste in Ruhe.

Nehmen Sie Kasse, aber ... so tut doch einer etwas! Ein Mann, wo ist ein Mann?«

»Momentchen, ihr ...« Einer erhob die Stimme. Der irrende Blick der Signora war nämlich an Franz Pfau hängen geblieben. An ihm, dem einzigen Mann im Raum, der den Namen verdiente. Das wusste jeder, denn er hatte es jedem gesagt.

Schwer erhob er sich, leicht taumelnd vom Wein. »Ihr Hottentotten. Ihr hergelaufenen ... Verschwindet, aber sofort. Einer muss in diesem Land mal für Ordnung sorgen! Haut ab. Sofort alles hinlegen.«

Franz Pfau torkelte auf den Wortführer zu.

»Zurück. Sonst schieße!«, schrie der überschnappend unter seinem Damenstrumpf hervor.

»Na, schieß doch. Trau dich! Vandalen! Lasst uns in Ruhe. Verschwindet auf den Balkan, wo ihr herkommt!« Pfau blieb nicht stehen, wankte weiter.

Doch es sollten seine letzten Schritte in diesem Leben sein. Ein Schuss aus nächster Entfernung traf ihn. Nur ein einziger. Nicht mal laut. Doch er reichte aus. Pfau verrenkte sich grotesk, ruderte mit den Armen, drehte sich um die eigene Achse, nahm einen Stuhl mit und sank zu Boden.

Die Männer stießen einen fremdländischen Laut aus, ließen den Sack mit dem Erbeuteten fallen und rannten hinaus. Türen schlugen, Reifen quietschten, ein Motor heulte auf.

»Sie hauen ab. Ich geh raus!«, rief Gräh. »Man muss die Nummer notieren!«

Einige Beherzte drängten sich hinter dem Bürgermeister zur Tür.

»Nur noch die Rücklichter«, sagte Gräh mutlos. »Irgendein dunkles Auto. Ich habe kein Nummernschild lesen können. Ruft die Polizei. Schnell.«

»Garantiert keine Fingerabdrücke an dem Jutesack hier. Und nicht an den Türgriffen. Nirgends. Sie hatten Handschuhe an«, bemerkte Klosters, als die Männer wieder ins Restaurant zurückkehrten. »Das waren Profis! Und der eine Posten, den wir in Herrenalb haben, kann nicht alle Ausfallstraßen aus dem

Tal kontrollieren. Wenn die schlau sind, hauen sie Richtung Dobel ab. Da holt sie keiner mehr ein.«

Weiter hinten stieß Renika Stäffele jetzt einen schrillen Schrei aus. Zusammen mit den anderen Frauen und dem einzigen Arzt unter den Gästen hatte sie sich um Franz Pfau gekümmert. »Ich glaube«, sagte sie erstickt, »ich glaube, der Pfau ist tot.«

»Dio mio, no! Nein!«, flüsterte die Signora. »Ich bin vernichtet. Diese Schande. Ich danke Gott, dass es keine Italiener waren. Ich hätte mich umgebracht, wenn meine Leute …« Und sie weinte so sehr, sie war kaum mehr zu beruhigen.

»Keine Italiener«, bestätigten alle Zeugen bei der ersten Befragung durch die Polizei. »Das steht fest!«

Gewiss stand das fest, denn Signora Montevicelli hatte es gesagt. Und die musste es wissen.

11. Juni 1985

»So, so … das ist also das, was ihr in Italien unter Hefeknöpfle versteht.«

»Ich habe mich bemüht, Herr Pfau!«

»Bemühen reicht eben nicht!«, brüllte der große Mann und drängte die zierliche Köchin zur Seite, wobei er anzüglich ihren Po streifte. »Wenn ich in ein anderes Land komme, in dem ich eigentlich nur geduldet bin, und man erlaubt mir, der Aushilfe, ein einheimisches Gericht zu kochen, dann behandelt man dieses Gericht mit Respekt. Verstanden!«

»Ja.«

»Nein. Dein Essen schmeckt allesamt wie aus einer neapolitanischen Garküche. Ihr Itaker könnt von mir aus morgens schon Olivenöl trinken – in meiner Küche hat das Zeug nichts zu suchen. Butter, Sahne, gutes deutsches Sonnenblumenöl.«

»Olivenöl wird von den Gästen …«

»Solche Gäste will ich nicht. Weicheier. Du bist gefeuert. Probezeit nicht bestanden. Hol deine Papiere, deinen Restlohn und dann kannst du den nächsten Zug Stuttgart–Mailand nehmen. Capito?«

»Geben Sie mir noch eine Chance. Sie wissen, Franco und ich sind verlobt, und wenn ich hier am Ort keine Stelle habe ...«

»Auch noch. Wie die Karnickel treiben und danach mein Essen verderben. Aus. Raus. Und komm mir nicht mehr unter die Augen!«

Elisa Romerino sah ihrem Chef nach, wie er die Küche verließ. Die anderen Köche sahen sie an. Feixend. Manche schadenfroh. Nur Francos Augen waren ernst.

»Ich fahre nach Hause zurück, Franco. Nein, ich suche mir keine Stelle mehr. Hier will ich nicht bleiben. Aber – ich komme zurück! Eines Tages komme ich zurück, Franco. Und das ist der Tag, der auf Pfaus Stein stehen wird.«

»Auf welchem Stein?«, fragte Franco.

»Auf seinem Grabstein!«, sagte das Mädchen und lächelte charmant.

Hefeknöpfle

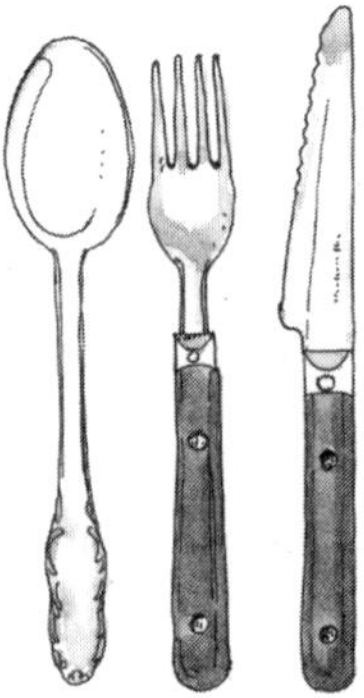

500 g Weizenmehl
1 Würfel Hefe
250 ml Milch, lauwarm
10 g Zucker
1 mittelgroßes Ei
100 g Butter
1 Prise Salz
5 EL Semmelbrösel

In lauwarmer Milch die Hefe mit dem Zucker auflösen, zugedeckt gehen lassen. Butter verflüssigen und wieder abkühlen lassen. Mehl in eine Schüssel geben, in der Mitte eine Mulde formen. Hefe-Milch in die Mulde gießen, das Ei und gut die Hälfte der Butter dazutun, salzen. Gründlich kneten, bis eine kompakte Teigkugel entsteht. Die Schüssel mit einem Teller oder Tuch abdecken. Eine halbe Stunde in Ruhe gehen lassen.

Dann aus dem Teig eine lange, gleichmäßige Wurst formen, gleichmäßige Stücke abschneiden (traditionell mit einem Bindfaden) und daraus Kugeln machen. Der Teig ergibt etwa drei Dutzend Knöpfle. Wenn es weniger sind, werden sie riesig, das geht aber auch – dann kann man sie nach dem Garen in dicke Scheiben schneiden.

Leicht gesalzenes Wasser in einem großen (!) Topf zum Sieden bringen, die Hefeklöße hineinsenken und 20 Minuten mit fest geschlossenem Deckel garen lassen. Bloß nicht zwischendurch öffnen! Die Knöpfle sollen ziehen, nicht kochen. Im Rest der Butter die Semmelbrösel gut einrühren und bräunen lassen. Die garen Knöpfle herausheben und in den gebräunten Semmelbröseln wälzen.

Böfflamott

1 kg Rindfleisch (Bugstück, Schmorbraten oder Tafelspitz)
30 g Butter, 1 Spritzer Öl
1 Zwiebel
1 Bund Suppengrün
1 EL Mehl
1 Glas Rinderfond
200 ml Weinessig
500 ml Wein
2 Lorbeerblätter
3 Körner Piment
Nelken
Salz und Pfeffer
Zucker
Sahne

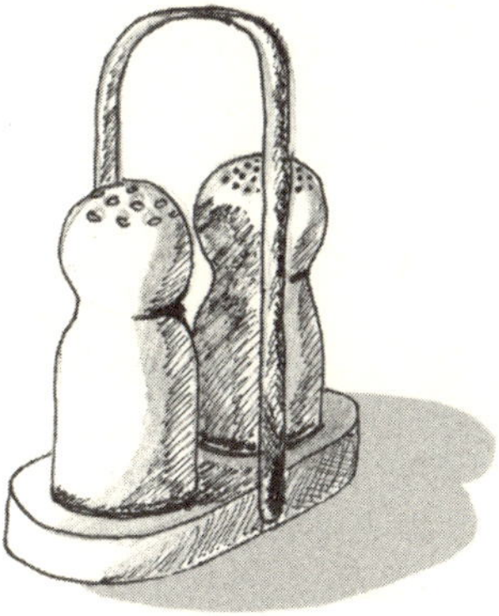

(Mengen für 6 Leut)

Böfflamott ist ein altes Rezept, das ursprünglich vom französischen Boeuf à la mode abstammt. Da die feine französische Küche einst in der Toskana entstand, kann man durchaus von italienischen Wurzeln reden …

Für die Beize Rotweinessig, Rotwein und Rinderfond in einen Suppentopf füllen und mit Senfkörnern, Wacholderbeeren, Lorbeerblättern und Nelken würzen. Wer es südlicher liebt, kann Thymian ergänzen. Die Beize einmal aufkochen, damit sich die Gewürze so richtig entfalten. Das Fleisch in eine Schüssel legen, mit der abgekühlten Beize begießen, zudecken und kaltgestellt 2–3 Tage ziehen lassen.

Nun frisches Suppengrün putzen, die Zwiebel pellen und alles würfeln. Das Fleisch aus der Beize nehmen und trockentupfen. Beize aufbewahren. Im Schmortopf Butter erhitzen, ein Spritzer Öl sorgt dafür, dass man heißer braten kann. Das Fleisch ringsherum kräftig anbraten, dann aus dem Schmortopf heben und so beiseitestellen, dass der Saft aufgefangen wird.

Suppengrün und Zwiebel bei mittlerer Hitze in dem Bratenfett anrösten, mit einem halben Glas Rotweinbeize ablöschen und Rinderfond zugießen. Das Fleisch auf das Gemüse legen, den aufgefangenen Fleischsaft dazu. Den Topf zugedeckt ganz unten im vorgeheizten Backofen bei 200 Grad 1 Stunde garen (Gas 3, keine Umluft). Nach 1 Stunde den Ofen auf 180 Grad mäßigen (Gas 2–3), die Hälfte der restlichen Beize angießen und das Fleisch noch 1 Stunde garen.

Nach Ende der Garzeit das Fleisch aus dem Schmortopf nehmen und abgedeckt im ausgeschalteten Ofen warm halten, so dass sich der Fleischsaft gleichmäßig im Braten verteilt.

Schmortopf auf den Herd stellen, restliche Beize angießen und die Röststoffe loskochen. Diesen Fond durch ein Sieb gießen. In einem Topf bei mittlerer Hitze Butter schmelzen. Das Mehl einrühren und unter ständigem Rühren in der Butter stark bräunen. Den Fond und Sahne zugeben und 2 Minuten unter Rühren kochen, das Sößle mit Salz und Pfeffer (evtl. etwas Zucker) abschmecken.

Den Braten in Scheiben schneiden und speisen.

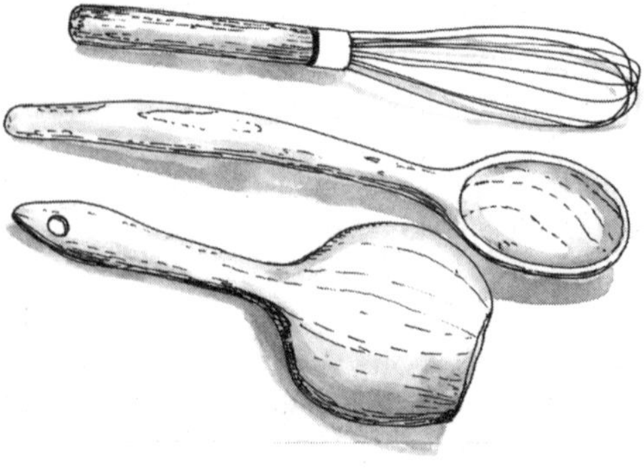

Gesine Schulz

Privatissima

Karo rollte sich auf den Bauch und sah auf den Wecker. Sieben Uhr. Sie griff nach dem bimmelnden Telefon und gähnte. Ihre Mutter.

»Karola, ich bin zurück aus der Hauptstadt. Kommst du Samstag zum Kaffee?«

»Nee, am Wochenende geht's leider nicht, Hildegard. Da bin ich unten in Stuttgart.«

»Ein neuer Fall?«

»Nein, das Jahrestreffen von Privatissima.« Karo war der Vereinigung für Privatdetektivinnen vor ein paar Jahren beigetreten. Das Netzwerk trat gegen die Diskriminierung von Detektivinnen in dieser von Männern dominierten Branche ein, förderte den Informationsaustausch und setzte auf gegenseitige schwesterliche Hilfe. Über die Mailingliste hatte sie schon manch nützliche Information erhalten und einmal sogar einen Auftrag[1].

»Stuttgart? Dieses Wochenende? Karola: die Schlosskirche! Du, Schatz, wenn ich dir meinen Fotoapparat vorbeibringe, würdest du dann in der Schlosskirche, oder davor, ein paar Fotos –«

»Hildegard, im Programm steht nichts von einem Gottesdienst. Es geht um Erfahrungsaustausch und Fortbildung. Abhörtechniken, Feng-Shui für Detekteien und so was.«

1 Siehe »Greiffenstein Junior« in: *Der Beuys von Borbeck*

»Ich meine doch die Hochzeit! Minte Freiin von Mollendink und Prinz Friedrich Eugen. Ich habe ein Interview mit ihrer Mutter gelesen. In der *Gala*. Sympathische Frau. Froh, dass ihre Tochter sich endlich entschlossen hat zu heiraten.«

Karo zog ihre Nase kraus. War das eine Anspielung?

»Jedenfalls, am Samstag in der Schlosskirche. Feier in einem feinen Hotel. Flitterwochen auf einem Schloss in Schottland. Könntest du nicht gegen Mittag kurz mal weg? Ihr macht doch bestimmt eine Pause.«

Karo seufzte. Sie holte die Anfahrtsskizze von ihrem Schreibtisch. »Das Tagungshotel liegt nicht weit vom Hauptbahnhof. Sehr praktisch.«

»Fährst du nicht mit dem Auto?«

»Ist in der Werkstatt. Die Zugverbindung ist gut, ohne Umsteigen.«

»Übernachtest du in dem Hotel?«

»Nee, ich suche mir in der Umgebung eine Pension und pendele.« Die Übernachtung in der Edelherberge konnte sie sich nicht leisten. Weshalb sie sich für den Workshop über Kundschaft mit Kohle angemeldet hatte. So leger wurde er nur in der Mailingliste genannt. Im gedruckten Programm hieß er *A-Kundschaft: Akquise & Pflege*.

»Wie heißt das Hotel denn?«

Karo las ihrer Mutter den Namen vor.

»Also, Karola, wenn du willst, fahre ich dich hin.«

»Nach Stuttgart? Wirklich? Das wäre fantastisch. Aber willst du die beiden Tage dort rumhängen?«

»Ach, ich gehe mittags zur Schlosskirche und knipse, und nachmittags setze ich mich in die Hotel-Lobby und halte Ausschau nach dem blauen Blut. Die Hochzeitsfeier findet in eurem Hotel statt! Es wird von Vons nur so wimmeln. Ich werde das hellblaue Jackenkleid anziehen. Gerade richtig für das schöne Maiwetter. Wann geht es Samstag bei euch los?«

»Schon um zehn.«

»Ich hol dich um fünf ab. Meinst du, ich muss einen Hut tragen?«

»Öh …«

»Gut, dann kaufe ich mir einen. Was Kleines, Fesches. Der von Camilla, auf ihrer Hochzeit, der gefiel mir gut. Und was ich noch sagen wollte: Ich hab dir aus Berlin was mitgebracht. Vom Winterfeld-Markt in Schöneberg. Fängt mit P an. Rate mal.«

»Eine Pflanze?« Hoffentlich nicht. Die gingen bei ihr immer ein.

»Dir schenke ich doch keine Pflanze! Nein, eine Pistolenplätzchenform. Was sagst du dazu? Die muss ich haben, sagte ich zu Frau Nickel. Mit ihr war ich auf dem Markt. Ihr Sohn wohnt da in der Nähe. Er ist schwul. Und meine Tochter ist Privatdetektivin, sagte ich. Dass du auch Putzfrau bist, habe ich natürlich verschwiegen.«

Karo nickte. War auch besser so, schließlich putzte sie schwarz, wenn auch hochbezahlt.

»Ich backe dir welche, Karola. Mit guter Butter. Vielleicht willst du deinen Kolleginnen am Samstag welche mitnehmen? Dann mache ich ein paar mehr.«

Pistolenplätzchen? Würde sie damit das rechte professionelle Image vermitteln? Andererseits wirkten Seminare häufig unterzuckernd auf sie … und immerhin waren es Pistolenplätzchen. »Klar, gute Idee, Hildegard. Danke. Tschüss.«

Eine Ehemann-Beschattung später saß Karo in ihrem kleinen Büro in der Essener Lichtburg und schrieb der Ehefrau eine saftige Rechnung. Ein dezentes Ping kündigte den Eingang einer E-Mail an. Von Privatissima. Betreff: Wichtige Info für Stuttgart. Tja. Sie rief ihre Mutter an.

»Hildegard, in Stuttgart hat sich was geändert. Das Hotel, inklusive Restaurants, Bar, Sommerterrasse und Wellness-Bereich, ist am Wochenende für Außenstehende geschlossen.«

»Ich höre wohl nicht recht! Das können die doch nicht machen! Zwei Tage vor der Hochzeit. Leute machen schließlich Pläne. Kaufen Hüte. Lassen ihre weißen Pumps besohlen. Und wieso das Ganze? Will der Adel unter sich sein? Müsst ihr mit eurer Tagung jetzt umziehen?«

»Nein, Tagungsteilnehmerinnen sind davon ausgenommen. Die Hochzeitsgäste, die auf der Einladungsliste stehen, natürlich auch. Erhöhte Sicherheitsstufe. Tut mir leid. Dann werde ich doch mit dem Zug –«

»Moment! Sicherheitsstufe? Erhöht? Warum?«

»Keine Ahnung.« Karo spürte, wie die Rädchen im Gehirn ihrer Mutter auf Hochtouren liefen.

»Karola, kannst du nachfragen?«

»Ping«, machte der Computer. Ina aus Krefeld hatte es schon erforscht. Sie hatte ihren Freund mitnehmen wollen. »Sauerei«, schrieb sie. »Der Hoteldirektor lässt nicht mit sich reden. Das ganze Gedöns nur wegen eines zusätzlichen Hochzeitsgasts aus England.«

»Hildegard, ein Hochzeitsgast aus England. Vielleicht kannst du deinen Hut ja umtau–«

»England …? Karola! Vielleicht kommt Charles! Oder Camilla! Nicht ausgeschlossen. Da gibt es eine Verbindung zum Königshaus. Über Prinz Friedrich Eugen sowieso. Und die Patentante von der Minte ist eine Kusine von der Queen. Um ein paar Ecken. Also, ich fahre dich auf jeden Fall. Und wenn ich nur vor der Kirche stehen und gucken kann. Oder … hm … Ich hab's! Karola, pass auf: Ich werde deine Assistentin.«

Karo schnappte nach Luft. »Wa-ha-ha-has?«, keuchte sie.

»Nur fürs Wochenende. So komme ich mit rein ins Hotel.«

»Aber du stehst auf keiner Liste.«

»Gleicher Nachname. Was können wir dafür, wenn da offensichtlich jemand vergessen hat, das ›und Hildegard‹ zu notieren?«

Karo schloss die Augen.

»Und was können wir dafür, wenn da offensichtlich jemand vergessen hat, das ›und Hildegard‹ zu notieren, junger Mann? Schreiben Sie es bitte jetzt dazu. Damit ich nachher keine Schwierigkeiten habe wieder reinzukommen. Ich muss noch mal kurz weg. Zur Schlosskirche.«

Der Hotelangestellte, der den Zugang zum Hotel kontrollierte, sah von seiner Liste zu Karo und wieder zu Hildegard.

»Ich verstehe«, sagte die. »Vorsicht ist die Mutter der Porzellankiste. Sie wollen Beweise. Bitte.« Sie öffnete ihre weiße Handtasche. »Hier. Mein Führerschein, mein Reisepass, mein Personalausweis, mein Impfpass und – meine Visitenkarte. Hildegard Rutkowsky, persönliche Assistentin der Geschäftsführerin. Glauben Sie mir nun?«

Er nickte, korrigierte die Liste, hakte die Namen ab und gab ihnen zwei gelbe Sticker. »Die müssen Sie sichtbar tragen. Nicht verlieren.«

»Visitenkarten?«, flüsterte Karo, als sie auf das Hotel zugingen. »Persönliche Assistentin der Geschäftsführerin?«

»Reg dich nicht auf. Hat doch alles bestens geklappt. Ich gucke mich nur kurz um, dann mache ich mich auf zur Schlosskirche. Ist nicht weit von hier, am Schillerplatz, da kann ich hinlaufen.«

In der Lobby bildete eine Blumeninsel in Form einer mehrstöckigen Hochzeitstorte das Herzstück der Dekoration. Ein Blütentraum in Weiß und Rosa, geschmückt mit Seidenbändern, Champagnergläsern und zwei glitzernden Krönchen. Ganz oben thronte ein kleiner aus Zucker gesponnener Amor.

Hildegard deutete auf eine Sitzgruppe. »Ich werde mich nachher da hinsetzen. Sieht gemütlich aus und scheint mir strategisch günstig zu sein. Gut, Karola, wir sehen uns später, ja?«

Karo nickte und folgte dem Wegweiser *Privatissima, Salon 5*. In der Kaffeepause war sie die Erste am Buffet. Den Kaffee hatte sie bitter nötig. Nur knapp war sie der Ernennung zur Protokollführerin der Sitzung entkommen. Mit einem Ohr hatte sie den ersten Kurzvorstellungen gelauscht. Regine, Chefin einer Berliner Detektei mit mehreren Angestellten, die ein Erfolgsjahr hinter sich hatte. Erika, die idyllisch in Mecklenburg wohnte, auf Internetbetrug spezialisiert war und eng mit der Polizei zusammenarbeitete, sogar mit Interpol. Ulli, eine Kunsthistorikerin, die hinter Beutekunst her war und zwischendurch auch noch Kunstdiebstähle aus Museen und privaten Sammlungen aufklärte. Alle erfolgreich und bestens bezahlt. Kein Wunder, dass sie sich die Hotelpreise leisten konnten. In der zweiten Kaffeepause fühlte Karo sich besser. Es gab auch jede Menge Frauen, die mit ihren Detekteien am Existenzminimum entlangschrappten, sogar einige, die wie Karo noch einen Nebenjob hatten. Angewärmt, nahm Karo die Gebäckdose aus ihrer Tasche und stellte die Pistolenplätzchen zu den Schnittchen aufs Buffet. Die Plätzchen gingen weg wie warme Semmeln. Regine aus Berlin wurde bestürmt, auf dem Winterfeld-Markt Förmchen zu besorgen; Karo versprach das Mürbeteigrezept ihrer Mutter in die Mailingliste zu setzen. In der Mittagspause löffelte Karo stumm die Flädlesuppe. Der Workshop hatte sie geschafft. Die Akquise von A-Kundschaft war wohl nicht ihr Ding.

In der Lobby ging es lebhaft zu. Die Hochzeitsgesellschaft war von der Trauung zurückgekehrt. Herren in Fracks und Damen in Pastell mit erstaunlichen Hutkreationen bewegten sich plaudernd in Richtung der Terrasse. Das Brautpaar stand unter dem blauen Himmel. Zwei Fotografen machten Aufnahmen.

»Komm mit«, hörte Karo ihre Mutter hinter sich. Immer an der Wand lang bewegten sie sich durchs Restaurant, bis sie einen besseren Blick auf die Szene draußen hatten. Ein Schatten bewegte sich über den Rasen. Alle schauten nach oben. Ein aristokratisches »Aaaah …« ging durch die Gesellschaft. Aus einem Segelflugzeug schneiten Rosenblütenblätter auf das Paar hernieder. Hildegard seufzte. Karo folgte ihr zur Sitzgruppe in der Lobby. Einen Sessel hatte Hildegard mit ihrem Stickrahmen reserviert. Auf dem anderen lag eine Nerzstola.

»Kannst dich ruhig setzen, Karola. Die gehört einer Frau Häberle, die habe ich an der Schlosskirche kennengelernt. Ihre Tochter arbeitet hier im Hotel. So hat sie sich Zutritt verschafft. Sie wusste das ganze Hochzeitsmenü auswendig. Lecker, sage ich dir. Zum Nachtisch gibt es nicht solch eine Riesen-Hochzeitstorte. Nein, die Minte wünschte sich eine Schwäbische Torte, die es schon zu den Hochzeiten ihrer Mutter und deren

Mutter und Großmutter gab. Familientradition. Süß, nicht? Frau Häberle will mir über ihre Tochter das Rezept besorgen.«

»Hm. Und wer ist aus England gekommen? Charles ja wohl nicht.«

»Nein, nicht mal Camilla. Na, man kann nicht alles haben. Es ist diese Patentante der Braut. Aber die ist gar nicht aus England, sondern aus Schottland. Lady Elizabeth Rose Lochdubh. In der Kirche war sie nicht. Sie ist publikumsscheu. Früher, in den fünfziger Jahren, war sie häufig in der Presse. Dann diese unglückliche Liebesaffäre, die hat sie umgehauen.«

»Und wegen ihr das ganze Theater? Keine Öffentlichkeit im Hotel und –«

»Nein, das war nur ein Vorwand. Hat mir Frau Häberle verraten. Der Prinz Friedrich Eugen ist im Vorstand der Gen-iale GmbH. Und es war durchgesickert, dass hier im Hotel eine Protestaktion geplant war, um ihm die Feier zu verderben. Peinlich wäre das geworden. Auch fürs Hotel. So haben sie es unterbunden. Draußen ist alles abgesichert. Ich wäre fast nicht wieder reingekommen.«

»Und was ist die Gen-iale GmbH?«

»Karola! Die genmanipulierten Hühner – davon musst du doch gehört haben.«

»Ach, die? Ja, natürlich.« Eine Mitarbeiterin der Forschungsabteilung hatte Fotos an die Medien weitergeleitet und für einen Skandal gesorgt. Dreibeinige federlose Vögel, betriebswirtschaftlich äußerst vielversprechend. Fünfzig Prozent mehr Bein pro Huhn und erhebliche Einsparungen, weil vor der Weiterverarbeitung keine Federn gerupft werden mussten. Dass die Hühner durch einen Zufall auch blind waren, war ein unerwarteter Nebeneffekt, in den man aber keine Gelder stecken wollte, um ihm auf die Spur zu kommen. »Wozu brauchen sie Augen?«, hatte der inzwischen versetzte Pressesprecher der Firma gescherzt. »So schön sind die Batteriekäfige auch wieder nicht.«

»Ja, Karola, der Prinz ist natürlich in vielen Vorständen. So genau weiß der sicher nicht Bescheid, was überall gespielt wird.

Ein Protest bei seiner Hochzeit, das wäre für die Gen-Gegner natürlich was gewesen. Oh! Das muss sie sein.«

Eine kleine alte Dame trat in Begleitung eines grauhaarigen Mannes in schottischer Montur aus dem Aufzug. Sie trug ein graues Seidenensemble mit einer Tartan-Schärpe.

»Die Patentante von Minte«, wisperte Hildegard.

Das Seminar *Kniffe und Tricks für die Buchhaltung* fesselte Karo nicht wirklich. Nach vierzig Minuten wechselte sie zu *Neue Abhörmethoden.* Sie fühlte ihren Blick immer glasiger werden. Vielleicht hätte sie sich doch den paar Abtrünnigen anschließen sollen, die den Rest des Nachmittags im Wellness-Bereich des Hotels verbringen wollten. Eine kleine Nackenmassage hätte ihr Konto sicher noch verkraftet. »Die juristischen Aspekte«, sagte die Referentin, »die wir dabei nicht außer Acht lassen dürfen …«

Jemand räusperte sich. Hildegard stand in der Tür und hob einen lockenden Zeigefinger in Karos Richtung. Die Referentin schwieg, alle Augen richteten sich auf Hildegard. Die lächelte.

»Entschuldigen Sie bitte die Störung, aber es ist sehr dringend. Ein neuer Fall für Frau Rutkowsky.«

Gedankenübertragung! Mutter rettet Tochter aus tödlich langweiligem Seminar. Karo stand auf. »Meine … öh, Assistentin. Ich höre mal besser, worum es geht.« Sie schob sich durch die Reihen und spürte die spekulierenden Blicke im Rücken.

»Willst du schon fahren?«, sagte Karo, als sie die Tür hinter sich geschlossen hatte.

»Nein, ich hab dir wirklich einen Fall besorgt.«

Karo eilte hinter ihrer Mutter her.

»Der Hoteldirektor. Ich sah, wie er blass wurde. Seine Augen hin- und herfuhren. Wie er das Rondell umkreiste, so betont unauffällig, weißt du? Und dann die Rezeptionistin befragte und den Portier und allmählich hektisch wurde.« Hildegard blieb vor dem Büro des Direktors stehen. »Die beiden Diamant-Krönchen sind verschwunden! Sehr wertvoll und die Leihgabe eines Sammlers. Der Direktor war hin- und hergerissen, ob er mitten in der Hochzeitsfeier die Polizei benachrichtigen sollte und einen Skandal riskieren, oder lieber bis morgen warten, bis die Gäste abgereist sind. Ich bin mit Frau Häberle auf ihn zu, er kennt sie gut, und sie hat es im Nu aus ihm rausgekitzelt. Ich hatte ihr schon von dir erzählt, und da haben wir ihn davon überzeugt, dir den Fall zu übertragen. Bis morgen Mittag. Dass du so gut wie alle deine Fälle in null Komma nichts löst, habe ich gesagt, und dass du diskret bist und daran gewöhnt, in den besten Häusern zu verkehren.«

»Zu kehren wäre der Wahrheit näher gekommen.«

»Dasselbe in Grün. Aber diskret bist du.«

Karo nickte. Mit dem, was man als Putzfrau ganz unabsichtlich über die beputzten Haushalte in Erfahrung brachte, könnte man ganze Bände füllen. Und manche Klatschspalte.

»Du löst den Fall, dann kriegst du sicher jede Menge A-Kundschaft. Zum Beispiel von Fünf-Sterne-Hotels. So etwas spricht sich auf Direktorenebene bestimmt rum.« Hildegard hob ihre Hand, um an die Tür zu klopfen.

Karo fiel ihr in den Arm. »Das war sicher gut gemeint von dir, aber hast du eine Ahnung, wie kompliziert es sein wird, den Fall bis morgen zu lösen?«

»Du wirst. Da habe ich keine Zweifel.« Hildegard lächelte und klopfte an.

Karo schnaubte.

Der Hoteldirektor saß an seinem Schreibtisch. Er sprang auf und schüttelte Karo die Hand. »Sie sind informiert, Frau Rutkowsky? Und einverstanden?«

Karo öffnete den Mund.

»Selbstverständlich«, sagte Hildegard, »wenn auch nur ausnahmsweise. Wie ich schon erläuterte, arbeiten wir im Normalfall nur auf Rechnung plus Mehrwertsteuer, aber in diesem delikaten Fall ...«

Der Direktor wischte sich mit einem Taschentuch über die Stirn und nickte.

»... sind wir bereit, uns mit Hotelgutscheinen zufriedenzugeben. Fünf dreitägige Verwöhnwochenenden für zwei Personen, inklusive Übernachtung in einer großen Suite, allen Mahlzeiten sowie freie Auswahl bei den Wellness-Angeboten.«

»Ja, ja, das hatten wir doch schon geklärt. Ist mir sehr recht. So muss ich die Zentrale nicht informieren und kann es unter Werbung verbuchen. Hin und wieder verlosen wir solche Wochenenden. Es gilt aber nur, wenn Sie den Fall bis morgen Mittag lösen.«

Karo nickte.

»Werden wir«, sagte Hildegard.

»Morgen nach dem Brunch reisen bis auf einige wenige Gäste alle ab. Sollten Sie bis dahin nicht erfolgreich gewesen sein, würde ich dann den Diebstahl der Polizei melden. So würden die meisten Gäste der Peinlichkeit enthoben, von der Polizei befragt zu werden. Und um Himmels willen, seien Sie diskret!«

»Ich werde mich bemühen«, sagte Karo. »Haben Sie ein Foto von den Krönchen? Ich habe sie zwar gesehen, aber – oh, gut. Und wann ist Ihnen der Verlust aufgefallen?«

»Um sechzehn Uhr dreißig ungefähr«, sagte Hildegard. »Ich habe auf die Uhr gesehen. Wir sind immer auf dem Quivive.«

Der Hoteldirektor schien beeindruckt. Sie verabschiedeten sich und verließen das Büro.

»Ich fange mit der Lobby an«, sagte Karo, »mit der Rezeptionistin, der Hausdame und den Kellnern.«

»Nichts da, Karola. Erst einmal gucken wir uns unsere Suiten an.« Sie stieß Karo einen Ellenbogen in die Seite und strahlte. »Gut, nicht? Ich habe gesagt, wir brauchen zwei, weil ich schnarche.« Sie kicherte.

Karos Suite war fast so groß wie ihre Wohnung. Das Sofa im Wohnzimmer war bequem, das Schlafzimmer wohnlich, die Küche mit allem Pipapo ausgestattet. Im Bad stand ein wohlgefülltes Kosmetikköfferchen, ein Geschenk des Hauses. Nicht übel.

»Ich bin gleich nebenan«, sagte Hildegard. »Machen wir uns frisch und treffen uns in zehn Minuten zu einer Lagebesprechung?«

Als Karo aus der Dusche kam, saß ihre Mutter bereits auf dem weißen Sofa. Sie trug einen hoteleigenen weißen Bademantel und Frotteeschlappen. Auf dem Tisch vor ihr zwei Mokkatassen und eine Torte auf silberner Platte. »Setz dich, Karola. Ach, ich liebe Zimmerservice! Schau: Eine Schwäbische Torte habe ich beim Direktor auch noch rausgeschlagen. Ein paar waren übrig, denn auch der Adel achtet auf die Linie. Zwei Termine für kurze Rückenmassagen habe ich ebenfalls ergattert. Sie sind ziemlich ausgebucht wegen des Balls heute Abend. Und deine Detektivinnen scheinen sich auch ganz munter verwöhnen zu lassen.«

Karo nahm einen Schluck Mokka. Ihre Lebensgeister erwachten. »Ich habe doch jetzt keine Zeit für Massagen! Geh du schön hin. Ich kümmere mich um die Krönchen.«

»Karola, Karola … Nicht so hektisch! Du hast Zeit, glaub mir. Und wie viel erfrischter wirst du loslegen, wenn du vorher ein wenig gelockert wurdest. Nun bleib doch sitzen! Würde es nicht zu einfach aussehen, wenn du den Fall zu schnell löst? Tut dem Direktor sicher gut, noch ein bisschen zu schmoren. Umso erleichterter und dankbarer wird er sein, wenn –«

»Hildegard, so ein Fall löst sich nicht von selber! Zeit zählt. Zeugen vergessen, haben Dienstschluss, gehen nach Hause – nein, ich muss loslegen, wenn ich auch nur die geringste Chance haben will, den Fall bis morgen Mittag aufzuklären. Außerdem, was soll der Direktor denken, wenn er hört, dass ich –«

»Da hast du auch wieder recht. Ich lasse deinen Termin stornieren. Geh du schön deine Zeugen befragen. Aber mach dir keine Sorgen. Du wirst die Krönchen finden. Das weiß ich genau.«

Mitten in der Befragung des dritten Kellners stieg in Karo wie aus dem Nichts die Frage auf: Wieso war sich Hildegard so sicher? Hatte da nicht eine ungeheure Gewissheit mitgeklungen? »Das weiß ich genau.« Wie war das zu verstehen? Sie würde doch nicht, nur um die derzeit wieder mal vor sich hin dümpelnde Detektei ihrer Tochter in Fahrt zu bringen … sie würde doch nicht so weit gegangen sein … Karo wurde heiß und wieder kalt.

»Ist Ihnen nicht wohl?«, fragte der Kellner, der Mario hieß. »Ein Kognak vielleicht?«

»Danke. Bitte.« Karo kippte den Kognak hinunter, bedankte sich bei Mario, der sich wie seine Kolleginnen und Kollegen an nichts Relevantes erinnern konnte, was sich glatt als Glücksfall erweisen könnte, um Schlagzeilen wie *Mutter von Privatdetektivin klaut für ihre Tochter* zu verhindern.

Im Wellness-Bereich fand Karo nach einigen Fehlversuchen die Kabine ihrer Mutter. Karo schickte die Masseurin hinaus, kniete sich vor die Massagebank und sah ihrer Mutter ins Auge. »Wie hast du das gemeint, Hildegard: du bist dir sicher, dass ich die Krönchen finden werde?«

»Machst du dir immer noch Sorgen?«

»Ja, aber jetzt andere. Hildegard, mal ohne Gedöns: Weißt du, wo die Krönchen sind?«

»Sagen wir, ich habe eine ziemlich gute Idee. Du, ich habe gleich noch eine Massage, so eine mit heißen Steinen. Danach komme ich zu dir hoch, dann kümmern wir uns um die Krönchen, ja? Befrage ruhig noch ein paar Leute. Das macht sich gut.«

Karo erhob sich. Jetzt ging es nur noch um Schadensbegrenzung. Die Krönchen zurückerstatten, ohne die Täterin zu enthüllen. Sie mischte sich unter die Hochzeitsgäste auf der Terrasse. Einen Hotelkugelschreiber und ihr eigenes Notizbuch in der Hand, sprach sie einzelne Damen und Herren an, stellte Fragen, notierte Antworten. Der Hoteldirektor, der sie nervös aus dem Restaurant heraus beobachtet hatte, schien beruhigt, dass sie ihrer Aufgabe zügig und taktvoll nachging. Nach einer halben Stunde wusste sie, welche Lieblingsseife die Gäste bei ihrem nächsten Besuch in ihrem Bad vorzufinden hofften. Die Wünsche reichten von Kernseife über Stutenmilchseife bis zu englischer Lavendelseife. Von einem distinguierten Herrn mit weißem Bürstenschnurrbart akzeptierte sie einen Champagner-Cocktail, lehnte aber die Einladung ab, vor dem Ball zu einer kleinen Polka auf sein Zimmer zu kommen.

Huldvoll in alle Richtungen lächelnd, bahnte sich Hildegard einen Weg über die Terrasse. »Erlaucht«, säuselte sie Karos Tischpartner zu, »verzeihen Sie die Störung. Dringende Hotelgeschäfte, Sie verstehen …« Sie nahm Karo das Glas aus der Hand, fasste sie unter einen Ellenbogen und dirigierte sie zurück ins Restaurant.

»Erlaucht?«, wiederholte Karo, als sie auf einer gepolsterten Sitzbank Platz genommen hatten.

»Na, das war Alfred Graf von Rottweil zu Wellendingen. Seine Erlaucht. Er ist mit Hinz und Kunz verwandt und fehlt bei keinem Adelsereignis. Er steht andauernd in der *Gala*. So. Und jetzt ran an den Speck!«

»Speck?«

»Die Krönchen, Karola!«

Endlich. »Ja, und? Wo sind sie?«

»Also«, Hildegard senkte ihre Stimme, »ich habe mir das so vorgestellt. Du gehst zu dem Herrn, der mit Lady Elizabeth Rose aus dem Aufzug kam, Andrew MacDougal heißt er, und bittest um eine kurze Unterredung.«

»Den Schotten? Aber warum –«

»Weil dein Englisch besser ist als meins. Schließlich hast du's ja studiert. Also, du nimmst ihn zur Seite und deutest delikat an, dass hier heute zwei kleine wertvolle Teile vorübergehend abhandengekommen zu sein scheinen. Dann wartest du einfach seine Reaktion ab.«

»Der muss ja denken, ich beschuldige ihn. Oh!« Karo war erleichtert. Nicht, dass sie ernsthaft geglaubt hatte, Hildegard habe ihretwegen die Krönchen verschwinden lassen, oder jedenfalls nicht sehr ernsthaft, na ja, ein kleiner Zweifel hatte sich schon in ihr ausgebreitet. »Hast du etwa gesehen, wie –«

»Nein, gesehen habe ich gar nichts, dummerweise. Ich habe Frau Häberle ausführlich den Plattstich erklärt, kann sein, dass es gerade dann passiert ist. Jedenfalls teilst du ihm das mit und wartest ab. Ich bin mir sicher, dass du die Krönchen keine halbe Stunde später in der Hand haben wirst, wenn du völlige Diskretion versprichst. Wahrscheinlich wird er erleichtert sein, wenn keine öffentliche Peinlichkeit draus wird. Auch wenn es eine Art Krankheit ist, so wäre es trotzdem –«

»Du meinst, er ist Kleptomane?«

»Doch nicht er, Karola! Sie.« Hildegard lächelte sonnig. »Da staunst du, was? Stressbedingte Kleptomanie. Hat sie vielleicht immer schon zu geneigt, aber damals, 1954, als sie ihre große Liebe nicht heiraten durfte, diesen Air Force-Captain, nur weil er bürgerlich war und geschieden, da hatte sie einen Nervenzusammenbruch. Und danach wurde sie zweimal bei Harrods erwischt. Es gab damals einen kleinen Bericht in der *Praline*. Gerüchte über verschwundene und später zurückerstattete Kleinigkeiten bei einer Hochzeit in Südengland wurden auch angedeutet. Später, so mit Mitte zwanzig, verschwand sie von der Bildfläche, jedenfalls aus der Presse. Sie lebt seitdem zurückgezogen in Schottland. Der Stress der Reise und diese Hochzeit – *Hochzeit*, du verstehst, das muss sie doch immer an ihre erinnern, die verhindert wurde. So ist sie vielleicht rückfällig geworden.«

»MacDougal wurde mitgeschickt, um auf sie aufzupassen? Ob er vom britischen Geheimdienst ist?« Obwohl, dafür war er eigentlich zu alt, über sechzig bestimmt. Sah aber noch gut aus. Sean Connery ja auch. Lag vielleicht an den schottischen Genen. Hildegard nickte.

»Er war zuerst ihr Reitknecht, seit Jahren nun ihr Majordomo. Und mehr. In gewissen Kreisen ist das ein offenes Geheimnis. Die alte Fürstin Hertha zu Stiptitz, eine Durchlaucht übrigens, ließ eine Bemerkung darüber fallen, zur Baronin von Bösingen, glaube ich, ich habe die Stimme nicht genau erkannt, ich war auf der Toilette und die beiden im Waschraum. Sie sprachen beide ganz wohlwollend darüber. Sogar ein bisschen neidisch. Ich meine, hast du Fürst Karl gesehen?«

Karo fand das schottische Paar in einem als Teesalon hergerichteten Raum. Lady Elisabeth Rose saß mit anderen Damen in Pastell bei einem Sherry zusammen. MacDougal stand ein paar Schritte entfernt, die Hände über der kleinen Felltasche zusammengelegt, die vor seinem Kilt hing.

»Excuse me«, sagte Karo, »may I talk to you for a moment? Outside.«

Er folgte ihr in den Flur. Stockend näherte sich Karo dem Kern ihrer Frage. Er hörte ihr mit unbewegtem Gesichtsausdruck zu, stellte ein paar Fragen, nickte. »Give me half an hour.«

Der Hoteldirektor war nicht an Details interessiert. »Hauptsache, die Krönchen sind wieder da.« Er überreichte Karo fünf Gutscheine.

Im Flur sagte sie ihrer Mutter: »Geld wäre mir lieber gewesen.«

»Und Geld sollst du kriegen, Karola. Die Dinger werden verscherbelt. Übers Internet. Frau Kowalsky hat in ihrer Seniorengruppe so einen Kurs mitgemacht und verkauft schon für die halbe Nachbarschaft Sachen bei eBay.« Hildegard strahlte. »Und das alte adelige Tortenrezept habe ich auch.«

Schwäbische Torte

Hierzu einen Blätter- oder Mürbeteig, ein gutes, recht steif gekochtes Kompott von unreifen Stachelbeeren, reifen Johannisbeeren, Kirschen, Äpfeln oder Zwetschen, und zum Guß 6 Eier, ¼ Pfund feingestoßene Mandeln, ¼ Pfund durchgesiebter Zucker, abgeriebene halbe Schale einer Citrone oder etwas Muskatblüte.

Man lege von dem gemachten Teige einen Boden mit aufstehendem Rande in eine Springform, bestreue das Unterblatt recht dick mit feingestoßenem Zwieback, streiche das Kompott darüber und bedecke es mit folgendem Guß:

Die Eidotter werden mit Zucker, Mandeln und Citronenschale ¼ Stunde stark gerührt und mit dem steifen Schaum dieser Eier vermischt.

Diese Torte wird beim stärksten Hitzegrad gebacken. Wenn der Guß gelb geworden ist, so lege man dünne Ruten über die Form und bedecke sie mit einigen Bogen Papier, damit der Guß nicht dunkler werde.

Mit Johannisbeeren gebacken, ist die Torte als Träubleskuchen bekannt und in vielen schwäbischen Kochbüchern zu finden.

Das Rezept stammt aus Henriette Davidis: *Praktisches Kochbuch*. Bearbeitet für die Deutsch-Amerikanische Küche nach der 36. verb. Auflage. 3. amerikanische verbesserte und illustrierte Auflage. Milwaukee, Wis., C.N. Caspar Co. Bücher-Emporium, © 1911. Das Buch gehörte Anny Brandl aus Bavaria (die vermutlich 1923 über Ellis Island in die USA einwanderte).

Else Laudan

Zibeba

Lore ist cool. Irgendwie sieht bei ihr alles anmutig aus. Wie sie geht, wie sie ihre rote Jacke anzieht, wie sie beim Reden mit den Händen wedelt. Ich hab schon versucht, ob ich's auch hinkriege, heimlich vor dem Spiegel, aber bei mir sieht das bloß spastisch aus, peinlich. Ihre Finger sind ständig in Bewegung, wie kleine Tänzer, die alles, was sie sagt oder tut, mit graziösen Figuren begleiten.

Alle finden Lore cool, auch wenn die Jungs verächtlich tun und behaupten, sie wär leicht zu haben. In Wirklichkeit kann keiner bei ihr landen, und das frisst sie alle an. Aber man merkt es, wenn sie was sagt, da wird hingehört, und wenn sie einen Witz macht, lachen alle los. Wenn ich was sage, lacht keiner, außer es ist was Peinliches. Dann kommt natürlich prompt die große Heiterkeit angeschwappt wie eine turmhohe Welle, bis das Gelächter in meinem Kopf widerhallt und ich bloß noch im Boden versinken will.

Deswegen kann ich es fast nicht glauben, als Lore sich ausgerechnet mich aussucht. An einem Mittwoch, nach Deutsch. Wir sind die Letzten im Raum, und ich will gerade zur Tür raus, da sagt sie plötzlich: Hey. Kommst du noch mit?

Akute Stimmbandlähmung. Ich kann bloß stumpf nicken. Wohin? Egal, ich würd fast überallhin mitgehen. Ich dackele bis zur Bude neben ihr her, als hätte ich meine Zunge verschluckt. Die ganze Zeit frag ich mich: Warum ich? Ist das eine Verarsche? An der Bude holt sie sich Kaugummi, bietet mir eins an und sagt: Du redest nicht viel, oder? Passt schon. – Ich steh da wie vom Blitz getroffen. Denke: Jetzt, das ist deine Chance! Sag was Cooles! Mein Schädel ist leer, als hätte jemand den Stöpsel gezogen. Verpasst. Vorbei. Scheiße.

Aber sie, sie geht nicht weg. Steigt auf das Mäuerchen und balanciert ein paar Schritte, grinst mich an. Total verschmitzt. Und da weiß ich es plötzlich. Sie sehnt sich auch nach einem Kumpel. Ich bin so erleichtert, dass ich loslache. Die coole Lore. Einsam, wie ich. Macht Sinn, wenn man drüber nachdenkt.

Das ist jetzt fast zwei Monate her, und wir haben uns noch nicht ein Mal ernsthaft gestritten. Ich passe auf. Respekt ist wichtig. Auch vor Geheimnissen. Wie als ihr beim Balancieren der Ärmel hochgerutscht ist. Ich hab vor Schreck ganz laut nach Luft geschnappt, total unbeherrscht. Gemein sah das aus. Alles heftig braun und grün mit einer üblen roten Schramme quer rüber. Grad will ich fragen, da sieht sie mich ruckartig an. Ihre Augen sind schmal. Frag nicht!, droht ihr Blick. Frag ja nicht. Okay. Ich respektier das. Später wird mir auch klar, warum sie bei der Hitze lange Ärmel anhat und nicht mit zum Schwimmen geht. Ich frage nicht. Aber ich kann ziemlich viel Geduld haben. Wenn sie mir vertraut, rückt sie irgendwann damit raus. Vielleicht.

Wo bleibt sie? Schon eine halbe Stunde über die Zeit. Ist gar nicht ihr Stil. Was hält sie auf? Oder wer? Ich mach mir doch Sorgen, manchmal. Es ist ja nicht bloß ihr Arm. Wir hängen öfters auf dem Spielplatz hinter der Schule ab. Hocken auf dem Gerüst und lästern über die Zombies, die aufgestylten Tussis aus der Sek II. Nix als Kerle, Outfits und Tünche im Sinn, null Intelligenz. Die sind die Zombies, wir die Aliens. Stell dir Natalie mit einem Duden vor, sag ich, und Lore lacht so, dass sie von der Stange kippt. Ehe sie das Shirt wieder hinzieht, seh ich kurz ihre Rippen. Kreisch. Echter Horror. Wenn ich bloß dran denke, wird mein Magen wie ein Stein. Wer tut ihr das an? Welches Schwein kann so was tun? Abends allein im Bett muss ich heulen, und mir ist schlecht. Aber ich red mit keinem darüber. Diskretion, versteht sich von selbst. Wie soll sie sich mir sonst anvertrauen? Falls sie das je vorhat. Wo steckt sie bloß. Schon zehn vor elf.

Rosinen und Milch muss ich holen. Das kann ich später tun oder jetzt, statt mir hier die Beine in den Bauch zu stehen. Musste ich versprechen, weil Doris Dialysetermin hat, aber unbedingt Ofenschlupfer dran ist, sonst faulen die Äpfel und das ganze Altbrot zieht nachher noch Mehlmotten an.

Auf der anderen Straßenseite rennt Dennis. Sieht mich, hält auf mich zu. Verschwitzt, schwer am Schnaufen. Parkschützeralarm. Ganz aufgeregt. Die Bäume retten. Ja, Scheiße. Wir wollten ja die Demo schwänzen, aber Lore lässt mich hängen. Eh ich noch länger hier rumsteh und mir Sorgen mach, geh ich halt mit. Vielleicht haben sie sie ja auch abgegriffen, und ich treff sie im Park.

Die Wiesen und Wege sind total voll. Solchen Alarm hat's hier noch nie gegeben. Halb Stuttgart muss hier sein. Hätt ich nie gedacht. Sinnlos, in diesen Massen nach ihr zu suchen, es sind einfach zu viele. Ich versuch's trotzdem, kann einfach nicht aufhören. Scanne die Gesichter. So hat's keinen Zweck, ich brauch mehr Überblick. Stell mich auf eine Bank, auf der zwei Kinder rumhüpfen. Wenn ich mich konzentrier und die Augen leicht unscharf stelle, kann ich einen ziemlichen Radius abscannen. Sind das viele Leute. Weiter vorn ziemlich viel Polizei mit Bussen und Absperrgittern. Auf einmal gibt's Geschrei, Trillerpfeifen kreischen, Einzelne laufen los, dann immer mehr. Da vorn rennen Dennis und Kai. Alles drängt in Richtung Polizei. Ich hab ein irres Gefühl im Bauch, irgendwie leicht high, wie ein unterdrücktes Lachen. Muss ein paarmal tief Luft holen. Dann springe ich von der Bank und geh langsam los. Mit dem Strom.

Plötzlich steht direkt vor mir ein Pferd. Ein Riesenvieh, Gott, hab ich mich erschreckt. Warum ist Lore nicht bei mir, dann könnten wir jetzt lachen über mein dummes Gesicht. Oben sitzt ein Cop ganz in Schwarz. Schwere Stiefel, grimmiges Kinn. Trotzdem kommt er mir planlos vor, wirkt nicht grad sicher. Krass, das alles. Um mich herum trillert es wie irre. Viele haben diese Pfeifen dabei. Die Bäume retten … manche sollen über hundert Jahre alt sein, hat Dennis gemeint. Zwei Weltkriege überdauert, und wegen dem Bahnhof sollen sie jetzt weg. Ist schon irgendwie krank, oder? Und alle, die hier sind, wollen das verhindern? Ich geh weiter, immer noch mit diesem Gefühl im Bauch, so zwischen mulmig und juchzend. Als ob ich grad ein Teil von was bin, was Wichtigem. Verrückt.

Langsam wird's drängeliger, überall Leute, aber ich seh nur noch die in meiner Nähe. Scanne automatisch Gesichter. Fremde. Ich spring hoch, um mehr zu erkennen. Keine Chance.

Ich müsste auf einen Baum klettern, haha, guter Witz. Lore, bist du hier? Immer wenn ich irgendwo dunkelroten Stoff sehe, hoffe ich, sie ist es. Bitte, sei hier irgendwo. Besser hier als da, wo diese fiesen Flecken herkommen. Darf nicht vergessen, Rosinen und Milch zu holen. Jetzt kommt Hektik auf, Schreie vor mir, und zwischen den Ästen der Bäume weiter vorn steigt Nebel hoch. Wasserwerfer, rufen welche, und Scheißbullen, und mehrstimmig: Aufhören! Das Gedränge wird jetzt unangenehm. Ich will lieber hier raus. Muss ja eh noch die Rosinen … Da ist was Rotes – Lore? Schwarz und Oliv schiebt sich davor, ich kann nichts sehen. Cops mit Schutzhelmen, so viele! Ich will weg – aber was, wenn sie es doch war, eben? Ich dräng mich jetzt noch bis da vorn durch, dann biege ich ab und geh die verflixten Rosinen holen.

Da ist sie, wirklich, da oben auf dem Einsatzbus, anmutig wie immer in ihrer roten Jacke. Lore! Was zum Geier macht sie da oben? Es sind noch drei andere bei ihr, kenn ich nicht, und von überall steigen Cops auf sie zu, die sehen wütend aus, jetzt hat einer sie erreicht und packt ihren Arm, nein, bitte nicht ihren Arm, sie zuckt zusammen, und ich seh wieder die braungrünen Flecken vor mir und die eklige Schramme, aber er packt mit schwarzen Handschuhen zu und zerrt sie zum Rand, dann hebt er sie hoch, dreht sie um und lässt sie langsam hinab, außer Sicht.

Vor mir eine Mauer aus Cops mit Helmen, ich komm nicht

durch, komm nicht durch, alles brüllt durcheinander, schiebt mich von hinten, schubst mich von vorn, und plötzlich krieg ich eine Scheißangst. Eingekeilt, wie bei der Dortmunder Parade mit den Toten! Nein, ruhig bleiben, ich muss zu Lore, Lore, muss Rosinen holen, das kann ich doch erklären, ich hab nichts gemacht, aber ich bin zu leise, meine Stimme fliegt einfach weg, geht unter im Gebrüll.

Was jetzt? Ruhig, ganz ruhig, seitwärts schieben, ich kann doch drum herumgehen. Schwerer als gedacht, ich stolper an den Helmen und Gürteln und Stiefeln entlang, wahnsinniges Gebrüll, ein Schubs von hinten, pralle gegen einen Cop, schwarze Handschuhe stoßen mich weg, weiter, weiter, nicht stehen bleiben, ich schaff das, weiter, nicht drüber nachdenken. Weiter! Ich hol jetzt Lore und dann gehen wir direkt in den nächsten Laden und kaufen die Rosinen und gehen zu mir und schälen sogar die Äpfel, wenn ich hier nur rauskomm, ja, das Brot in der Milch einweichen mit Vanillezucker und einer Prise Salz, Hilfe, jetzt bloß nicht hinfallen, wer weiß, ob ich wieder hochkomm, weiter, die Äpfel schälen, Kernhaus raus und in Scheiben schneiden, nicht zu dünn, sagt Doris immer, wir wollen doch was davon schmecken, Salz, das sind meine Tränen, ich heul schon, nicht fallen, weiter, Lore holen, Äpfel schälen, bitte, ich schäl auch alle Äpfel allein, wenn ich hier rauskomm, ich räum die Küche auf, ich wasch den ganzen Wäschekorb leer, ich geh mit Lore zur Beratungsstelle, ich zeig den Kerl an, der ihr das antut, ich geh zur Polizei und mach eine Aussage, bitte – zur Polizei? Die sind alle hier und führen Krieg gegen Bäume, na, kein guter Witz, ich will zu Lore, Lore, wo bist du?

Ich schaff das.

Ofenschlupfer

Äpfel
Altbrot (hell, am besten in Scheiben getrocknet)
2 Eier
1 Pck. Vanillezucker
Zimt
75 g Zucker
½ Pck. Vanillepuddingpulver
1 l Milch
Prise Salz
Rosinen (Zibeba)
Butter
(evtl. gehobelte Mandeln)

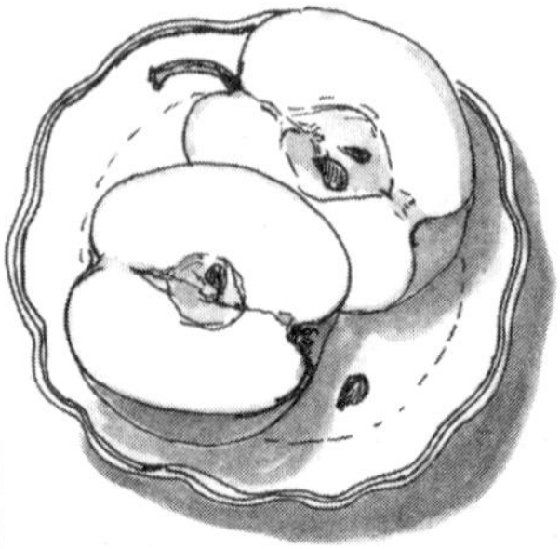

Die Milch mit Vanillezucker, Zimt und Zucker aufkochen lassen, bei schwacher Hitze das Puddingpulver einrühren, Prise Salz, das Brot rein, untertauchen und ein paar Minuten köcheln, dann vom Herd nehmen, 10–20 Minuten ziehen lassen. Äpfel schälen, vierteln, entkernen und in nicht zu dünne Scheiben schneiden. Eier und Rosinen unter die Brot-Milch-Pampe rühren.

Glasform gut mit Butter ausstreichen, eine Schicht geweichtes Brot auf den Boden legen, darüber eine Schicht Äpfel, dann wieder geweichtes Brot usw., zuoberst die schönsten Brotscheiben. Etwas Butter obendrauf (evtl. gehobelte Mandeln darüber) und ab in den Ofen bei 175 °C für 30–40 Minuten.

Wer's üppig liebt, nimmt Vanillesoße dazu – Nervennahrung.

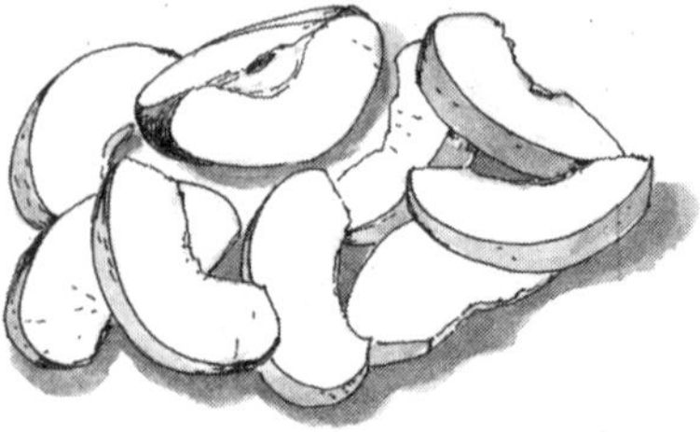

Bettina Hellwig

Rösles Vermächtnis

In jeder Familie gibt es Mitglieder mit unterschiedlichen Eigenschaften. So ist es auch bei den Umbelliferen, den Doldenblütern, zu denen der duftende Anis und der stinkende Schierling gehören. Deren Früchte sind sich so ähnlich, dass man eine Lupe braucht, um sie zu unterscheiden, und man muss sehr genau hinschauen, um die Behaarung des Schierlings zu erkennen.

Tante Rösle wusste das, denn schließlich war sie die Tochter eines Apothekers. Rösle, die ältere Schwester meiner Mutter Gertrud, war unverheiratet geblieben und hatte keine eigenen Kinder. Ich muss kurz nachdenken, um mich an ihren richtigen Namen zu erinnern, Rosemarie, denn alle nannten sie nur »das« Rösle. Das Rösle backte die herrlichsten Springerle weit und breit. Den Anis, den sie dazu brauchte, zog sie in ihrem eigenen Garten. Nach dem Backen packte sie die »Bredla« in Dosen, steckte Apfelscheiben dazu und versteckte sie überall im Haus, damit sie weich werden konnten und – vor allem – damit mein Bruder Jochen und ich sie nicht vorzeitig fanden und herunterschlangen »im Unverstand«, wie Rösle sagte. Jochen und ich kannten natürlich alle Verstecke und stibitzten daraus so unauffällig, dass es Rösle unserer Meinung nach nicht bemerken konnte. Manche davon vergaß sie allerdings tatsächlich, und wir fanden immer wieder Keksdosen, die schon viele Jahre alt waren. Die Springerle waren mittlerweile steinhart, verschimmelt oder beides, jedenfalls völlig ungenießbar.

Für mich war es unfassbar, dass Rösle jetzt nicht mehr da sein sollte. Vor vier Wochen hatte ich sie noch im Pflegeheim besucht, in dem sie seit ihrem schweren Schlaganfall vor sechs Monaten lebte. Nun war sie tot. Alles ging so schnell, dass ich es nicht mehr rechtzeitig von Berlin hierher geschafft hatte. Die Beerdigung war für kommenden Mittwoch geplant. Jetzt, am ersten Sonntag im September, stand ich in der goldenen Nachmittagssonne vor Rösles Haus am Stuttgarter Killesberg.

Hier war ich aufgewachsen. Zwischen den gepflegten Einfamilienhäusern und modernen Villen mit den kurzgeschorenen Rasenflächen wirkte das alte Holzhaus wie ein Fremdkörper. Rösle hatte Pflanzen geliebt und ihnen in ihrem Garten freien Raum zur Entfaltung gelassen – böse Stimmen hätten ihn als verwahrlost bezeichnet, und nicht jeder Nachbar mochte Rösle. Ich liebte die wuchernden Strauchrosen und die verstreut liegenden Kräuterbeete, die dem Garten etwas Verwunschenes gaben. Auf diesen Garten sollte ich auch in Zukunft gut achtgeben, das hatte ich Rösle bei unserem letzten Treffen versprechen müssen. Nach dem Schlaganfall konnte sie zwar kaum noch sprechen, aber das hatte ich verstanden. Außerdem drückte sie mir ihren Schlüsselbund in die Hand; daran hingen ein Haustürschlüssel und zwei weitere einfache Schlüssel.

Ich stellte meine Reisetasche ab und schloss die Haustür auf. Der Flur war kahl. Die teuren Orientteppiche fehlten, und statt Rösles Bildern, die meisten davon Originale, waren an den Wänden weiße Stellen sichtbar. Aus den Wasserhähnen in Küche und Bad kam minutenlang braune Brühe, bevor klares, kaltes Wasser nachfloss.

Ich fröstelte und ging in den muffig riechenden Heizungskeller, um die Ölheizung anzustellen. Ich stutzte, als ich hier, in der hintersten Ecke des Kellers, eine ihrer Keksdosen fand.

Dieses Versteck kannte ich nicht, und hier hätten wir als Kinder auch niemals gesucht. Die Dose musste schon sehr lange hier stehen, denn sie war von einer matten Schicht aus Staub und Spinnweben überzogen. Die Guetsle allerdings waren überhaupt nicht verschimmelt, sondern verblüffend gut erhalten. Sie sahen aus wie frisch gebacken und dufteten immer noch intensiv nach Anis, hatten aber noch ein zusätzliches, merkwürdig unangenehmes Aroma – sie rochen nach Maus. Ich verzog die Nase und spähte in die dunkle Ecke, in der ich die Dose gefunden hatte. Gut möglich, dass hier im Heizungskeller Mäuse umherhuschten.

Von oben kamen Geräusche, die Haustür wurde aufgeschlossen, und Füße trappelten durch den Flur. »Huhu, Annemarie, bist du da?« Marlis' durchdringende Stimme war mühelos bis in den Heizungskeller zu hören.

Ich antwortete und hangelte mich die steile Kellertreppe hoch, um meinen kleinen Bruder Jochen und meine Schwägerin zu begrüßen. Marlis war schlank und trug die Haare mittellang und so natürlich blond, wie es nur ein wirklich guter Friseur hinbekam. Den konnte sie sich problemlos leisten, denn Jochen hatte vor acht Jahren die Rosen-Apotheke in der Stuttgarter Innenstadt von meinem Vater übernommen, und Marlis, das Kampfeichhörnchen, wie ich sie insgeheim nannte, hatte sich zielstrebig seine goldene Nuss gesichert. Die bestand unter anderem aus zwei Dobermännern und einem Reitpferd mit eindrucksvollem Stammbaum, das natürlich im Nobelverein »Am Kräherwald« residierte. Dass sie sich bei diesen umfangreichen Verpflichtungen nicht auch noch eigenhändig um den Haushalt kümmern konnte, hatte Marlis ihrem Ehemann bald klargemacht. Die kroatische Putzhilfe kam einmal in der Woche, der Tiefkühl-Heimservice alle drei Wochen. Mittags tauchte Marlis oft in die Apotheke auf, um Jochen zum gemeinsamen Essen beim Edel-Italiener abzuholen.

Die Apotheke befand sich seit 200 Jahren im Familienbesitz. Mein Vater hatte sie von seinem Schwiegervater erhalten und ernährte damit unsere Familie, auch Tante Rösle, soviel ich wusste. Als ich mit dem Studium fertig war, zog er nicht einmal in Erwägung, mir die Apotheke zu überlassen. Für ihn galt nur sein Sohn etwas.

»Du heiratest ja ohnehin«, hatte er zu mir gesagt.

So gesehen konnte ich ihm dankbar sein, dass er mir wenigstens das Studium finanzierte, aber das war wohl mehr auf Initiative meiner Mutter geschehen. Sie fand, auch eine Frau müsse gebildet sein, damit sie als Mutter ihre Kinder entsprechend erziehen und ihrem Mann eine gute Gesprächspartnerin sein könne. Sie selbst hatte ihr Pharmaziestudium aufgegeben, als sie schwanger wurde, um sich in den folgenden Jahren den Kindern zu widmen. Zumindest sagte sie das immer. In meiner Erinnerung war sie allerdings mehr auf dem Tennis- als auf dem Spielplatz zu finden, und Jochen und ich wuchsen in erster Linie bei Tante Rösle auf.

Das Erste, was mir am Treppenaufgang entgegenkam, waren die sabbernden Schnauzen der Dobermänner, die mir ihren fauligen Hundeatem ins Gesicht bliesen. Daneben stand Marlis, und dahinter kam Jochen. Während ich dichte schwarze Locken hatte, schien das mittelbraune schüttere Haar meines Bruders bei jedem Wiedersehen dünner zu werden. Die Aufstellung im Flur entsprach so ungefähr der Rangordnung in Jochens Familie: Marlis, die Dobermänner, die auf die Namen Arco und Marco hörten oder meistens nicht, und dann er. Er hatte mir einmal erzählt, dass Marlis die Viecher sogar bei ihnen im Bett schlafen ließ, so dass er oft vor ihren stinkenden Blähungen auf das Sofa in seinem Arbeitszimmer floh.

»Hallo, Annemarie«, sagte Marlis. »Warum hast du nichts gesagt? Wir hätten dich doch vom Flughafen abgeholt.« Es klang vorwurfsvoll. »Dann hätten wir auch alles vorbereitet, die Heizung angestellt zum Beispiel.« Sie deutete auf den nackten Flur. »Wir haben hier schon mal aufgeräumt. Dann können wir das Haus so schnell wie möglich verkaufen.«

»Wollt ihr nicht hier einziehen?«, fragte ich.

Marlis schüttelte den Kopf, wobei an ihren Ohren Rösles Diamant-Hänger aufblitzten.

»Wie ich sehe, hast du schon geerbt«, sagte ich.

»Den Schmuck hat mir Tante Rösle noch vor ihrem Tod geschenkt. Schließlich haben wir uns immer um sie gekümmert.« Ihr Ton wurde anklagend. »Du warst ja nie da.«

Marlis' »Kümmern« bestand darin, ihre Putzhilfe jede Woche für zwei Stunden zu Rösle zu schicken. Ansonsten war Rösle ganz gut allein zurechtgekommen, wie ich wusste. Sie hatte zum Beispiel regelmäßig den Lieferdienst des kleinen Supermarktes in der Nähe genutzt.

Marlis sah sich um. »Vielleicht sollten wir mit dem Verkauf des Hauses noch etwas warten. In ein paar Jahren, wenn Stuttgart 21 endlich ins Rollen gekommen ist, werden hier die Bodenpreise explodieren.«

Ich fragte mich, was hier noch weiter explodieren sollte. Grundstücke in dieser Lage wurden schon jetzt so gut wie nie offiziell verkauft, sondern höchstens unter der Hand weitergegeben. Man konnte sie eigentlich nur erben.

Marlis klopfte mit dem Knöchel an die Wand. »Man könnte das Haus auch abreißen und das Baugrundstück verkaufen.«

»Ich ... ich würde es gerne behalten«, sagte ich zögernd und blickte meinen Bruder an, der sich auf einmal intensiv mit einem der Hunde beschäftigte. Unterstützung war hier wohl eher nicht zu erwarten.

»Warum willst du denn nach Stuttgart zurück?«, fragte Marlis und griff demonstrativ nach dem Arm meines Bruders. »Ich dachte immer, dir sei es hier zu spießig. Auf jeden Fall müsstest du uns auszahlen.« Sie warf den Kopf zurück. »Wenn du überhaupt etwas erbst.«

Als Frau eines Apothekers wusste Marlis natürlich genau, wie viel ich als Angestellte verdiente. Obwohl ich nur einen alten Golf besaß und in Berlin eine Zwei-Zimmer-Wohnung gemietet hatte, blieb von meinem Gehalt nie genug übrig, um größere Summen anzusparen. Wenn Auto und Waschmaschine durchhielten, konnte ich mir ab und zu einen schönen Urlaub leisten, aber das war dann auch alles.

Jochen hörte auf, den Hund zu streicheln, und griff nach

dem Arm seiner Frau. »Das hat doch alles Zeit. Lass uns erst mal hören, was der Anwalt sagt«, sagte er verlegen und zog Marlis in Richtung Tür. Er sah mich an. »Ruf an, wenn du noch etwas brauchst.«

Marlis schüttelte seine Hand ab, folgte ihm aber zögernd. Sicher hatte sie Angst, dass ich bisher unentdeckte Schätze zutage fördern würde. Das konnte ich mir nun gar nicht vorstellen, nach ihrer gründlichen Vorarbeit.

Als die beiden mitsamt ihren schwarzen Monstern endlich verschwunden waren, machte ich mir eine Tasse Darjeeling und ging über die steile Holztreppe von der Küche auf die kleine Terrasse. Hier stand eine verschnörkelte eiserne Sitzgarnitur mit einem Bistrotisch. Ziemlich kitschig, das Ganze, aber irgendwie schön. Ich ließ mich mit meinem Tee in den letzten Strahlen der Septembersonne nieder und genoss die Ruhe. Kaum zu glauben, dass der Hauptbahnhof nur drei Kilometer entfernt lag. Die Rosen streckten ihre Blüten wie zu einem letzten Gruß an Rösle in die Sonne.

In Sichtweite der kleinen Terrasse, zwischen deren Waschbetonsteinen Gras und Unkraut hervordrängten, lag der Kräutergarten. Hier wuchsen viele Pflanzen, die normalerweise unter »Unkraut« liefen. Rösle hatte diesen Begriff nie benutzt. »Nur weil es für uns nicht nützlich ist, ist es noch längst kein Unkraut«, hatte sie mir oft erklärt. Sie brachte mir bei, dass der unscheinbare Wegerich Hustenreiz lindern kann und dass Löwenzahnblätter einen tollen Salat abgeben. Sehr lecker war auch ihr Tee aus duftender, frischer Pfefferminze.

Ich stellte meine Tasse ab und folgte den Trittsteinen, die den Weg zum »verbotenen« Garten markierten. Dieser Teil des Gartens erinnerte an ein üppig bepflanztes Familiengrab: Er maß rund vier mal sechs Meter und war von einem kniehohen schmiedeeisernen Zaun umgeben. Eine niedrige Tür trennte ihn eher symbolisch ab, denn ein Erwachsener konnte mit einem Schritt hinübergelangen. In die Tür war ein Totenkopf mit überkreuzten Knochen eingearbeitet, den man aber nur erkennen konnte, wenn man genau hinsah. Uns Kindern war streng verboten, das umzäunte Beet ohne Rösle zu betreten. Manchmal nutzten wir es als Tierfriedhof. Mein Goldhamster, zwei Meerschweinchen und drei Wellensittiche hatten hier ihre letzte Ruhestätte gefunden, außerdem eine Amsel mit einem gebrochenen Flügel und ein Igel, der von einem Auto überfahren worden war. Kleine Holzkreuze hatten damals die Stellen markiert, waren jetzt aber verwittert.

Einer der drei Schlüssel passte in die Tür mit dem Totenkopf. Im verbotenen Garten kultivierte Rösle Arzneipflanzen, die Heilung, aber auch den Tod bringen konnten. Dazu gehörten die Tollkirsche mit ihren tief dunkelroten Beeren, der pinkfarbene Digitalis und der blaue Eisenhut. Auch ein Schierling wuchs da. Jetzt waren nur seine typischen gefleckten Stängel zu erkennen; die strahlenförmigen Blüten, die in den Sommermonaten weiße Dolden bildeten, waren verblüht und hatten braunschwarze harte Früchte hinterlassen. Sie sahen ähnlich aus wie Kümmel oder Anis, enthielten aber im Gegensatz zu ihnen das tödliche Alkaloid Coniin. Vorsichtig nahm ich ein paar Früchte in die Hand und schnupperte daran. Sie rochen übel, ähnlich wie Mäuseurin. Das war typisch für Schierling, wie mir Rösle beigebracht hatte. Heute lernte man das im Pharmaziestudium nicht mehr, auch nicht, dass das Gift sogar durch die Haut aufgenommen werden konnte.

Ich ließ die Samen auf die Erde fallen und ging weiter. Rösle hatte alle Pflanzen stets liebevoll gepflegt und darauf geachtet, dass sie den passenden Dünger bekamen. Der Schierling benötigte besonders viele Nährstoffe, hatte sie mir erklärt.

Hinter dem verbotenen Garten stand ein kleiner Schuppen. Das Vorhängeschloss am Riegel ließ sich mit dem dritten Schlüssel öffnen. Als sich meine Augen an das Dämmerlicht gewöhnt hatten, blickte ich in ein Durcheinander von Rechen, Harken und anderen Gartengeräten, deren Sinn sich mir nicht auf Anhieb erschloss. Intensiv genutzt sahen sie allerdings nicht aus.

Ich schob sie beiseite und trat an das Regal, auf dem sich Spezialdünger für Rasen, Rosen und andere Pflanzen befanden. Eine Packung roch nach Fäkalien, wahrscheinlich war das der nährstoffreiche Guano. Zwischen den Pappschachteln stand eine Blechdose. Sogar hier hatte Rösle also ihre Kekse versteckt. Das musste schon sehr lange her sein, denn die Ränder waren oxidiert, und der Deckel ließ sich erst öffnen, als ich mit einem Schraubenzieher aus dem Regal nachhalf.

Zu meiner Überraschung enthielt diese Dose aber keine Springerle, sondern zwei Schwarz-Weiß-Fotos. Das eine zeigte ein strahlend lächelndes junges Paar. Die Frau war eine jüngere und vor allem schlankere Ausgabe von Rösle in Pumps und Petticoat, im Hintergrund erkannte ich den Schlosshof der Solitude. Den Mann auf dem Bild kannte ich nicht, obwohl er mir irgendwie vertraut vorkam. Die beiden schienen sehr verliebt zu sein. Der Mann war auch auf dem zweiten Bild zu sehen, im Halbprofil, lässig eine Zigarette in den Mundwinkel geklemmt und verwegen lächelnd. Sein dunkles lockiges Haar fiel ihm in den Nacken. Ich drehte das Bild um. Hier stand ein Name, Fritz, und ein Datum, 1958, das Jahr vor meiner Geburt. Weiter enthielt die Dose nichts.

Ich sah mich suchend um. Da erhielt ich plötzlich einen Stoß in den Rücken, der mich mit dem Kopf voran in das Regal stürzen ließ. Mühsam rappelte ich mich aus der Wolke aus Guano und anderem Dreck hoch und erschrak. Halb aufgerichtet sah ich direkt auf die rosa Zunge von Arco oder Marco – das konnte ich nicht unterscheiden, und ohne Brille schon gar nicht. Ich wühlte meine Brille aus dem Haufen hervor. Das Vieh machte sich am Inhalt einer weiteren Dose zu schaffen, die aus dem Regal gefallen war. Ich konnte nicht genau erkennen, was er da fraß, jedenfalls krachte es mörderisch aus seinem Maul.

Ich wollte ihn von seiner Beute wegzerren, doch der Hund entblößte eine eindrucksvolle Zahnreihe und gab ein grollendes Knurren von sich.

»Arco, komm sofort her!« Genau wie ich hörte auch Arco die schrille Stimme, vielmehr, er hörte nicht, sondern fraß weiter. Meine Schwägerin stand in der Tür und packte ihn am Halsband. Bedrohlich grummelnd gab er den Blick auf einen Haufen rechteckiger hellgelber Springerle frei. Schon kam der zweite Hund angerannt – nach dem Ausschlussverfahren musste das Marco sein – und zerbiss krachend mit einem Mal gleich zwei davon. Jetzt hastete auch Jochen heran und bändigte die zweite Bestie, so dass wir uns die Bescherung ansehen konnten.

Zwischen den Anisplätzchen ragte ein Stück helles Papier hervor. Bevor sich jemand rühren konnte, hob ich es rasch auf, schüttelte den Staub ab und glättete es mit der Hand. Mein Atem stockte. Das war eine Geburtsurkunde – und zwar meine eigene!

Ich trat vor die Tür, um die Schrift besser entziffern zu können.

Durch den Garten stürmte nun auch die Frau auf den Schuppen zu, zu der ich seit 51 Jahren Mutter sagte – und deren Name nicht mit dem in der Geburtsurkunde übereinstimmte. Als sie erkannte, was ich in den Händen hielt, wurde sie blass.

»Anni«, sie verwendete den Kosenamen, den sie mir als Kind gegeben hatte, »ich habe dich geliebt wie mein eigenes Kind, das musst du mir glauben.«

Ungläubig starrte ich auf das Dokument

»Aber … hier steht Rosemarie als Mutter«, stammelte ich und setzte mich auf die feuchte Erde, weil mich meine Beine nicht mehr trugen. Die Hunde hechelten mir erwartungsvoll ins Gesicht.

»Vater unbekannt«, las ich weiter vor. Ich konnte es nicht fassen.

»Dein Vater heißt Fritz.« Tränen standen in den Augen meiner »Mutter«, besser gesagt meiner Tante Gertrud. »Er hatte grüne Augen, so wie du. Ein hübscher Kerle, aber auch ein rechter Lombahond. Wie's Rösle g'merkt hat, dass er noch anderen Weibern nachschaut – und mehr noch –, hat sie ihn nicht mehr g'wollt. Er sie schon, vor allem wollte er aber die Apotheke. Dein Großvater hatte ihm alles versprochen – die Apotheke und das Haus in der Stadt gleich mit dazu. Mit Liebe hatte das nichts zu tun – jedenfalls nicht von seiner Seite. Dem Rösle hat es das Herz gebrochen. Bloß ihr Vater, dein Großvater, hatte kein Verständnis, denn sie war schwanger von dem Sauhond.

Ihr Vater wollte, dass sie ihn heiratet – wegen der Leut' und wegen der Schand'. Dem war's grad egal, dass er dem Mädle das Lebe ruiniert hätt.«

Ich schluckte trocken und sah sie fragend an.

»Fritz ist dann eines Tages urplötzlich verschwunden«, fuhr Gertrud fort, »und nie wieder aufgetaucht.«

Einer der Hunde gab ein ersticktes Röcheln von sich.

»Einmal war noch eine Frau da und hat nach ihm gefragt, und einmal auch die Polizei – und dann haben ihn alle vergessen. Nur das Rösle nicht, die hat die Sach' damals nie ganz verwunden und auch nie geheiratet.«

Jetzt begann der andere Hund unkontrolliert zu zittern. Niemand achtete auf ihn – außer mir.

»Die Apotheke hat etwas später sein anderer Schwiegersohn, mein Mann, übernommen«, erzählte Gertrud. »Rösle und ich haben dich gemeinsam aufgezogen, als meine Tochter. Rösle hat das Haus in der Innenstadt bekommen, in dem die Apotheke heute noch ist. Von den Mieteinnahmen konnte sie gut leben.«

In Marlis' Gesicht konnte ich ablesen, dass sie begriff, was das hieß: Rösles Haus und das Apothekenhaus in der Stadt gehörten jetzt mir. Sie fasste sich an den Hals und sah mit einem Mal fast so krank aus wie ihre verfressenen Hunde.

»Wenigstens bleibt alles in der Familie«, sagte ich und sah zu, wie der andere Dobermann zusammenbrach. Ich glaube allerdings nicht, dass sie das trösten konnte.

Gerne hätte ich meinen Vater Fritz kennengelernt, den gutaussehenden treulosen Schuft. Aber wenn ich das verschlungene »F« in den Blütenranken unterhalb des Totenkopfes richtig deutete, würde das wohl nie mehr möglich sein …

Rösles Anisbredla

4 bis 5 Eier, 500 g Puderzucker, 500 g Mehl, etwas Hirschhornsalz als Treibmittel und mindestens ein Esslöffel ungemahlener, leicht gerösteter Anis werden zu einem Teig verknetet. Für den besonderen Pfiff sorgen Kirschwasser oder Himbeergeist. Der Teig wird einige Stunden kalt gestellt und dann zu einer Teigplatte von 0,5 bis 1 cm Dicke ausgerollt.

Aus dem ausgerollten Teig werden mit einer Gebäckmodel Motivplätzchen geformt. Dann werden die Springerle ausgeschnitten und etwa 24 Stunden getrocknet, bevor sie bei 160 °C rund 15 Minuten gebacken werden. Auf diese Weise bleibt das Bild fest und verändert sich beim Backen nicht mehr.

Nach dem Backen sind die Springerle hart und müssen drei bis vier Wochen in einer feuchten Umgebung gelagert werden, damit sie mürbe und damit genießbar werden. Am besten geeignet ist die Lagerung in einer Blechbüchse zusammen mit einem angeschnittenen Apfel.

Rösle produzierte die Springerle auch in anderen Geschmacksrichtungen. So verwendete sie Vanille, Zitronen-, Orangen- oder auch Bittermandelöl …

Die Autorinnen

Tatjana Kruse, Jahrgangsgewächs aus süddeutscher Hanglage mit Migrationshintergrund (Vater Schweizer, Mutter Friesin), lebt und arbeitet in Schwäbisch Hall (kein Synonym für eine Bausparkasse, sondern die vermutlich kleinste Metropole der Welt). Seit dem Jahr 2000 schreibt sie Kriminalromane, derzeit die »Kommissar Seifferheld«-Reihe bei Droemer Knaur. www.tatjanakruse.de

Christine Lehmann lebt in Stuttgart und Wangen (Allgäu) und ist als Nachrichten- und Aktuellredakteurin beim SWR tätig. Sie schreibt Romane und Kurzkrimis, Kriminalhörspiele (Radio Tatort), Glossen und Artikel (z.B. für *Das Argument*). Fürs deutsche Krimigenre sind ihre Kriminalromane mit der Serienheldin Lisa Nerz ein wichtiger und innovativer Impuls. Zuletzt erschienen: *Malefizkrott* (Argument/Ariadne 2010). www.lehmann-christine.de

Stefanie Wider-Groth, Jahrgang 1959, ist verheiratet und lebt in Stuttgart. Mit ihrer ersten Kurzgeschichte »Direktor Kellerhals geht aus« schaffte sie es im Jahr 2008 auf Anhieb in die Anthologie des Würth-Literaturpreises. 2010 wurde sie für den Agatha-Christie-Preis nominiert. Erschienen sind bislang drei Kriminalromane (*Tatort Hölderlinplatz, Mord im Chinagarten, Schlossgartensterben*) im Theiss-Verlag sowie weitere Kurzgeschichten. www.emmerich-ermittelt.de

Anette Heiter wurde 1965 in Stuttgart geboren. Nach dem Studium der Rechtswissenschaften in Tübingen arbeitet sie im Justizdienst des Landes Baden-Württemberg derzeit als Richterin am Amtsgericht in Stuttgart. Daneben war sie in zahlreichen Musikformationen tätig, so als Begleitmusikerin am Württembergischen Staatstheater in Stuttgart, als Sängerin bei der A-cappella-Gruppe

Salt Peanuts und als Autorin, Regisseurin und Kabarettistin beim Stuttgarter Juristenkabarett. Derzeit tritt sie mit der Gruppe Honey Pie auf, für die sie die Texte schreibt. Heiter wurde im Jahr 2005 mit einem Stipendium der GEMA-Stiftung für ihre Songtexte ausgezeichnet. www.honey-pie.de; www.stuttgarter-juristenkabarett.de

Uta-Maria Heim wurde 1963 in Schramberg/Schwarzwald geboren und lebt als Hörspieldramaturgin und Autorin in Baden-Baden. Nach Abschluss eines geisteswissenschaftlichen Studiums arbeitete sie als Journalistin, Roman- und Hörfunkautorin. Sie schrieb zahlreiche Features, Essays, Hörspiele und Erzählungen und veröffentlichte neben Lyrikbänden und Romanen ca. drei Dutzend Kriminalromane. *Wespennest* (2009) stand zwei Monate lang auf der KrimiWelt-Bestenliste von ARTE. Im Juli 2011 erscheint *Feierabend.* Auszeichnungen u.a.: 1992 und 1994 Deutscher Krimi Preis, 1994 Förderpreis Literatur des Kunstpreises Berlin. 1998 Studienaufenthalt der Villa Massimo in Olevano Romano. 2000 Friedrich-Glauser-Preis für den besten Kriminalroman, 2007 Krimipreis der Stadt Singen.

Frigga Haug ist die zweite Tochter des Schwaben Heinz Langenberger und seiner badisch-berlinerischen Ehefrau Melanie, geb. Kassler. Sie wuchs im Ruhrgebiet auf, erlebte Faschismus und Kriegsende als Kind, besuchte ab 1948 ein Mädchengymnasium, studierte in Berlin. Promotion in Psychologie und Habilitation in Sozialpsychologie; zahlreiche Buchveröffentlichungen zu Geschlechterverhältnissen, Arbeit, Lernen. Gastprofessuren in Dänemark, Österreich, Australien, Kanada und den USA, bis 2001 Professorin an der Hamburger Universität für Wirtschaft und Politik. Durch ihre zweite Heirat rückverbunden mit Schwaben, wo sie heute in Esslingen am Neckar lebt. An »Kriminellem« erschienen von ihr *Jedem nach seinen Bedürfnissen* (1997) und *Jedem nach seiner Leistung* (1995).

Sybille Baecker, geboren 1970 in Thuine/Niedersachsen, lebt seit vielen Jahren in Ammerbuch bei Tübingen. Nach dem BWL-Studium arbeitete sie in einem internationalen IT-Unternehmen und war PR-Referentin eines Sportfachverbandes in Stuttgart. Als freiberufliche Autorin veröffentlichte sie Kurzgeschichten in verschiedenen Verlagen sowie mehrere Kriminalromane mit dem Tübinger Kommissar Andreas Brander (Emons). www.lesezeit-sk-baecker.de

Beate Rygiert ist Schriftstellerin, Filmemacherin und Malerin. Ihre Arbeit wurde mit Preisen ausgezeichnet, u. a. dem Würth-Literaturpreis und dem Thomas-Strittmatter-Drehbuchpreis, außerdem erhielt sie zahlreiche Stipendien. Sie veröffentlichte vier Romane, zuletzt *Das Liebesleben der Farne* (Droemer). Sie lebt in Stuttgart und im Schwarzwald. www.beaterygiert.de

Silvija Hinzmann, geboren 1956 in Kroatien, lebt in Stuttgart und arbeitet als Literaturübersetzerin und Gerichtsdolmetscherin. Sie veröffentlichte einen Kriminalroman (*Die Farbe des Himmels*, mit Britt Reißmann, Emons 2005) und zahlreiche Kurzkrimis. Als Mitherausgeberin gab sie mehrere Anthologien u. a. für Emons, den Mitteldeutschen Verlag und Ullstein List heraus. Bei Ariadne erschien 2009 *Immer Ärger mit den lieben Verwandten – Kurzkrimis aus Ost und West*, hg. mit Ruth Borcherding-Witzke. www.silvija-hinzmann.de

Ulrike Wanner studierte Sprachwissenschaft und Altorientalistik in Tübingen und London, bereiste den Vorderen Orient und arbeitete an einem Forschungsprojekt im Irak mit. Seit ihrem Studium der Informationswissenschaft in Konstanz ist sie als Programmiererin und im EDV-Support tätig. Sie schreibt Theaterstücke, Drehbücher, (Krimi-)Kurzgeschichten und Kriminalromane. Ihre Geschichten bewegen sich im Spannungsfeld zwischen Europa und Asien, zwischen den Anfängen der Geschichte und Science-Fiction, zwischen Archäologie und Informatik. Die Autorin lebt in Tübingen. www.storystore.de

Anita Konstandin ist 1956 in Stuttgart-Bad Cannstatt geboren, wo sie heute noch in Tatortnähe des vorliegenden Krimis »Dampfnudla-Buaba« mit Mann und Hund lebt. Seit einigen Jahren schreibt die ehemalige Werbetexterin Kurzgeschichten, die sie mit Spannung würzt und mit Humor verfeinert. www.anita-konstandin.de

Martina Fiess, geborene Badenerin und promovierte Philosophin, lebt schon gute zwei Jahrzehnte in Stuttgart. Seit 2001 hat sie 3 Kriminalromane und über 20, z.T. preisgekrönte Kurzkrimis veröffentlicht sowie zwei Anthologien mit Weinkrimis co-herausgegeben. Ihre Romane um die Amateurermittlerin Bea Pelzer sind im Werbemilieu angesiedelt, wo man um der Publicity willen schon mal über Leichen geht. Mit Vorliebe für regionale Schauplätze wie Stuttgart, Esslingen oder die Fildern betreibt Martina Fiess eine moderne, ironische und durchaus kritische Art von Heimatpflege. www.martina-fiess.de

Eva Klingler, geboren 1955 in Oberhessen, lebt in Karlsruhe und in Selestat, Frankreich. Ihre Maren-Mainhardt-Krimis erscheinen im G. Braun Buchverlag. Mit *Beinahe Toskana oder Baden auch für Nichtschwimmer* (Kurzgeschichten, G. Braun 2010) begab sie sich auf das Gebiet der Satire. Sie studierte Germanistik und Anglistik in Mannheim, war Redakteurin beim SWR, Bibliotheksleiterin in Rheinstetten und Autorin für viele Verlage, darunter Aufbau, Ullstein und Goldmann. www.evaklinglerkrimis.de

Gesine Schulz, die den »Internationalen Tag der Putzfrau« erfand, lebt im Ruhrgebiet. Ihr zweiter Schreibtisch hat Meerblick und steht im Südwesten Irlands, dem Schauplatz ihres Buches *Eine Tüte grüner Wind*. Karo Rutkowskys gesammelte Fälle erschienen in *Der Beuys von Borbeck* und *Grab mit Aussicht*. www.gesineschulz.com

Else Laudan, geboren 1963, neigt wohl zum Hochstapeln, denn sie lebt gar nicht in Stuttgart, kann nicht mal Schwäbisch und war auch bei S21 nicht dabei. Aber sie kann von Kindheit an schwäbisch kochen und erinnert sich noch gut, wie es war, fünfzehn zu sein. Und sie macht von September bis Februar ständig Ofenschlupfer, gelegentlich auch ohne Rosinen.

Bettina Hellwig, geboren 1963 in Braunschweig, ist Apothekerin und lebt in Stuttgart und in Konstanz am Bodensee. Sie arbeitet als Redakteurin und Autorin für verschiedene pharmazeutische Fachzeitschriften und schreibt Kurzkrimis, in denen es zumeist medizinisch und/oder pharmazeutisch zugeht.

Schwaben-Krimianthologien bei Ariadne

Mord isch hald a Gschäft
Herausgegeben von Lisa Kuppler
Ariadne Krimi 1154 · ISBN 978-3-88619-884-9

Tödlichs Blechle
Herausgegeben von Lisa Kuppler
Ariadne Krimi 1164 · ISBN 978-3-88619-894-8

A Schwob, a Mord?
Herausgegeben von Lisa Kuppler
Ariadne Krimi 1178 · ISBN 978-3-86754-178-7

Herrgotts Bscheißerle
Herausgegeben von Silvija Hinzmann
Ariadne Krimi 1196 · ISBN 978-3-86754-196-1

Christine Lehmann bei Ariadne

Vergeltung am Degerloch
Ariadne Krimi 1165 · ISBN 978-3-88619-895-5

Gaisburger Schlachthof
Ariadne Krimi 1167 · ISBN 978-3-88619-897-9

Pferdekuss
Ariadne Krimi 1171 · ISBN 978-3-86754-171-8

Harte Schule
Ariadne Krimi 1157 · ISBN 978-3-88619-887-0

Höhlenangst
Ariadne Krimi 1161 · ISBN 978-3-88619-891-7

Allmachtsdackel
Ariadne Krimi 1169 · ISBN 978-3-88619-899-3

Nachtkrater
Ariadne Krimi 1173 · ISBN 978-3-86754-173-2

Mit Teufelsg'walt
Ariadne Krimi 1179 · ISBN 978-3-86754-179-4

Notorisch Nerz – Storys
Ariadne Krimi 1181 · ISBN 978-3-86754-181-7

Malefizkrott
Ariadne Krimi 1185 · ISBN 978-3-86754-185-5